SHAPE

On Medicine & Human Chang

GAVIN FRANCIS

一部醫學與人體變化的文化史

變形記

蓋文・法蘭西斯——著
林金源——譯

獻給對生活抱持樂觀態度，

從人的變化中看見希望的人

讀者們，請注意，你會從中得到樂趣

人類——

名詞：人種、人性、人道。

人類、人、個人、凡人、身體。

形容詞：人類的、凡人的、個人的、社會的。

改變——

名詞：修改、突變、變化、變異、修正、偏差、變成、演進、變革、變形、變貌、變態。

動詞：修改、變更、調整、轉變、轉移、變化、偏離、越軌、改造、改觀、變形。

我的目的是歌頌身體不斷轉變成其他形態的變化方式。

奧維德，《變形記》（Ovid, *Metamorphoses*, c.8 CE）

萬物隨著時間改變，而我們隨著萬物改變。

神聖羅馬帝國皇帝洛泰爾（Lothar c.840）

當時我身為女子，舉手之間被命運女神變成男子。

皮桑的克莉絲汀，《命運之浮沉》（Christine de Pizan, *The Mutation of Fortune*, 1403）

我們只不過是積聚成堆的種種感覺……處於無休止的變遷中。

休謨，《人性論》（David Hume, *A Treatise of Human Nature*, 1739）

池塘本身沒有改變，池水依舊是我年輕時所見的水，一切的改變發生在我身上。

梭羅，《湖濱散記》（Henry David Thoreau, *Walden*, 1854）

變形統管著自然現象……反映出對於人類的瞭解與看法、不停改變的特性。

瑪莉娜・華納，《當代藝術中的奧維德變形》（Marina Warner, *Ovidian Metamorphosis in Contemporary Art*, 2009）

目次

第一章・變形 013
第二章・狼人——滿月時的激動 019
第三章・受孕——存在的第一或第二原因 033
第四章・睡眠——夢的房間 049
第五章・健身——因憤怒而卸甲 059
第六章・頭皮——關於角、恐怖與榮耀 073
第七章・出生——重塑心臟 085
第八章・回春——青春與美麗的煉金術 099
第九章・紋身——變形的藝術 113
第十章・厭食——著魔的控制 127
第十一章・幻覺——魔境 139
第十二章・青春期——突然加速的青春 151
第十三章・懷孕——最精細的作品 165

第十四章・巨人症——杜林兩巨人 183
第十五章・性別——提瑞西阿斯的兩段人生 195
第十六章・時差——包含天空的腦 211
第十七章・接骨術——治療的代數學 219
第十八章・更年期——女神的第三張臉 231
第十九章・閹割——希望、愛與犧牲 243
第二十章・笑——對自我的肯定 257
第二十一章・義肢——人類2.0 267
第二十二章・記憶——遺忘的宮殿 279
第二十三章・死亡——生命的禮讚 299
第二十四章・變形 313

誌謝 319
圖片來源 325
參考書目 339

關於身分保密

本書是一系列關於醫學與人體變化的故事。正如同醫師必須尊重他們診察病患身體的特權，他也必須尊重病患願意與之分享故事的信任。這個義務早在兩千五百年前即已確認：希波克拉底誓約堅決主張，「在行醫過程中，凡我所見所聞、不應當散播的事項，絕對不會洩露。」我身為醫師兼作家，曾費了許多時間仔細思忖這「應當」的用處，考慮在不違背病人的信任下，哪些能說，哪些不能。

書中文章皆奠基於我的臨床看診經驗，但文中患者都經過更名，以免被認出，若有任何相似之處，實屬巧合。維護信任是我工作中不可或缺的一部分：「信任」意指「抱持信賴感」——我們遲早都會是病人，也都希望我們所說的話和隱私會受到尊重。

第一章　變形

從如此簡單的開端，演化出無數最美麗和最驚人的類型，至今仍在進行中。

達爾文，《物種起源》

我上班的診所附近有一座公園，夾道的櫻桃樹和榆樹年年歷經美麗的變化。如果通勤時間仍有餘裕，我會坐在長椅上，望著它們半晌。冬季帶來暴風，過去幾年吹倒了幾株長得最高的榆樹。倒下的榆樹撕裂樹根，在地面露出棺材大小的深邃裂口。復活節前後，榆樹枝條如此濃綠迷人，難怪有人會想像那是極樂之地的顏色。春季開花的櫻樹用花瓣點綴草地，在樹下散步是一場粉紅的饗宴。夏季的空氣感覺起來醇厚濃郁——烤肉的炭火點燃，嬰幼兒在蔭涼處的毯子上玩耍；雜耍藝人搖搖晃晃走在懸掛於兩株樹幹之間的繩索上。不過，我最歡的是天高氣爽的秋季，腳邊堆疊著緋紅、赤赭和金黃色彩。二十五年來，

我一直鍾情這座公園，它與我接受訓練的醫學院相毗連。

受訓第一年，當時十八歲的我走過堆積的落葉，去上了一堂我永生難忘的生物化學課，從中體悟到了生命的錯綜複雜、相互關連，甚至生命的奇蹟。這堂課有個不祥的開始：投射在牆上的是一幅複雜的血紅素分子圖。導師解釋說，該種結合氧到紅血球中（稱作「卟啉環」）的化學物質，對於血液中的血紅素和葉子裡捕捉日光能量的葉綠素至關重要。多虧有卟啉，她說，地球上的生物才可能成為我們現在所知的模樣。牆上的分子結構猶似四葉苜蓿草，連鎖的卟啉葉子相扣在複雜得近乎哥德式建築的構造中。每四片葉子的核心是一顆熔岩紅的鐵原子。

當氧與每片葉子的核心結合，她解釋，就會變得如同秋楓般火紅，一旦釋出氧，便會黯澹成紫色。到目前為止，一切都和生物化學脫不了關係。「但這並非靜止的過程，」導師解釋，「而是動態的，而且活力十足。」和氧的結合使其支架變形，而變形的壓力拉動一根細小的原子槓桿，造成其他三根支架彎曲，有助於容納更多的氧。此事首先揭露出生物化學的優美之處，顯然也應該教人吃驚：從葉綠素到血紅素，為了維持生命，分子之間相互合作。

望著圖示，我試著想像自己體內數以億萬計的血紅素分子，隨著每次呼吸，在我肺部蒐集氧氣時改變形狀。隨後，心臟的搏動將血流推送到我的腦部、肌肉、肺臟，在那裡，相同的變化會逆向發生。那似乎是和樹葉每年生長與掉落同樣重要、而且反覆出現的變形，雖然難以置信，卻時時刻刻都在我全身進行。

「組織越是需要氧氣，就會變得越酸，」她繼續說，「酸性促使血紅素變形釋出氧，完全按照所需的相稱比例。」那是我當天早上的第二個體悟：血液精確滿足全身對氧的不同程度需求。她開始解釋胎兒的血紅素如何巧妙地擴大，以便從母親那裡汲取氧氣到胎盤各處，但我已陶醉在前兩個體悟中，再也聽不進她的話語。

我感覺到敬畏有加，因而流露一種喜悅：如此存在於混亂的身體化學中的平衡，似乎異常美麗，同時卻又不可避免。

•

變形是文學和藝術中最古老、最有共鳴的主題之一：詩人奧維德在兩千年前的《變形記》裡，將大自然和人類描繪成是翻騰的巨大旋渦，當中一切事物，無論生物或非生物，都陷在變化的循環當中，「像柔軟的蠟，被印上新圖案，不復以往的模樣，也不再保有原形……萬物皆處於變遷的狀態，形成短暫存在的表象。」奧維德以宣明友愛生命以及熱烈懇求用同理心對待萬物為他的詩作收尾。如此同理心也是行醫的核心——醫學可說是抱持善意的科學。本書旨在頌揚人類生命的動能與變形，藉以思考關於身體和宇宙的真理。

我們周遭的遼闊宇宙正在發展中：宇宙持續擴張，銀河旋臂轉動、地球沿軌道運轉，而月球每年益加遠離地球。地軸的傾斜造成四季變化，無法計次的潮汐沖刷著地球海岸。劇烈攪動的板塊構造正在重塑地殼。「沒有長久不變的事物。」這樣的老生常譚是詛咒抑或慰藉，乃取決於你如何看待。「你無法踏進同一條河流兩次。」古希臘哲學家赫拉克利特（Heraclitus）如是說，因為我們的身體不斷在更新，正如每條河流的水也在更新。

活著便是無休止的變形。我們自身的邊界滿是孔隙，受周遭環境的成分形塑和重組。河水一度是海洋的浪花，來年可能在你鄰居的血液裡流動。你腦中的水曾是落在古老大地的降雨，而且曾在早已消失的海洋裡翻湧。就此觀點而言，身體本身即是流動的小河，或燃燒的火焰：沒有兩個片刻是相同的。在成長和復原、適應和老化的期間，我們的身體不可避免地改變外形，而我們的心智也隨著睡眠、記憶和學習而改變。從可能使我們崩潰的危機，到受孕和死亡之間的過渡期；從編織意識的神經流程，到我們運用意志力和決心的過程中可能產生的種種變化，我們體現了改變。

「病患—patient」一詞意指「受苦者」，而行醫即是為了尋求緩解人類的痛苦。身為醫師，我的工作多半在利用那些對我們有幫助的改變，並設法緩和會限制我們的改變。身為作家，我對作為隱喻的改變感興趣，這種隱喻幾千年來令詩人、藝術家和思想家著迷，而身為醫師的我也對相同的主題感興趣，因為行醫即是尋求讓病患的身心獲得正面的改變，無論成效多麼有限。

第二章
狼人——滿月時的激動

作為人類變形的同類型首例，萊卡翁[1]變形為狼，值得細細檢視。

格內維芙·利夫萊，《奧維德的變形記》（Genevieve Lively, *Ovid's Metamorphoses*）

急診部門每逢遇上特別暴力血腥，或是收容大量精神病患的夜晚，常會聽見同事們說：「今天必定是滿月日。」某個忙碌的晚班，我甚至還走到室外查看，想從天空中弄明白，我的工作量究竟為何這麼大。世人自古就認為，月亮不僅影響潮汐和人類生育力循環，

1 Lycaon，希臘神話中，阿卡迪亞國王萊卡翁為了試探天神是否無所不知，曾以人肉進獻宙斯，結果因此惹怒宙斯，被變成狼。

也影響著心智。莎翁筆下的奧賽羅對妻子的女僕艾米莉亞說：「都是月亮出差錯，比平常更靠近地球，可以教人發了瘋。」詹姆斯．喬依斯在《尤利西斯》中渲染月亮「使人心生迷戀、羞愧、注入美感和令人瘋狂」的力量。人們普遍相信月亮改變人類心理的效果——來自印度、伊朗、歐洲和美國的各種研究皆證實這點。北美某項研究發現，一般大眾有四成相信月亮能影響心智，而在更早的一項研究中，有高達百分之七十四的心理衛生專業人士也抱持這個看法。但統計學家至今未能加以證實，事實上，因外傷、狂躁或精神錯亂而入院的病患人數並不受月相影響；再者，嘗試自殺、道路意外和或打緊急電話求救的頻率也與滿月無關。我的急診部同事和百分之七十四的心理衛生專業人士都錯了。

如此廣受世人相信的看法有違事實，促使三位加州精神病學家展開了調查。在名為「再論月亮與瘋狂」（The Moon and Madness Reconsidered）的研究中，他們主張，在十九世紀出現有效的人工照明之前，月亮可能確實會影響精神不穩定的人，其方式是擾亂睡眠品質和睡眠持續的時間。他們列舉證據，說明每天在黑暗中休息十四個小時，能終止、甚或預防躁狂性精神病發作，而且，即便只是稍微減少幾個小時的睡眠，也可能使心理健康狀態惡化，引起癲癇發作——我自己的躁鬱症病人和癲癇病人就證實了這種情況。與健康睡眠有關的腦部活動形態，似乎以我們尚未完全理解的方式，和心理健康產生部分的關聯。

在尚無人工照明的時代，人們會善用滿月前後幾天，因為夜間的月光會亮到足以照亮戶外。十八世紀英國的實業家和知識分子所組成的「月光社」，並非為了研究月亮而有此名稱，而是因為成員們發現滿月時更有利在夜間集會。不過，月光的朦朧也足以引發恐怖的想像。「精神病患在滿月時更為激動，一如在黎明時分。」法國精神病學家尚－艾蒂安・艾斯基洛（Jean-Étienne Esquirol）在十九世紀時寫道：「這種亮度難道不會在他們的住處產生照明效果，使某甲驚恐、令某乙欣喜，而且讓大家都激動？」

•

瓊安・弗雷德里克被救護車送進醫院時，她的症狀分類單頂行寫著「激動譫妄」。這個病史是由她同住的室友提供：她已經感冒好幾天，感覺虛弱不適，還曾到藥房買藥服用。結果無效：她變得更加虛弱、腹痛，而且皮膚感到灼痛。她感覺尿液灼熱、沉重，排尿痛苦。她過去曾經泌尿道感染，但這次情況不同，她覺得全身不適，從身軀蔓延到四肢。她的雙腿發抖、雙臂無力，而且持續低度發燒。她曾和家庭醫師約診，但沒有就診：當她開始出現幻覺，看見牆上有大蜥蜴時，她的室友便打電話叫了救護車。在前往醫院途中，她在車裡癲癇發作，等到我在加護病房看見她時，她已經鎮定下來。

會出現「激動譫妄」症狀的原因成千上百：藥物過量、藥物戒斷、感染、中風、腦出血、頭部受創、精神失調，甚至是因為缺乏某些維生素。但瓊安的血液檢驗一切正常，腦部電腦斷層掃描也沒發現顯著的問題。等到她平靜地躺在加護病房，她的室友開始告訴我更多有關瓊安的事。瓊安的生活相當平靜，雖然有幾位密友，但多半獨來獨往。她曾因為「精神崩潰」而住院，醫院記錄寫道她發生短暫的失能恐慌和焦慮，但在休息數日後已解決。她曾在市議會辦公室的地下室擔任行政人員，她喜歡這個工作，因為可以遠離陽光。「她真的很容易曬傷，」她的室友說，「你該看看她夏天時的樣子，還被曬出水皰。」瓊安的皮膚分布著斑駁的棕色色素，尤其在臉和手部，彷彿咖啡碎粒濺灑在潮濕的皮膚上。

當時我還是初級醫師，對我和醫療團隊的其他人來說，瓊安的診斷令人困惑。等到指導醫師前來巡房時，他仔細聆聽瓊安為何入院，並查看她先前的就診記錄。他詳細檢查她的皮膚，翻閱一疊疊標準檢驗報告，然後帶著一絲勝利的喜悅抬起頭說：「……我們得檢查她的卟啉。」

在血紅素和葉綠素構造中不可或缺的卟啉，是透過一系列專門酵素在體內生成。這些酵素就像鷹架搭建工人那樣互相合作，倘若其中一名工人沒有好好幹活，便會導致卟啉症。血液和組織中建構不完全的卟啉還會引發「危機」，如此情況可能會因為藥物、飲食方式，甚至數日的失眠而產生。有些卟啉對光相當敏感（正是這種特性讓它們能吸收葉綠素裡的太陽能），而且某些類型的卟啉症會導致患者曝曬日光時起皰發炎，結果產生疤痕。卟啉聚積在神經和腦部會造成麻木、癱瘓、精神病和癲癇發作。卟啉堆積於皮膚的另一影響，是會讓前額和臉頰長出毛髮，原因至今不明。急性卟啉症會造成便秘和劇烈腹痛：在醫師正確診斷出來之前，患者哭嚎著被送進手術室，屢屢接受不必要的手術，並非罕見之事。[2]

瓊安的檢驗報告送來後，證實了飆高的卟啉值：她很可能罹患了一種罕見的卟啉症，稱作「斑駁症」。治療已經展開：休息、避開會加重病情的藥物（她買的非處方感冒藥可能引發了她的危機）以及靜脈注射。我們添加了葡萄糖輸液。她在三天內康復，帶著羅列要避開的藥物清單返家，而且終於明白自己為何總是對光敏感。

•

2 如果同樣的構造酵素在植物身上失去作用，即便接受適度光照，葉面也會出現大量黑斑。

一九六四年，倫敦的神經學家李・伊利斯（Lee Illis）在《皇家醫學學會會議記錄》（*Proceedings of the Royal Society of Medicine*）期刊上發表了一篇奇特的論文。在雄辯滔滔且具說服力的四頁篇幅中，伊利斯主張卟啉症深化了狼人神話，甚至引發狼人神話。多毛症這樣的皮膚疾病會導致毛髮生長遍及臉和手部，但並無精神病學徵狀。人類的狂犬病會引發激動、狂怒的心理狀態，但皮膚不會發生變化。伊利斯指出，卟啉症患者會避開直射的日光，而且偏好在夜間外出。一段時間的睡眠不足或飲食改變，會促使危機發生。在未經治療的嚴重病例中，患者可能出現臉色蒼白、黃疸而造成的淡黃膚色、皮膚傷疤，甚至毛髮開始生長，覆蓋臉部。某些類型的卟啉症患者可能精神錯亂，變得社交孤立，對較大的社群產生不信任感。

上述種種症狀在過往可能會招致行使巫術的指控。法國驅魔師安利・博格（Henri Boguet）在他的《巫師檢討》（*Discours exécrable des Sorciers*,1602）中，就誇耀他曾拷打、處死的狼人和女巫數量有六百人，而且包括許多兒童。「這些巫師的臉、手臂和腿部全數都有極嚴重的擦傷，」他寫道，「其中一個嚴重毀容，幾乎無法辨識是人類，任何人看見他都不免戰慄。」我們不難想像，對無知、封閉、容易輕信的民眾來說，對光敏感和間歇性的瘋狂，會滋長、堅定他們認為人類可變身為狼的恐懼。畢竟，有百分之七十四的心理衛生專業人士也相信滿月能導致瘋狂。

•

按古西台法律，將人逐出社群，便是告訴他「你變成了狼」；我們至今仍將被放逐的人形容為「孤狼」。奧維德《變形記》中描述的第一起人類變形例子，就是諸神將人變成狼，以作為對其殘暴和同類相食的懲罰。儘管歐洲幾乎已不見狼的威脅，但當我們需要代表掠奪和貪婪的隱喻時，仍會以狼為例：「像狼一樣齜牙咧嘴」，「胃口如狼」。一聽到《小紅帽》故事當中的狼，以及威脅「三隻小豬」的狼，孩子們還是會發抖。人類舊石器時代先祖描繪狼的洞穴壁畫，是至今已知最古老的藝術品之一。

「狼人」意指人類變成狼的外形，希臘語「lycanthropy」如今在英語中專指「變狼妄想」，一種隨著歐洲狼群數量衰退而減少的精神疾病。精神病學家已將「變狼妄想」的使用範圍擴大，泛稱任何變身為動物的幻想，不過，其正確詞彙是「therianthropy」，源自意指「野獸」的希臘語「*therion*」。古羅馬作家普林尼（Pliny）認為，人能變身為狼的想法實屬荒謬，能改變的只有人的心智：「認為人能變身為狼，且再度恢復原狀，確然是彌天大謊。」

英格蘭的詹姆士一世國王（蘇格蘭的詹姆士六世）特別熱衷此道。他在著作《魔鬼學》（*Daemonologie*,1597）中寫到狼人：「他們在希臘語中稱為lykanthropoi，意思是狼人。但我明白告訴你我的看法……倘若真有此事，我想，其中存在著大量的憂鬱。」當時，詹姆士國王認為，變狼妄想是暫時的瘋狂狀態，是一種精神病學的問題，而非身體變形。希臘醫師西達的馬塞盧斯（Marcellus of Sida）也持相同見解：他認為，據聞時常在日暮後在雅典墓地出沒的狼人，並非「換皮者」——這是指稱那些外形可變換為狼的羅馬用語——而是受迷惑的人。愛琴納島的保羅（Paul of Aegina）這位拜占庭醫師寫道，這些變狼妄想症患者可藉由大量放血、睡眠和鎮靜劑治療，這個方式與現代治療卟啉症的手法沒有太大差異。

古代文獻中充斥著妄想的變形。維吉爾的《牧歌》有一首就描寫三位發瘋的姊妹，她們受到詛咒，相信自己變成了母牛：「她們讓原野充滿想像中的牛鳴聲……每個都害怕脖子上的軛，還不時在光滑的額頭上摸找牛角。」《舊約聖經》中，尼布甲尼撒國王在抑鬱發作之後變身成動物，「他被趕出離開世人，吃草如牛，身被天露滴濕，頭髮長如鷹羽；指甲長如鳥爪。」

類似博格所描述的暴行，在中世紀晚期的歐洲相當常見，數以百計的「準」狼人在火刑柱上遭到處死。進入十八和十九世紀後，「變狼妄想」的報告開始隨著迷信（和歐洲狼群數量）逐漸減少。然而，這種妄想並沒有全然消失，只是改變了形式。榮格在一九五四年描述了夜夜夢見母親變成動物的三姊妹。這位母親幾年後出現了變狼妄想症，但榮格毫不驚訝：他推斷，女兒們早已下意識地辨識出母親長期受壓抑的「原始身分」。

•

在我們的時代和文化中，卡夫卡的《變形記》是表達對可能變形為動物的恐懼和隱喻最著名的文學作品。故事主人翁格里高爾．薩姆沙某天醒來成了「像怪物一樣的害蟲」、類似昆蟲的生物，長著急奔的腳、角質頷顎以及甲蟲狀的外殼。[3] 薩姆沙的變形是不可逆的，身為推銷員的他必須對家庭有所貢獻，但身為害蟲的新生活則讓他被困在房裡。在家人極度痛苦、不知所措的同時，薩姆沙習慣了自己的新形體，開始在天花板奔行，喜愛地上腐敗的殘羹剩肴甚過家人留給他的裝盤食物。他完全過著害蟲的生活，最終在地板上死去，連同垃圾一併被掃除。

3 在安潔拉．卡特（Angela Carter）的現代童話中，變形有同樣引人注目之處。

卡夫卡的《變形記》難以直截了當地解讀，卻吸引了所有感覺到疏離、無力、被迫害的人。薩姆沙的變形使得他在空間和社交上遭到孤立，就如同許多患有嚴重心理或身體殘疾的人。我們從神話和民間傳說中認識的動物變形，往往有相似的連貫性，甚或公正性，至少在故事本身的邏輯中。然而，薩姆沙沒有得到這種慰藉，「他想不出得到平靜的辦法，也無法給這團混亂帶來秩序。」

•

對我而言，診所附近的一株榆樹似乎與其他株有別。不是因為它的大小或枝幹形態，而是因為我有一位病人曾經從那株二十呎高的樹上摔下。蓋瑞．霍布斯，他並非一般愛爬樹的人，而是患有精神分裂症的年輕人。在服用內含ＭＤＭＡ的雞尾酒藥物後，他認為自己變成了貓。目擊者描述，他在墜落那天曾在當地街上徘徊，翻看垃圾箱，而後爬上那株榆樹，對路過者哈氣。警方應喚而來，他爬得更高。一名蹓狗的人趨前查看，蓋瑞瑟縮尖叫，表現出以往未曾有過對狗的恐懼。警察還在討論該如何讓他下來時，他就失足跌落，摔斷了手腕。他也撞到頭部，躺在草地上喵喵叫，腦震盪跡象明顯，但順利轉送急診部。

蓋瑞隔天早上在整形外科病房醒來，手臂裹著繃帶和石膏，不情願地和醫院的精神病學家討論他的經驗。他出院回到他的照護場所——一棟由許多小公寓房間構成的大樓，裡面有一名看護隨時提供協助。我去訪視他的近況時，在廚房發現打開的貓食罐頭，納悶他是不是在吃這些東西。我不時問他有關那晚的事，但他屢屢改變話題。我最後一次聽到消息，是他領養了一對流浪貓，並在公寓門上設置讓貓進出的活板門。

早期歐洲和近東神話中充滿了動物變形的故事，有些學者認為那是古代動物崇拜的證據。我們只要稍微瀏覽網路便會發現，一如以往，人類對於貓狗的尊崇，依舊是人類活動中的一項強大動機。民間傳說同樣充斥著動物變形的例子，從凱爾特諸島上由人變形成海豹的「海豹人」，到薩滿教的靈魂動物變形皆然。這些故事的共通之處，是認為失去對人類世界的掌握是危險的：變身為海豹太久的海豹人喪失了人生，而精神薄弱或未經充分訓練的薩滿，則可能會困在自己的動物外皮裡。

•

「牠們全都是某種意義上的馱獸，被迫負載我們某部分的思想。」梭羅曾這麼寫道。逛玩具店或看些兒童電視節目，你會發現，有多少擬人化的動物如今仍是西方文化的部分組成。從彼得兔，到老鼠小史都華（Stuart Little）、從老虎裝到扮裝派對，披上動物毛皮和採行動物習性，讓孩童藉此得以解放，變得比原本更凶猛、更小、更快或更敏捷。對某些成年人而言，半人半獸的精神病能提供可相提並論的逃避，讓他們從人類生活的限制和壓力中解脫。

一九八〇年代後期，美國麻州的一群精神病學家曾發表一篇論文，描述他們在十四年來在波士頓近郊某診所觀察到的十二個系列病例。其中兩例罹患了變狼妄想因而變成狼、兩個變成貓、兩個變成狗，另有兩個「不特定」（他們的行為是「爬行、嗥叫、發出貓頭鷹叫聲、抓撓、跺腳和排便」，以及「爬行、咆哮、吠叫」）。其餘四個病例當中，有三個分別變成老虎、兔子、鳥，而一個終身飼養沙鼠的人，則變成他最喜愛的寵物。

精神分裂症並未在這些病患當中占優勢。有八個是被歸類為「躁鬱症」、兩個「精神分裂」，還有一個被診斷出抑鬱症，一個被描述成具「邊緣性人格」。作者群表示，「變狼妄想的存在和預後沒有明顯關聯，相較於其他妄想，變身為動物的妄想未必是更壞的兆頭。」在所有病患中，最持久的變形屬於一名二十四歲的年輕人。在濫用酒精一段時間後，像蓋瑞一樣，他相信自己是一隻困在人類身體裡的貓。在這一系列病例發表當時，他已經連續以他的貓人格生活了十三年。

「該名病人表示，自從家中的貓向他透露這個祕密後，他便知道自己是貓，這隻貓後來還教他『貓語』。」精神病學家們這麼寫道。他保有正常工作，同時「與貓一起生活、和牠們發生性行為、跟著牠們去狩獵，而且時常前往貓群夜晚活動的場所，更甚於人類的夜店。」這些精神病學家對他的改善不抱希望，儘管試用過各種抗抑鬱劑、抗驚厥藥、抗精神病藥，再加上為時六年的精神治療，他仍然堅信自己是貓。「他的至愛——但是單戀——是當地動物園裡的一頭雌虎，」他們總結，「他希望有朝一日可以放她自由。」

第三章
受孕——存在的第一和第二原因

對這件事有不當想法的人應該感到羞愧。

《高文爵士與綠騎士》（*Sir Gawain and the Green Knight*）

就讀醫學院期間，我在酒吧打工，夏季時則從事人體解剖的準備工作。酒吧工作是一種生命教育，至於解剖工作，我起初是將它想像成死亡教育。我覺得解剖並不可怕，反倒具有啟發性，讓我獲得強健的胃和透徹的解剖學知識。可是它並未教導我任何有關死亡的事。

直到我成為合格醫師，才開始執行醫學中最令人悲傷的任務：宣布絕症消息，或是某人的死亡。定期在醫院病房工作後，我開始慣常在病人垂死之際現身：在有人咯咯吐出最後一口氣時，肅穆地站在一旁，或是注意到搶救無效後人體皮膚變涼。不可思議的是，在生死交界那一刻，似乎並未發生物質的轉變：死者的身體跟片刻之前仍活著時，都是由相同的成分組成，只不過，時時刻刻編織著生命的動能已然停息。

世人曾相信死亡時靈魂會從張開的嘴巴逸逃。「我們依附著一條線而存活，」蒙田寫道，「這條線就位於唇端。」那條線有時堅韌，緊緊繫連，有時脆弱而鬆弛。對蒙田來說，死亡是生命織布機的線突然斷裂，是一個新的拆解過程的開始。相反的，受孕則是繫上一條新線，重新編織生命的織錦。

•

達文西寫到他最早的記憶是關於一隻紅鳶，某種食腐猛禽，忽然俯衝到他的搖籃，用尾羽打開他的雙唇。鳶是特技飛行大師，牠們的尾部構造影響了羅馬船艦的設計，而達文西在設計自己的飛行機器時，曾仔細觀察過鳶。後人對於這段搖籃記憶，有各自互異的解讀，有人從中看出達文西創造天才的啟發，有人則看出他覺察到自己的卓越特出，還有人將之牽扯到他的同性戀身分。

大約在一五〇三年，達文西描繪成年的聖母瑪利亞坐在母親聖安妮的大腿上。瑪利亞伸出手，看似要將耶穌拉回家人身旁，但他躲開她的擒拿，跨騎在傳統上象徵等待耶穌在十字架上犧牲的羔羊。

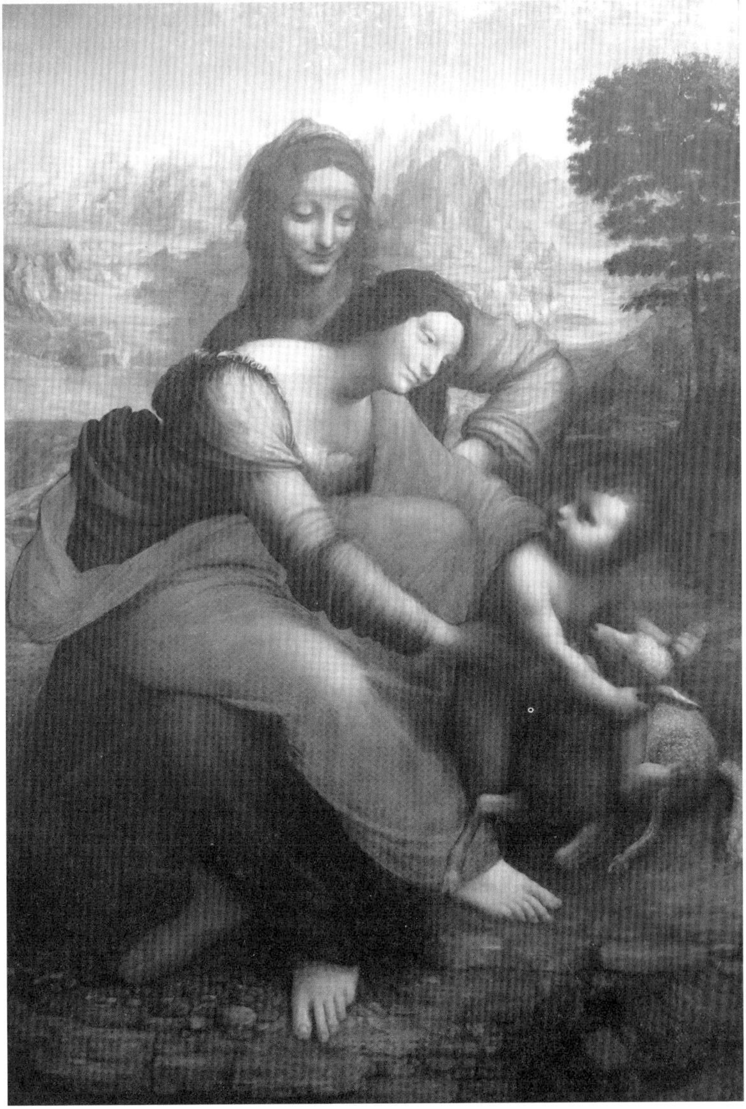

在達文西的時代，相信瑪利亞未經性交而懷孕是早已確立的概念。這個概念的擁護者不斷累積，相信當初瑪利亞自己的受孕也是相同情況。當時的教皇將這個看法納入了正統信念。在更早的幾個世紀前，安妮已是中世紀生育力膜拜的核心——早先的畫作還描繪安妮與她和三個丈夫分別生下的三個女兒，每一個都名叫瑪利亞。在女子一生通常懷孕超過二十次的時代，安妮的數度懷孕使她成為廣受歡迎的聖人。

即便非聖非賢，新生命的創造仍然是超乎人類理解的神蹟。性顯然與此事有關，但機制依舊成謎。然而達文西仍致力瞭解人類生命的每個階段，一路回溯到生命伊始。在他完成聖安妮畫作的十年前所繪的著名草圖中，他就嘗試對受孕時刻的男女交合進行了透視剖析。

此事幾乎沒有先例，而且儘管達文西是敏銳的解剖學家，但他在這張草圖中的性解剖大多是虛構的。他所見的身體是藉由熱與活動產生體液變化的身體。達文西描繪的子宮有一條管子與乳房直接相連（他認為母乳是變形的經血），而子宮接納了一條直接來自脊椎的女性精液導管。他對男性性解剖的理解同樣非傳統——他畫了一條起於心臟的導管，進到浸泡著脊髓的液體中，而其他導管則將精液從腦送至脊椎，再直接進入陰莖。睪丸看起來不過像是平衡物，用來讓導管就定位。達文西必定有幽默感：他在他這張受孕草圖上寫

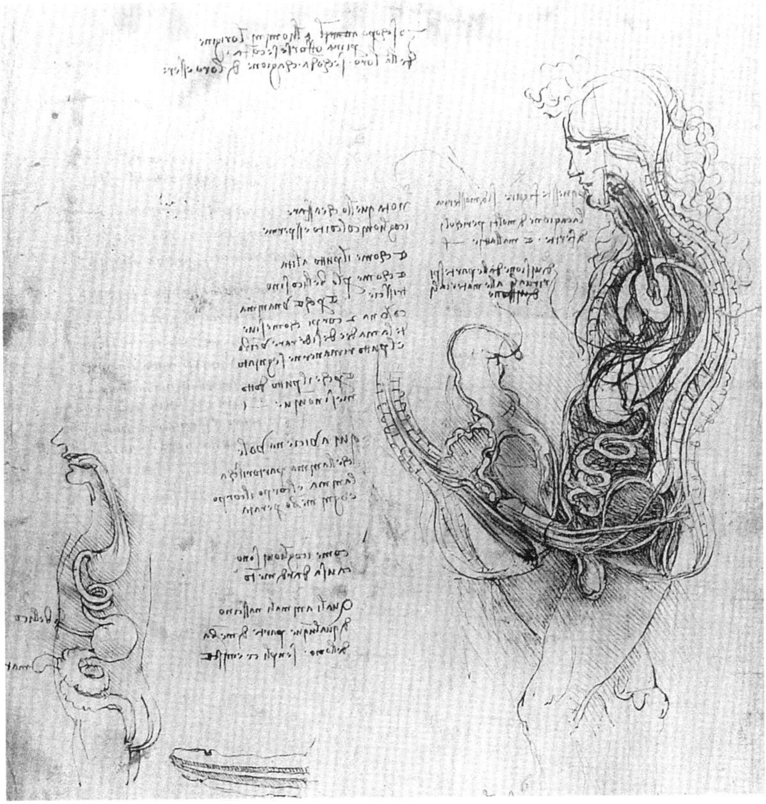

道：「我向世人揭露他們之所以存在於世的第一個、或第二個原因。」

在達文西畫出聖安妮的二十年後，德國醫師歐夏・羅斯林（Euchar Roesslin）受到〈創世紀〉第三章十六節的影響：「我必多多加增你懷胎的苦楚，你生產兒女必多苦楚；你必戀慕你丈夫，你丈夫必管轄你。」他認為「男女之間獨一無二的天然愉悅樂事」，部分是為了補償分娩的疼痛，也是人面對終將一死的一種慰藉。

到了一七〇〇年代，德國醫師馮・哈勒（Albrecht von Haller）知道人類卵子出自卵巢，但他以為性交會導致每條輸卵管硬化，並且「在激烈交媾時包圍、擠壓卵巢，擠出和吞入成熟的卵子。」七十年後，另一位德國人馮・貝爾（Karl Ernst von Baer），實際辨識出了哺乳動物卵子（在狗體內）。直至到一九三〇年代才在女性輸卵管中見到人類的卵子，現代對於受孕的理解於焉開始。

•

我的工作多半涉及生育力和不育問題：受孕、避孕，有時候還有墮胎。女性患者為了懷孕失敗或促進懷孕、刺激或防止排卵而前來尋求協助。我提供建議、開立處方，還有用不熟練的漫畫手法畫出男女兩性解剖圖。可是，即便今日，關於生育及其節奏有許多面向依然曖昧不明。

新生命的創造過程通常會發生在不注意時：有些女性在排卵時會感到短暫的疼痛，但懷胎可能在排卵過後長達二十四小時後發生，而受孕本身和著床於子宮不會產生任何感覺。從疑似懷孕到證實，可能需要幾個星期，讓人足夠堅信地去買驗孕棒。

隨著診察進行，結果可能令人欣喜，或者悶悶不樂。女士進到我的診間，坐在辦公桌旁說：「我懷孕了。」從語氣便可推算那究竟是值得慶祝，抑或擔憂。我先猜測是哪一種，然後慢慢回答：「……你覺得如何？」，以便確認。「高興！」我有時聽到，或者「真糟糕！」有時她們會打開包包，匆匆買來的驗孕棒攤放在桌面，全都顯示出相同的藍色十字線或兩條粉紅色橫線。我們會仔細查看，轉動向光的角度，確認沒有看錯，然後從我自己的櫥櫃取出一根驗孕棒，重覆進行檢測。當尿液一路滲入我們緊盯的試劑條，便會有人露出垂頭喪氣的焦慮臉色，或是神采煥發的興奮表情。

現今的檢驗方法靈敏度相當高，許多婦女幾天之內便能得知受孕，胚胎這時候甚至還只是膠質胚盤上細如絲線的細胞索，而這個條狀物將會形成脊髓軸線。如果診間裡的氣氛是興奮的期待感，這些時刻便是一種歡樂享受，無論是盼望到來的嬰兒或意外的驚喜。有時診察的氣氛凝重，我的提問會變得比較急迫：你上次月經是何時，通常的經期規律是多久，你可能是在何時受孕，以前懷孕過嗎？我們現在已習慣掌控自己的身體，但懷孕是一種原始的提醒，告訴我們身體的變化往往超乎控制，而且身體自有其節奏、航點和目的地。對某些人來說，懷孕無可阻擋的本質是它最嚇人的一面：這個往往因為他物性而讓人有異化感的進程已被啟動之感，而且不管懷孕進程是否繼續下去，對女性而言，一切再也不復從前。

在英國大多數地區，女性如果認為繼續懷孕會危及她的生理或心理健康，而且附有兩名開業醫師簽署同意的文件，便可要求終止懷孕。其轉診過程迅速且審慎——我曾轉診過婚姻幸福、但丈夫非胎兒生父的婦女，以及如果被父母發現懷孕，人生將陷入悲慘境況的少女。如今懷孕的青少女比以前少，多虧了性教育和避孕方法，英國近二十年來青少女懷孕的比例已經減半。

我見過一次體外人工受精：精液從移液管滴落到疊放在玻璃皿上的女性卵子，幾乎立即受精。這些卵子被留在它們的玻璃皿裡繁殖，隨著每次分裂，繁殖中的細胞變得越來越小，直到原胚成為中空的球，而大小仍與原本的卵子相當。新生命的發育起初並未累積大小或體重，但已然存在於卵和精子中的化學元素交織出新的形態中。觀看人類受精既令人印象深刻，卻也平凡無奇，就像在觀看蜜蜂替花朵授粉。

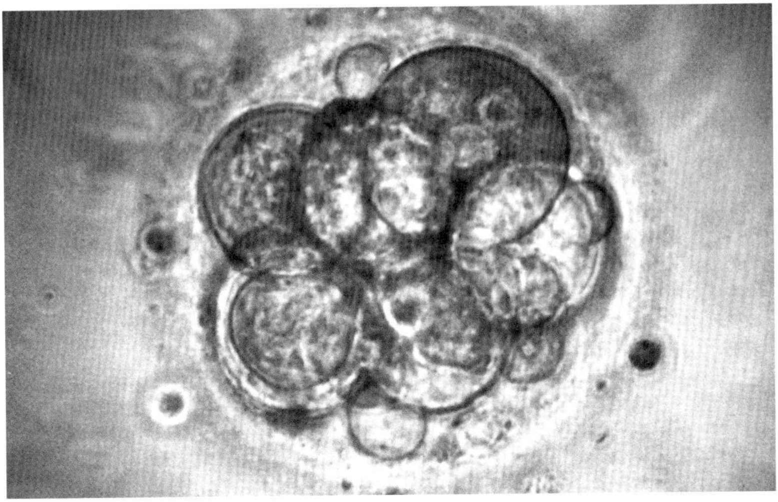

一個世紀前，麻薩諸塞州醫師鄧肯・麥克道格（Duncan MacDougall）接連量秤病患死前死後的體重，損失的質量便是靈魂的重量，他估計是二十一公克。他用了錯誤的方法：過渡到死亡或孕育生命都不會造成體重的變化，質量既不減也不增。那只是維持我們生命的一切事物的終止或開始，一種新的變形過程的起點。

•

我認識漢娜・莫利爾時，她二十四歲。她的長髮盤成一個結，來接受診察時，每每就像號誌燈一樣會變換髮色。她穿著及踝的紫色或藍色連裙裝。她和丈夫亨利從威爾斯的谷地搬到蘇格蘭，她的口音相當濃重，我經常得請她再說一遍。某天來就診時，她打開包包，三根驗孕棒落在我的辦公桌上。「我懷孕了。」她說。

「你覺得如何？」我問。

「這不在計畫中，如果你指的是這個，但我要繼續下去。」我們談了有關維生素和助產士、超音波掃描以及孕婦晨吐的事，我將她轉診到產前門診。

我在她懷孕期間定期替她看診，她的情況相當糟糕，有高血壓、嘔吐、胃灼熱，以及嚴重到讓她幾乎無法走路的背痛。「不會再有下次了，」她用抑揚頓挫明顯的口音告訴我，「一次就夠了。」

分娩六週後，她帶著嬰兒來看診，一個長著透明絨毛、眼珠黑如墨斑的小女嬰。在我對她女兒做完篩檢，查看她的剖腹產傷口癒合情況後，我們討論了避孕的選項。她帶著避孕藥處方離開。「這些藥的失敗率大約為百分之一，」我告訴她，「重要的是，每天要在相同的時間服用。」

三月後她推著一輛嬰兒車來回診。當我去候診室喊她的名字時，我注意到她坐在我的另一位病人身旁，這位病人才剛開始第三輪的人工受孕週期。「我又懷孕了！」漢娜邊說邊將嬰兒車推過診間門口。她坐下來，一隻手繼續搖著嬰兒車。

「你覺得如何？」我問。

「夢魘，可不是嗎？我還沒從上次恢復過來。我馬上就知道了：感覺想吐、乳房疼痛……」她中斷片刻，表情一變，因為她明白我為什麼這麼問。「不過我們還是要繼續，亨利和我——我們下定決心了。」

漢娜的第二次懷孕比第一次更折騰，我們每兩、三週碰一次面，想辦法治療她的孕吐、胃灼熱、背痛以及惡化的坐骨神經痛。她到了懷孕末期開始尿失禁，難以離開住處，而且幾乎無法入睡。她的血小板數下降、血壓上升，婦科醫師建議再次進行剖腹產。「我真的不想再懷孕了，」當我登門去探望她時，她在公寓裡跛行著，「他們剖腹時，能不能把我的輸卵管一起結紮？」

「我會問問看。」我說，並寫了封信給產科與婦科學部門。

回訊在兩個星期後傳來，「不建議像漢娜這樣年輕的女性採取絕育措施。」信中如此回覆，「事後後悔的比例相當高。我們會在她出院時提供植入式避孕器。」

•

三百年過後，十九世紀的醫學才趕上達文西的研究，一連串大多為德國人的婦科醫師深入思考受孕解剖學。他們仔細查看性交時的身體變化，猜測這些變化對於受孕機率的影響。他們提問，何種性交姿勢的受孕成功率最高，以及懷孕期間的性行為是否有危險性。他們相互提出理論，關於性高潮發生時，子宮本身是否會改變形狀和位置。然而這群醫生當中沒有半個女人。

一九三三年，正當生理學家開始瞭解人類生育力和排卵時機之際，美國的色情法律放鬆，新澤西州醫師羅伯特．狄金森（Robert Dickinson）因此得以發表自己的研究。狄金森相信解剖科學必須脫離解剖室的屍體，改研究活生生的人類。身為婦科醫師，他每天絞盡腦汁想弄清楚，為何有些夫妻難以懷孕，他明白，這社會不願毫無顧忌地討論性，不僅是造成巨大不幸的原因，甚至是不育的原因。他寫道，「或許，這種羞怯起因於這類研究必然無法脫離個人經驗的曲解、個別偏見，以及，尤其無法避免讓人聯想到好色。」他在名為「性交解剖學」的篇章中，開宗明義地闡述「性」讓人類生命永續的核心地位：「人類的身體功能沒有任何一項可與性交相提並論，能在單一行動間便產生深遠的影響，或是在動作總和時間短暫的情況下發揮種種效果。新生命的有無便取決在單一行動的轉瞬之間。」

無論受孕是期待或預防，狄金森最關切的是「無生命」，而且他的書中有一章在討論避孕裝置和墮胎方法。有一段內容描述如何同時施行墮胎及絕育手術。透過一次剖腹完成兩項手術，讓接受手術者只留一道疤痕，而且，他認為對許多偷偷前來求助的人而言，此舉提供了「較好的藉口」。他的其中一幅插畫，如同達文西，就試圖從側面描繪我們曾走過的最重要的一段旅程，也就是當母親的卵子與父親的精子合而為一時。

狄金森報告的最後章節討論到不同性交姿勢的解剖學，尤其是各姿勢如何影響精液聚集於子宮頸，以及懷孕的可能性。他認為，多變的性生活有助懷孕，但那不是他唯一關切的事：

> 藝術要避免千篇一律。這原則不僅適用於動作的多樣化，也適用於氣氛和冒險精神的變化，以及海與天絕對不嫌壯闊，而春天的樹林或月光作為狂歡的壯麗背景和環境，也絕對不會太過優美的概念。

在狄金森之後，直到一九九〇年代才出現更精確的受孕解剖學圖像，精確的磁振造影掃描機在那時問世。某位荷蘭生理學家、放射學家、人類學家暨婦科醫師懇請七對夫妻協助，他們同意在磁振造影掃描機裡發生性行為（該名人類學家和她的伴侶也是自願者）。

報告一開始先承認，世人對於性解剖學所知甚少，表示甚至在狄金森之後的這六十年來，由於顧忌會被視為淫亂好色，相關研究仍然停滯不前。他們證明了女性子宮的位置在性興奮時的改變，並注意到狄金森對性交時陰莖形狀的描述有誤。他們也證明了性交時陰道血液供應的明顯變化。

參與者中只有一對，也就是那位人類學家和她的伴侶，設法維持性交時間久到足以讓掃描機拍下精確影像。「原因有可能是他們是唯一真正的參與者，」報告結論這麼寫道，「從一開始便涉入研究……加上身為業餘的街頭雜耍者，他們受過訓練，而且習慣在壓力下表演。」

•

我見到二度生產後的漢娜時，她正推著雙人嬰兒車。我問她如何應付兩個小傢伙——她的大女兒才十四個月大，她乾笑了一下。「我們應付得來，」她說，「我的亨利人很好，我們一起想辦法。」她的二女兒比大女兒更好動，夜裡鬧個不停，搞得她和亨利精疲力竭。不過他們還是勉強笑得出來。她急著想讓我看她的植入式避孕器，位於她的左臂內側高處，就在皮膚底下，粗細大約是一根火柴棒大小，但平滑有彈性。「我不知道為什麼我需要費心避孕，」她說時發出猥褻的笑聲，「我們兩人壓根兒不會想到性這回事。」

在她二女兒大約四個月大時，我到班後發現辦公桌上有張字條，上面寫著：「打給漢娜．莫利爾。緊急事件。」

「你絕對無法相信，法蘭西斯醫生，」她在電話中說，「我又懷孕了。」

「……那麼你覺得如何——」

「這回我撐不過去的，我就是辦不到，我認為身體會承受不了。」電話那頭沉默了幾秒。「雖然我不喜歡墮胎這主意，但非得如此不可。上回我幾乎連走路都有困難、沒辦法睡、還尿失禁。我想我需要墮胎。從醫學觀點來看，難道你不認為我需要墮胎？」

她處於懷孕初期，而且可能幾天前才剛受孕。我打給產科與婦科學部門，說明她的情況：她已經有兩個孩子，她的懷孕如何導致造成失能的背痛惡化，以及避孕失敗。墮胎門診會將求診者的約診單寄到轉診診所，而非住家地址（有太多女性仍得祕密尋求墮胎處置），因此我隔天打給漢娜，通知她參加所謂「早期藥物」墮胎的時間和地點。她和諮商員碰面，探尋她的選項，以及如何利用藥片阻斷懷孕荷爾蒙，接著在一天後在陰道內放置子宮托，促進子宮內膜脫落。

隔週，我們在電話上交談。「你絕對猜不到，那方法無效。我還是在懷孕。他們說這樣的機率只有千分之一。」她說。

她再度去見諮商員，再次服用藥片，再次帶著子宮托回家，結果同樣無效。

「依我估算，這讓我成了百萬分之一的那個人。」她說。我納悶子宮托是否失效，或是漢娜一回到家便覺得不該使用它。

隔週我見到漢娜，她來回診取出手臂裡的皮下植入式避孕器。諮商員建議她果斷採用外科方式終止妊娠，但她拒絕了。「我決定就繼續懷孕吧。」她邊說邊來回搖著雙人嬰兒車。「這些藥片為什麼無效？」她問。

「不曉得。」我搖搖頭，「我猜你說得沒錯，你必定是那百萬分之一的人。」

「好吧，如果這孩子這麼想留下來，或許我該順著它。」她輕快的語調起起伏伏，猶如一根上下往復的縫衣針。

第四章

睡眠——夢的房間

我之前未曾聽聞有能讓人入睡或清醒的神祇。

喬叟，《公爵夫人之書》（Chaucer, *The Book of the Duchess*）

有些來求診的病人向我主訴，症狀會從身體某個部位迅速轉移到另一部位。等到我開始瞭解某個症狀（例如膝痛或胃痙攣）時，病人卻又改變說法，我又要去應付另一個症狀。彷彿每個被陳述的症狀，重要性都比不上我被要求去認知其痛苦。要將談話重心轉移到患者的內在和情感生活，避開他們反覆羅列的身體症狀，我發現，只要問：「你睡得好嗎？」這樣便足夠了。

「很糟」，有時我會得到這樣的回答，或是「好極了，我一向睡得很好。」長期疼痛會造成睡不安穩和無法緩解疲乏；不過，心神煩躁、激動也會。嗜睡可能意味甲狀腺機能低下，但也可能表示離群循世。對許多人來說，被人問及睡眠，不會像被問起關於他們的焦慮或意志消沉那樣具有威脅感。

我遇見的許多連續失眠患者都無法關閉注意力，每當他們漸漸入睡之際，心中便有某個控制性、理性的部分猛然將他們搖醒。腦部掃描顯示，人類睡覺時，大腦的分析部位往往沒有活動，而比較本能、情緒的部位則開始活躍。入睡是某種放棄，放棄意識和身體，而睡眠本質上的缺乏控制，對某些人而言是駭人的景象。人們往往迫切需要獲得睡眠：幫助達成此一目的藥丸可能會有成癮的危險，但大多數是有效的。諸如纈草等鎮靜劑是已知最古老的安眠藥之一，而使用鴉片助眠的歷史也有數千年之久。

據估計，全世界約有一成的人口長期蒙受失眠之苦——這是患者體驗的一種「症狀」，並非暗指特定醫學成因的「診斷」——而且睡眠品質不佳的人數日益增加。沒有人能確切說明我們為何必須睡覺，但每種生物都會歷經睡眠與活動時期的交替。某些鯨豚類、海豹和鳥類甚至每次會讓一半的腦睡覺，意味這個過程十分重要，無法長時間中止，因為這樣會讓事關緊要的大腦健康蒙受風險。透過睡眠進行的神經處理過程，據信能移除腦細胞產生的廢棄物質、恢復身體功能，以修復受損組織。兒童的睡眠時間較成人多，是因為他們的腦不停在學習，也因為他們必須全力成長，而生長荷爾蒙便是在睡眠期間由身體生成。

我們醒著的時間越長，神經組織中累積的腺苷也越多。腺苷對細胞的能量代謝至關重要，腺苷過多會讓人感覺不舒服，但睡眠能讓腺苷恢復至正常值。[1]

不同的睡眠階段似乎會發揮不同的功能：快速動眼期睡眠對強化記憶（或者有系統地忘記無用的資訊）[2]是重要的，大多數的夢都發生在這個睡眠階段；然而，如果沒有「慢波」睡眠，我們醒來時可能會覺得沒有恢復精神。（REM意指「快速動眼」；儘管身體麻痺，但眼睛周圍的肌肉仍持續運動。）我們在睡眠時會經歷每次大約九十分鐘的快速動眼期，大多數成年人每晚會歷經四至五次的快速動眼期睡眠。「非快速動眼期」睡眠傳統上被分為四個階段，不過這種分類方式一直遭到質疑是過度簡化。

有關睡眠的細節和機制至今依舊成謎。快速動眼期約占新生兒睡眠時間的一半，以及成人睡眠時間的大約四分之一。最深沉的睡眠階段，亦即腦電圖描記顯示神經活動的深度協調脈波時，會隨著我們年齡增長而減少，有些年長者完全不會進入最深階段的慢波睡

1　我們需要睡眠才能維生。有一種遺傳疾病稱作「致死性家族失眠症」（Familial Fatal Insomnia），會造成棘手的進行性失眠，伴隨日益惡化的失智，最後導致死亡。所幸這種疾病極為罕見。

2　DNA構造的發現者之一法蘭西斯・克里克（Francis Crick）相信這是快速動眼期睡眠的目的。

眠。快速動眼期是由源自腦幹深處、進入名為「丘腦」（或譯視丘）的腦核心部位的一小束神經元所觸發。一旦它們開始活躍，便會啟動快速動眼期。只有哺乳動物和鳥類具備快速動眼期。如果你喚醒處在快速動眼期當中的人，他有九成會說自己正在做夢。

醫界在一九五〇至一九九〇年代多半假定處於快速動眼期即是處於夢境中，但比較晚近的研究顯示，這是錯誤的。如果喚醒非快速動眼期中的人，仍有百分之十的機會他會說自己正在做夢，只不過這些夢通常是較為概念性的夢，生動程度不如快速動眼期間的夢。如果你被阻止進入深層睡眠，那麼你從非快速動眼期被喚醒時，報告做了夢的機率會躍升到超過七成。關於做夢的目的和意義，向來莫衷一是。如果你遭受了某種影響快速動眼期睡眠產生的腦部傷害，你仍然會做夢，然而如果受傷處是腦部稱作「腹內側象限ventromedial quadrant」的部位，那麼你便無法做夢，但仍然會有快速動眼期睡眠。

藥物或許能相對簡單地促成睡眠，但惱人夢境一再出現則是更麻煩的問題。然而，傾聽夢中的故事，探索其關聯，可以提供一個可讓人前去探究不明的焦慮和關注之事的空間。我不是精神分析學家，但傾聽病人的夢境往往有助於探索他們在生活中遭遇的挑戰和難題。以下是去年我在診察室裡聽到一再出現的夢境：

有一名年長的男士夢見他在迷宮般的通道上奔跑，將房間門打開又關上。有時他會進入房間，拉開所有的抽屜——他在找尋某個東西，但不知道在找什麼。他口袋中的清單催促他繼續找尋，他確信那是不完整的清單。隨著夢境推展，他變得更加狂亂，直到驚醒過來，雙眼含淚，心臟噗通噗通直跳。

某位成功的博物館館長享有崇高的公眾形象，肩負繁重的行政責任，她夢見自己是外科醫師，俯身站在一具切開的身體前。身旁的護士靜待她接下來的處置：內臟垂露在體外，而她不知道如何塞回去。

一名兒時遭父母施暴虐待的年輕人，反覆夢見卡通人物。它們有時在他的頭頂飛繞，嘲弄、奚落他，有時會羞辱他或彼此羞辱。他從這些驚恐的夢中醒來，因而害怕入眠。

•

奧維德的《變形記》具備如夢般的本質，讀者會意識到自己像是被吸進一種奇異、幻覺式的空間。第十一卷描述夢神摩耳甫斯（Morpheus）居住在地之界限、一座有罌粟花環繞的山洞裡。源自山洞的遺忘河（Lethe）河水，「流動時引人入睡」，而催眠的暗霧則發自地面。摩耳甫斯的父親、睡眠之神索莫納斯（Somnus）躺在洞中一張巨大的黑檀木臥榻上打盹。他被無數無實質形體的夢給包圍，這些夢「多如收割的玉米穗、樹木的綠葉，或者岸上加總起來的沙。」

「摩耳甫斯」意指「塑形者」，他能呈現任何人類的模樣。他的目的是演示出凡人的夢境，以便提供他們預兆。夢充滿神聖的重要意義，這在近東和地中海文化裡被視為理所當然，這些文化也滋養了奧維德的思想：巴比倫的《吉爾迦美什史詩》（*Epic of Gilgamesh*）中有同名的男主角和他的心腹之交，能接收洞察之夢的恩奇杜。做夢的力量在希伯來經典裡受到讚揚，來自迦南的青年約瑟十分擅長解讀神授的夢。美索不達米亞和希臘文化中具備其他無數插曲，同樣證實了瞭解夢的訊息的重要性。

佛洛伊德的《夢的解析》是精神分析的創始文本之一，標題取自兩千年前愛奧尼亞希臘人阿特米多魯斯（Artemidorus）的《解夢》（*Oneirocritica*）。佛洛伊德不相信夢出自諸神，但也沒將夢視為是雜亂無章、無法控制的心智殘餘的零碎物，而是視之為睡眠守護者。倘若沒有做夢的變形力量，佛洛伊德說，我們永不安寧的心智會不停喚醒我們。正如摩耳甫斯變形演出我們的夢境，做夢將我們的恐懼、羞恥和隱祕的野心化為夢的敘事。對奧維德而言，夢神摩耳甫斯是說故事者，而他說的故事闡釋的是更深刻的事實。

「丘腦」意指「內部房間」，它位於腦室下方，大腦皮質的蕈狀皺摺下。我曾在解剖時檢視過丘腦，它的顏色與稠度如同沖積土，兩袋成對的灰色物質。它的功能是將感官訊息傳送到大腦皮質，過濾和轉達我們所見、所聽和碰觸的一切。世界透過丘腦的網絡和突觸流向我們。鎮靜劑能讓人入睡，部分原因就是因為這些藥物改變了丘腦的功能。

每種感官分配給某個丘腦「核」，而在每個核中，數以百萬計的連結不停運轉，與大腦皮質和彼此相互溝通。視覺通往大腦後部，位於頸骨上方幾吋處。聽覺向上輻射狀分布，在耳朵下方處理。[3]觸覺包裹在耳機線般的帶狀皮質中，穿越大腦頂部。嗅覺和味覺，我們最原始的這兩種感官則不然，它們直接進入腦的下部，與涉及飢餓與性欲、恐懼與記憶的情緒中心相混雜。解讀氣味和味道的皮質也比較原始，構造上只有四層，而非六層，是我們爬蟲類演化過往的殘留物。正是因為覺察氣味和味道的原始方式，使得它們能如此喚起我們的過去，緊密牽動諸如鄉愁或是厭惡的感覺。

大腦的世界與電有關，神經細胞透過電流彼此溝通，丘腦神經元藉由控制每個細胞的電流伏特數，來阻斷或傳遞感官訊息。每個丘腦神經元應和著它所負責的感官節奏。我們

3 吊詭的是，右耳聽見的聲響是由左下方的大腦皮質處理，反之亦然。

可將它的神經元活動想像成百萬具不同步的電子鼓，敲打出百萬種不同節奏，而每一種節奏回應著各個不同的感官印象。除了傳統的五種感官，還有不間斷的資訊洪流時時刻刻通報皮質，關於我們的平衡、動作、體溫、口渴、飢餓、緊張，以及身體每塊肌肉和肌腱的姿態，膀胱和直腸的儲滿或排空，還有肺和氣管中的氣壓，更別提持續在我們清醒的心智中嘩然作響的較高等反射、感知與記憶。如果我們不是如此擅長一次只專注於兩、三種知覺，這一切喧囂必定會將我們震聾。但一說到睡眠，即便只有百萬分之一的知覺，也會使我們分心。為了讓大腦休息，光是引導注意力還不夠，我們必須猛然關閉感官的大門。

當我們開始入睡，諸多改變之一，就是鉀離子穿過緊裹住每個丘腦細胞的膜，濾出後進到周圍的細胞外液。這種過濾之所以發生，是因為微小的膜通道「K^{2P}」改變了形狀：通道結構內成對的孔打開，帶正電荷的鉀離子滑出。神經元的電荷隨著鉀離子的離開而下降，丘腦神經元放電的速度因而變慢。清醒時，數以百萬計的切分節奏傳達出我們周遭世界的複雜程度。入睡時，這些神經元放慢到深度合諧的節拍，將我們與意識隔離。當我們搖醒自己時，情況會逆轉：K^{2P}通道變窄並關閉，丘腦神經元電壓上升，每個神經元開始再度忠實地將關於外界的訊息傳送給大腦半球。

K^{2P}通道並非人類獨有，它們最早是在椎實螺身上辨識出來的。K^{2P}通道亦非大腦獨有，也存在於腎臟和胰腺（但仍未完全了解其功能）。我們知道它們與睡眠有關，因為當科學家對椎實螺施用麻醉氣體或鎮靜劑時，牠們的K^{2P}通道會打開，而且變得遲鈍。就連椎實螺也會睡覺，或許甚至還會做夢。

《解夢》的作者阿特米多魯斯沒有在夢究竟是來自諸神或是自我的問題上糾結。他說，唯有體驗反覆發生的夢，「我們的心靈方能深情地告誡和預示我們值得思考的同一件事。」我喜歡「深情地」這個溫柔的用語，我的某些診察經驗變成了對患者那些反覆出現的夢境可能代表的意義的安靜、共同的深思。夢發生在大腦何處，我們對此的瞭解相當有限，這些可能是危險的領域，我們得自擔探索原始情感的風險。諸如安非他命這類藥物在提供能量和欣快感時，作用就在大腦做夢的相同部位。如果這些部位變得不受管控，清醒時可能會遭精神病夢魘突破。診療時我會謹慎詢問夢境，深知它們不只極為原始，而且內容還含帶力量。

我開始詢問反覆做惡夢的病人，他們的心靈可能「深情地告誡」他們該仔細思考什麼事。我請做夢者甲多談談他個人的過去。他每晚夢見自己奔跑穿越走廊，開門又關門。他的妻子和兩名子女多年前死於可怕的情境（車禍、癌症、自殺）。他的夢若具有意義，或許是在表達他與妻兒之間未曾言說的所有苦痛。可怕的是，他知道自己不可能替他們抵命。探討這個夢的可能意義雖無法減少他的做夢次數，但確實讓他明確表達出些許深層的傷悲。透過這些討論，我們之間變得比較親密，希望能更容易去探討其他的恐懼和焦慮。雖然我無法治癒他的悲傷，但透過討論他的夢境，我們創造出了表達悲傷的空間。

做夢者乙夢見自己是不確定如何繼續的外科醫師，當她開始訴說這種恐怖，不經催促，便自然地透露出她的童年、職業選擇以及雙親對她的極高期待。他們總是施壓要她超越平凡的家庭背景，出人頭地。她承認自己從沒想過自己能爬到這麼高的地位，時常擔憂周遭的人認為她不夠格承擔這份工作。當我們開始能討論她覺得自己像冒牌貨的不適感時，她接著列出了自己其實十分勝任這個職務的所有理由。

做夢者丙再三遭受卡通人物的奚落和折磨，他自小經歷的身體與情感的背叛過於痛苦，難以言語處理：他發現自己無法進行談論。我們決定藉藥物抑制這些夢。有一種稱作克癇平錠（clonazepam）的藥能鈍化和削弱我們的夢，或者至少能壓抑對夢的記憶。我開始定期開克癇平錠給他服用，直到他感覺能跟我或諮商心理師談論自己受虐的悲慘過往為止——我們承認這個時候可能永遠不會到來。

第五章

健身——因憤怒而卸甲

如果你要強壯，你得讓身體習慣成為心智的奴僕，且以勞苦和汗水訓鍛練。

普洛迪科斯，《論赫丘利》（Prodicus, *On Hercules,*）

武仙座（Hercules，即赫丘利）是我最早學會辨識的星座之一：盒狀的星群輻射出連枷般半彎曲的四肢。先找出北極星，然後沿著小熊座的小鍋柄看去就八九不離十了。小時候，我有一本天文學的立體圖片書，在滿布星星的骨架上呈現灰色的赫丘利，採取跪姿、手持棍棒，準備給天龍座巨蛇致命的一擊。

我知道赫丘利的故事，因為學校老師曾安排希臘神話課程。根據神話故事，天龍是像蛇的生物，守護著聖園裡的蘋果樹，但被赫丘利以棍棒打死。我不記得老師指出這故事與伊甸園故事的類似之處，但我的確記得，她要我們畫出赫丘利的十二項功績。我畫了奧吉斯國王牛舍裡堆成山的糞便，還有尼米亞之獅底下的血泊（他的第十三項功績是一夜之間讓五十名處女懷孕，老師從沒提及）。赫丘利無比強壯，老師說，當一個名為亞特拉斯的超人厭倦於擎舉天空時，他是唯一有力量代勞的凡人。

根據流傳甚廣的神話，赫丘利是宙斯之子，是宙斯諸多風流韻事的結果。宙斯的妻子希拉試圖阻止赫丘利出生，對赫丘利的母親施咒的同時，也緊緊夾住自己的雙腿，這是法術不可或缺的部分。結果希拉被騙打開雙腿，法術於是失效，赫丘利挨過了他的第一項考驗。小男孩立刻展現出他的強壯，在搖籃裡絞殺了希拉派來奪他性命的蛇，先知提瑞西阿斯於是預言日後他將成就偉業。

•

哈利·艾克曼濫用合成類固醇。我不是從他的肌肉看出端倪，而是皮膚，不管我怎麼治療，他的痤瘡還是非常嚴重。我試過所有藥劑：塗劑和收斂劑、抗生素和維生素A，但他的肩膀、頸部和胸口還是持續冒出膿皰，留下坑坑洞洞的傷疤，彷彿雨水滴落在他的皮膚粉末上。我認識他時還是新手醫師，天真地相信病患都很誠實。某天休息時間在討論哈利的痤瘡時，一位較有經驗的同事建議：「再問問他服用什麼？」

次回約診時，我問哈利是否確實不曾服用任何我沒有開立給他的藥物。他承認自己最近四年來持續網購類固醇。「那一種？」我問。

「一種？」他驚訝於我的無知，「沒有人只服用一種的。」

「那麼，你服用哪幾種？」

「我先服用睪固酮和一些大力補（Dianabol），在頭十二週能讓你變大隻。我還吃安美達錠（anastrozole）以防男性女乳症。」我知道安美達錠是治療女性乳癌的藥物。

「然後呢？」

「要看你想達成什麼結果。要讓肌肉線條分明，通常得換成睪固酮類型藥物，添加氧甲氫龍（Anavar）之類的，但安美達錠還是要持續。」

「所以你說那是前菜。一旦更上一層樓該服用什麼？」

「有許多種安排。」他說，「Masteron、Equipoise、Decanate、Nandrone、人類生長激素……」

我打斷他的話。「如果不停用這些類固醇，你的痤瘡不會改善。這些會讓你的皮膚變得油膩，造成斑點和疤痕。」我列舉類固醇的其他風險：因為影響心肌而導致心臟衰竭、糖尿病、不孕、抑鬱、難以克制的暴怒。他客氣地聆聽著。我從他的大腿上可以看見他的指關節皮膚縮緊又放鬆。

「如果你不想幫我治療痤瘡，就明說吧。」他終於開口，「不過我知道自己在做什麼。我現在好得很。」

•

十九世紀的德國馬戲團壯漢菲德利希・穆勒（Friedrich Müller），是現代定義下的第一位健身者。他以尤金・桑多作為藝名，宣稱自己是受法爾內塞（Farnese）家族收藏的古羅馬赫丘利雕像所啟發。桑多在他的「健身宣言」中，創造出一個用語和一門產業，強調他的新運動的自我提升特質。他為這個宣言所取的副標是「形成中的人」。他為一種純淨生活和重量訓練的方式申請了專利，應和著世紀末對於殖民力量和民族自決的執迷。他在一九〇一年構思出一種公開比賽，以期找出世上最完美的體格：比賽在倫敦皇家亞伯特廳舉行，裁判是醫師作家柯南・道爾，以及熱衷健身的雕塑家查爾斯・班奈特・勞斯（Charles Bennett Lawes）。開場表演是由倫敦孤兒院的一群體操運動員演出。出賽者在台上分列，身穿黑色緊身衣和獸皮，擺出古雕像名作的姿態。

桑多頒給優勝者一座由自己擺出赫丘利姿勢的金色雕像。桑多聲稱自己在受到赫丘利雕像的啟發開始鍛鍊之前原本相當孱弱；想必他具備強大的意志力。他以郵購方式出售他的專利技術，他一開始懷抱的是美學目的：模仿古典雕像，而非力大無窮的英勇事跡。桑多從馬戲團到踏進亞伯特廳的過程中一躍成了體面人士，採用古典主題讓他的努力獲得敬重和接納，擴大了觀眾群。隨著電影出現，觀眾數也暴增：一九一〇年後，例如《卡比利亞、馬卡托尼歐與克麗奧佩托拉》（*Cabiria, Marcantonio e Cleopatra*）和《君往何處？》（*Quo Vadis?*）等幾部義大利電影，全都由赫丘利般的肌肉猛男擔綱演出，大量採用古典題材。這些電影在歐美各地大為賣座，演員因為一身肌肉，而非演技或容貌受到款待，成了名人。到了一九六〇年代，這類電影大秀史詩場面——史蒂夫・李維斯（Steve Reeves）的《赫丘利》和《赫丘利解放》（*Hercules Unchained*）為健身者擔任演員定下了基調，其

他人也隨後跟進：阿諾史瓦辛格（Arnold Schwarzenegger，《大力神在紐約》〔*Hercules in New York*〕）、米基・哈基泰（Mickey Hargitay，《赫丘利的情人們》〔*The Loves of Hercules*〕）以及羅夫・姆勒（Ralf Moller，《格鬥士》〔*Gladiator*〕）。

阿諾史瓦辛格在他的回憶錄《健美運動者的教育》（*The Education of a Bodybuilder*）中寫道，他十五歲時首次踏進奧地利的某家健身房，開始陶醉於改變身體的想法。將他納為徒弟的那些男人個個身材壯碩、粗蠻，但深受敬重，他特別想趕上他們「赫丘利」似的外觀。阿諾史瓦辛格記述在健身房的第一年夏天，他沉浸在幾分類似於性的狂喜中，肌肉的增大讓他感覺興奮，夢想著越變越巨大。他仿傚健美演員雷格・帕克（Reg Park，《赫丘利征服亞特蘭提斯》中的明星）的訓練計畫。帕克提倡一種雕塑健身法，先讓肌肉膨大，接著再設法讓各塊肌肉線條分明。[1] 就像自淫的皮格馬利翁（Pygmalion），阿諾史瓦辛格在雕塑身體時，深深愛上了自己的身體。

談到類固醇時，阿諾史瓦辛格含糊其詞。他在《現代健美百科》（*Encyclopedia of*

1 阿諾史瓦辛格在一九七二年贏得宇宙先生頭銜後，受邀到帕克位於約翰尼斯堡的家。帕克批評阿諾的小腿後肌，並指導他如何改進。

Modern Bodybuilding）最後幾頁稍微討論到加強健身成效的藥物。他聲明，每個優秀的健身者都會使用類固醇，但只在已經努力磨練到近乎完美時，才會用來修飾身體。他說，如果想保持優勢——心理和身體上的優勢，那麼類固醇不可或缺。類固醇不只會幫助讓肌肉更快速變強壯，也會引發一種侵略性，更容易培養出訓練時的強烈競爭態度。

•

我通常坐在辦公桌前就能預知哈利．艾克曼的到來，從他在玄關和接待員爭吵，聽起來像囚工領班的嗓音，或是外面傳來他將狗拴在診察室階梯時的狗吠聲。他養了三隻斯塔福郡牛頭㹴，看起來蒼白、肌肉發達，而且好鬥。

在和哈利談過他的痤瘡問題之後，我有好幾個月沒再見到他。下回再聽見狗吠時，我走到候診室，發現他的女友譚雅坐在他身旁。她安靜地待在角落，臉白蒼白、緊張不安，一頭紅髮披散在灰色運動服上。哈利開腿坐著，占掉三張椅子。他的T恤布面鼓脹，彷彿裡面塞滿了蛇。

「你得幫忙控制他的脾氣。」譚雅在他們一起在我的辦公室就座時怯怯地說。她的聲音像孩童的低語，「情況開始失控。」哈利的皮膚看起來有改善，我問他是否還在服用類固醇。

他笑了。「也許我試了新方法。」

「他不會聽我的話。」譚雅盯著我說。

「老實說，他也不太會聽我的話。」我說。

幾天前，他們倆吵架，哈利出手要揍她，但她躲開了，結果拳頭打中牆壁，斷了一根指骨。他舉起包紮的手為證。「看看她對我做了什麼？你得開點讓我平靜的藥物。」

「你要為自己的行為負責。」我盡可能冷靜地說。「要是你停用類固醇，就比較不會發怒。」我伸手從抽屜拿出一份標題寫著「暴力替代方案」的傳單，圈出正面的電話號碼後遞給他。傳單的說明上印著一名憂傷的年輕男子肖像，他渾身肌肉：「做你想做的人：尊重自己，傾聽別人，與人和睦相處。」

「你必須停用這些類固醇」，我再說一次，「還有，譚雅，如果他威脅或傷害你，打電話報警。」一週後，譚雅又來了，哈利沒有隨同。我告訴她，如果覺得家裡不安全，可以去當地的婦女庇護中心。她有他們的電話號碼。

赫丘利神話還有另一種版本，由希臘劇作家歐里庇得斯編寫成戲劇。在劇中，當赫丘利完成十二項功績後，返鄉與妻子麥加拉和三個兒子團聚。希拉無法忍受看見赫丘利完成任務後的欣喜，所以她從奧林帕斯山上讓赫丘利發狂。歐里庇得斯描述赫丘利的改變：「他不再是原本的自己，雙眼轉個不停，心煩意亂，眼珠充血，口沫沿著蓄鬍的臉頰滲流而下。他說話時帶著瘋人的笑聲。」希拉的惡咒使得赫丘利相信麥加拉和孩子是敵人，他將滿腔怒火發洩在他們身上。赫丘利用箭射死了長子，次子向他求情，但被陷入狂怒的赫丘利以棍棒打死，踐踏屍身。他接著對妻子和小兒子下手，一箭射穿兩個人。殺光家人後，他最後轉而對付養父安菲特律翁，但女神帕拉斯（即智慧女神雅典娜），朝他胸口投擲石頭。當石頭正中目標，赫丘利「嗜血的渴望」便逐漸消退，他倒在地板上沉沉睡去。

•

許多文化裡都有肌肉壯漢因憤怒而脫去盔甲的故事。在中世紀的斯堪地那維亞文化中，這些人在戰鬥中備受重視：他們稱作「berserks」，意指「熊皮」，因為嗜血而變成半熊半人的狀態。日耳曼人也有「mordlust—渴望死亡」這個字，描述這種轉變狀態。盎格魯撒克遜人有貝爾武夫（Beowulf），愛爾蘭人有庫考林（Cú Chulainn），印度神話中有黑天神（Krishna），而巴比倫人有吉爾迦美什。這些故事都呼應著阿基里斯在戰鬥中的出神。希伯來《聖經》有參孫的故事，他是像赫丘利那樣的壯漢。如同赫丘利，他徒手殺死獅子，拆毀建築物，壓死了一大群人（赫丘利使用弓箭，參孫的武器是驢子的頜骨）。就像希臘神話讓赫丘利緊接著有了三個凡人「妻子」，希伯來故事也提供參孫同樣的待遇。

合成類固醇會讓原本已經暴躁的脾氣火上添油，醫學文獻中有一些記述曾提到在合成類固醇的影響下發生的謀殺案。不用類固醇的重量訓練可藉由提高睪固酮來強化，但睪固酮也可能增加侵略性。某項在男子監獄中進行的研究顯示，最具侵略性者擁有較高的睪固酮濃度。天生具備兩個Y染色體，而非平常一個Y染色體的男性，不僅擁有較多睪固酮，還有若干證據指出，這些人在監獄人口中占比超高，或許是因為更容易發怒而施展暴力。軼聞式的證據顯示，處於睪固酮增激時期的青少年男子更常打架，而且在家裡變得更愛爭吵。一如赫丘利的發狂，不自然的睪固酮濃度可能引發無法自持的憤怒，甚至威脅到周遭。

• 長期服用類固醇的男性通常會不育，因為人造睪固酮抑制了身體自行製造睪固酮。他們的睪丸會縮小，精子數減少。彷彿是覺察到睪固酮過多的矛盾效果，神話中的許多超級壯漢都曾歷經女性化的階段。雷神索爾就有一段時間打扮成女人，黑天也是。有一則關於赫丘利的希臘神話說道，在他三段婚姻的某段時期，赫丘利待在家裡煮飯和打掃，而他的妻子則外出打獵和戰鬥。某版本的特洛伊故事中，阿基里斯的母親將他扮成女孩，設法將他留在家裡（希臘軍隊路過村莊時，阿基里斯忍不住把玩他們的武器，因而洩露了身分）。

我毫無預警地看見哈利。沒有狗吠聲，也沒有在接待櫃檯的大吼大叫。當我叫喚他時，他安靜坐在候診室，穿著寬鬆的兜帽運動衫。進入診間就座後，他在桌上放了一張紙。

「這是什麼？」我問。

「我的新方案。我過來聽聽你的看法。」紙上列出多種藥物，但沒有合成類固醇。

「所以你停用睪固酮了？」我問他。

「沒錯，我已經慢慢減量。譚雅和我打算生小孩，我來看看你是否能幫忙。」

「嗯，我不能開這些藥給你，這些多半是給女性使用的體外人工受精藥物，不准用於男性。」

「你不必開給我，我會自己想辦法取得和注射。我只是想知道你對我的方案有什麼看法，還有，往後你能不能幫忙送檢精子數量，看看這個方案是否有效。」

哈利弄清楚這些：他的研究說他要安排每天注射荷爾蒙，持續一週，以便刺激他的睪丸。接著開始服用會導致女性超量排卵的藥物，但這在男性身上則能啟動精子的製造。安美達錠再度入列，這次是用來防止哈利的天然睪固酮被身體轉變成雌激素。[2] 他產生的精子起初活動力會非常遲鈍，因此一個月後得服用劑量相當低的另一種藥物，以促進新精子的活動力。

我打電話給某位專精內分泌學的同事，問他關於這個方案的意見。「這樣行得通嗎？」我問他。

「不幸的是，這或許還真行得通。」他說，「不過，大多數健身者太常這麼做，只為了確保睪丸還有功能。一旦精子數量正常到讓人安心，他們就會回頭繼續使用類固醇。」

•

健身可說是一種癮頭，當血液剛從鼓脹的肌肉「泵送」衝往腦部，造成心理上的振

2 在除去一顆睪丸的男性身上，另一顆睪丸往往會爆量製造睪固酮。這顆睪丸的體積會變大，而且因為新釋出的睪固酮轉變成雌激素，造成乳頭下方的乳房組織膨大。

奮，或者察覺到體型變得更好，莫不讓人因而上癮。二十年前，健身曾被視為一種現代精神官能症——某種回應當代男子氣概危機的「身體畸形性疾患」。對某些健身者而言，上述說法或許有些許真實性，但尤金・桑多和阿諾史瓦辛格體現了人類長久以來欽佩力氣的夢想。

在大多數的赫丘利希臘神話中，赫丘利天生強壯，但在柏拉圖的門生色諾芬記載的某個故事裡，青少年時期的赫丘利必須在過費力的人生或輕鬆的人生之間做出選擇。某天，赫丘利獨自走在路上，遇見兩名要他做出這項抉擇的女子。他可以選擇一生舒適，或是困難的道路。艱困的道路需要極大的努力，但會帶來等量的榮耀。他可以變強壯，但這力氣不是神賜的免費餽贈，或透過吃藥取得，只能憑藉意志的鍛鍊獲得。赫丘利選擇了艱困之路：「因為諸神不會無端賜人任何美好的事物，必定要他付出辛勞和努力，方可獲得。」

第六章 頭皮——關於角、恐怖與榮耀

我的頭髮已然灰白，但並非因為年邁，
也不像有些人因為突感憂懼，
而在一夜之間變得白髮斑斑。

拜倫，〈西墉的囚徒〉（Lord Byron, *The Prisoner of Chillon*）

在某次搭乘紐約地鐵的車程中，我試著調查每個走進車廂裡的人的髮型。我看見噴上定型液、泛著金光的後梳頭，跳動的卷髮，雷鬼頭和平頭，額前的一撮頭髮和波浪燙。各式各樣的辮子、馬尾、豬尾、披肩長髮、髮簇和髮結。我數出爆炸頭、鯔魚頭和地中海禿頭，蓬鬆感油頭染出白色和彩色條紋的頭髮，還有癬菌造成的斑塊，以及禿髮的禿斑。

即便是禿掉的頭皮也有各種樣貌，有些像是類固醇造成的痘痕，有些看似磨損和長雀斑，有如淋了酸雨的沙岩雕塑，有些出現片片瘀傷，有些像是打磨過的桃花心木般光滑。有些有皺紋，有些顯得平滑，還有一些就像被冰河漂礫刮過。我見過長著乾癬的頭皮、曬傷的頭皮，以及患有皮膚炎的頭皮，但就是沒看到有人頭上長角。

•

頭皮是全身血液供應最充足的部位之一：粗闊的動脈血管從臉部兩側往上升，一旦頭皮受傷，血液能噴出好幾公分高。頭皮的皮膚相當堅韌，傷口可以充分縫合，我在急診室時常會先用絲線緊緊縫合幾針，以止住流血，接著再用縫合釘或黏膠完成處置。「超級膠」是越戰期間的發明，可用來快速修復像是頭皮這樣流血急速的傷口。人體只有舌頭和臉頰會痊癒得比頭皮更快，因為血液供應更加豐沛。頭皮是身上較厚的皮膚，大約一公釐厚（皮膚厚度從眼瞼的零點零五公釐，到手掌和足底的一點五公釐不等）。女性的頭皮皮膚比男性厚，而禿頭的年長男性頭皮最薄。儘管有上述這些差異，身體的表面積讓皮膚成為我們最重、最大的器官，但說來奇怪，而且毫無道理，大多數的醫學訓練卻忽視了皮膚。

每一門專科訓練都涉及關注「有趣的案例」，然後將這些案例納入經驗當中，但身為皮膚科醫科生特別有窺淫的感覺：訓練要求我們每天圍著衣不蔽體的病人，仔細檢查他們的皮膚。我記得曾被帶去看已經轉移到足根的疣，包紮大疱性類天疱瘡（bullous pemphigoid）正在壞死中的水皰（一種自體免疫疾病，其名稱源自意指「膿皰」的希臘語），以及目睹最後要把疥蟎從某個快嚇死的學生的皮膚坑道中挑出來的疥瘡。

某天早上，我和其他五名學生被帶進診察室，裡面有一位中年婦女坐在檢查床旁，穿著彩色羊毛衫和吉普賽裙。金色鬈髮圍住她的臉，她還將頭髮梳到前面蓋住額頭。「你們全都過來看看。」會診醫師問她是否可以撩起瀏海。我們當中至少有兩個人突然倒抽一口氣，因為在她的前額中央，就在髮際線上，長出一支角，棕色、大約兩吋長，捲曲的樣子有如萬聖節南瓜上的梗。

「我們正安排要切除這支角，」會診醫生說，「這些皮角是由角質構成，就像你的頭髮、指甲以及……犀牛角」。有許多種皮膚病都會導致長角：曬傷的皮膚有可能開始過度製造增長的皮膚角質層，某些皮膚癌、疣，甚至若干汗腺的疾病也會。五個皮角中大約會有一個其實是癌症。雖說起源不同，皮角全都由相同的物質、也就是角質構成。「要移除皮角相當容易，」會診醫生接著說，「不過，這個病例需要移植皮膚封住缺口。」

我們圍成半月形站在她身旁，設法不露出驚駭的表情，儘管患者本身似乎不在意。「別在今天弄掉，」她發出頑皮的笑聲，「我下星期還要參加化妝舞會，我打算扮成獨角獸。」

羅馬有一座米開朗基羅所作的摩西雕像，在他刀鑿底下的摩西長了一對角，眉頭深鎖，眼神凝重。這座雕像原是受託為裝飾文藝復興時期的教宗儒略二世之墓而製，但目前擺放在聖伯多祿鎖鏈堂（San Pietro in Vincoli）。這對角紀念了《聖經》裡的一個重大時刻。摩西領受十誡之後走下西奈山，回到族人身邊，他的面容有了明顯的改變。將希伯來語《聖經》譯為拉丁語的聖傑羅姆描述摩西的臉部變形為「長角」，此後就成了摩西在西方聖經圖像中的表現方式。米開朗基羅的摩西雕像是一件迷人傑作，佛洛伊德甚至為此撰寫了一篇長文（「我時常爬上陡峭的階梯……試圖證實這位英雄眼神中憤怒的輕蔑！」）。

古典作品和聖經傳統中的變形往往暗示著神的正義。在阿普列尤斯（Apuleius）的《變形記》中，舉止像驢子的人變成了驢子，而在奧維德《變形記》中，嗜血的兇手則變成狼。《聖經》記載了兩則長角的變形：〈申命記〉第三十三章中有一位先知，他的角散發出力量與威嚴，而〈啟示錄〉裡滿是來自地獄的長角信使。讓摩西頭上長角又代表了什麼樣的意義或正義呢？

三又二分之一個世紀前，博學的醫師湯瑪斯·布朗（Thomas Browne）對這個矛盾相當困惑，於是回溯了希伯來語和希臘語的《聖經》原本。他明白了，原來希伯來語「kaeran」意指「榮耀」或「發光」，與意指「長角」的「karan」幾乎完全相同。於是，他得出結論，西方世界千餘年來的摩西聖像，全然是因為誤譯而產生。布朗勉強承認，角「象徵權威、力量和尊貴」，而在摩西臉部產生的所有變形亦是如此，因此未必是不適當的。[1] 在奧維德的故事中，羅馬未來的國王一直到頭上開始長角，才接受了他的命運。「長角」與「發光」之間的混淆也是古老的問題，布朗引述羅馬哲學家馬克羅比烏斯（Macrobius）：「利比亞人認為，他們的神哈蒙（Hammon）是落日，呈現長著公羊角的形象，因為角是公羊的力量來源，正如太陽光束是太陽的力量來源。」

•

佛洛伊德的精神分析認為，皮膚的分泌和刺激理所當然能反映我們的內在生活，也就是說，皮膚幾乎就像是我們心理和情緒天氣的氣壓計。在二十世紀初，許多尋常的皮膚疾

1 匈奴王阿提拉與亞歷山大大帝也常被描繪成戴著有角的頭盔。在《古蘭經》中，馬其頓的亞歷山大則被簡稱為「Dhul-Qarnayn—長雙角的人」。

患，例如濕疹、甚至蕁麻疹，都被視為是患者心理或情感衝突的反應。我有許多病人注意到，自己的乾癬和濕疹問題在焦慮或睡眠不足時會惡化，這樣的觀察結果是現代免疫生物學理論難以解釋的。現代醫學深知如何抑制突發的皮膚疾病，但對於最初引發疾病的原因，知道的卻少得令人尷尬。

如果皮膚能作為心理天氣的氣壓計，頭髮也可以。眾所周知，頭髮變白或脫落是對震驚情緒的反應。這種現象在醫學記載中稱為「瑪麗安．東妮症候群」，因為世人普遍相信，這位等待步上斷頭台的法國皇后在一夜之間白了頭髮。一個多世紀前，德意志的生理學家雷納德．蘭多伊斯（Leonard Landois）寫道：

> 一夜白頭是病理學與生理學最古老的問題之一，遭到科學研究遺漏，至今仍籠罩在神話般的黑暗之中。我稱之為神話般的黑暗，是因為這些多半出自較古老時代的報告聽起來比較像神話故事，而非科學觀察。

但這並非神話故事，現代皮膚學家已證實這一點。頭髮一旦離開頭皮毛囊便會死亡，除非漂白，否則髮色不會改變。但頭髮突然變白的現象並不是因為色素變化之故，而是人在遭遇驚嚇或震驚之後，有顏色的頭髮先行脫落，只留下白頭髮的緣故。沒有人知道免疫系統為何以這種方式攻擊有顏色的頭髮，亦無已知的治療方法。

一夜白頭的第一份歷史紀錄出現在《塔木德經》當中，將喪親描述為頭髮變得灰白。印度的沙賈漢在愛妻慕塔芝・瑪哈過世後悲傷難抑（即便為她建造了泰姬瑪哈陵也無法撫慰傷痛），因而白了頭髮。悲傷未必只因失去所愛之人，失去書本也會引發悲傷。在得知無數珍貴手稿已隨著他的船消失時，文藝復興時期學者維洛那的瓜里諾（Guarino of Verona）也白了頭。文獻中也有許多囚徒等待行刑而白首的例子：被法國國王路易十二逮捕時的盧多維科・斯福爾札（Ludovico Sforza），囚禁在倫敦塔的湯瑪斯・摩爾（Thomas More），以及法國大革命之前、一個名叫達爾本的軍官（他的頭髮只有右側變白）。《阿拉斯編年史》（Chronique d'Arras）提到一個在查理五世的宮中被判刑的罪犯白了頭髮，而蘇格蘭的瑪麗皇后跟法國的瑪麗・安東妮一樣，可能是在等待行刑期間白了頭髮（也有可能只是她的灰髮比她平時願意承認的還多）。作家褚威格（Stefan Zweig）寫到有關瑪麗皇后行刑的事：

> 當行刑者布爾抓住她的頭髮，想提起人頭向圍觀者展示時，他只抓住了假髮，人頭

滾落地上。它像球一樣滾過斷頭台，當行刑者再次彎身捉住它時，旁觀者看得出那是一顆老婦人的頭，上面長著剪短的灰髮。

•

角不僅表示尊貴，也意味著淫慾、歡樂和淘氣。角是男子派對、不貞和無經驗（生手〔greenhorns〕）的象徵。潘神，希臘的牧羊神暨性慾之神，就如同酒神暨富饒之神巴克斯（Bacchus）一樣，也長了兩隻角。「世上有許多種獨角獸，」湯瑪斯．布朗爵士寫道，「因此有許多種角……無論出現在我們身旁的是什麼樣的角，它們不會只是一種動物的角，而是好幾種動物的角。」在身為醫科生那時，我被告誡不可遽然做出含糊不清和戲劇化的診斷。如果我聽見蹄聲，我的訓練要我想到的是馬，而非斑馬，而且排除出現獨角獸的可能性。儘管湯瑪斯．布朗相信有許多種動物會長出獨角，但他沒有提到獨角的人類，而且可能也從沒遇見過。我也從來沒見過，直到那天下午的皮膚學臨床課。

愛丁堡大學的解剖學收藏中保存了獨角人類伊莉莎白．羅（Elizabeth Low）的角。由於年代久遠，許多標本背後的故事已經失傳，但多虧貼附在角上的銀牌，伊莉莎白的故事得以保留下來。這支角在一六六四年開始生長，布朗爵士在那年入選醫學院院士。

This horn was cut [by
Arthur Temple Chirurgion]
out of the head of Elizabeth=
Low being three inches above
the right ear, befor thir witnes=
ses Andrew Temple, Thomas
Burne, George Smith, John=
Smytone and James Twedie
the 14 of May 1671. It
was agrowing 7 yeares
her age 50 yeares

一六七一年，這支角被切除，那一年，布朗封爵。

「這支角由外科醫師亞瑟·坦普爾負責切除」，銀牌寫道，「它長在伊莉莎白·羅的頭部、右耳上方三吋處。見證者有安德魯·坦普爾、湯瑪斯·伯恩、喬治·史密斯、約翰·斯邁頓以及詹姆士·特威迪。一六七一年五月十四日。這支角長了七年，伊莉莎白享年五十歲。」

•

幾百年來，世人認為米開朗基羅的摩西像描繪的是摩西逮到以色列子孫在膜拜金牛，當下露出極為憤怒的表情。佛洛伊德列舉了當代的亨利·托德（Henry Thode）和卡爾·尤斯提（Carl Justi）這兩位藝術史學家的看法來捍衛這個觀點。他們形容摩西的表情「混雜了憤怒、痛苦和鄙夷」，以及「因厭惡和痛苦而顫抖」。我曾在羅馬觀看這座摩西雕塑的臉部，我覺得他看起來不像是在生氣，而是小心翼翼、驚愕，甚至有些受驚。他確實眉頭深鎖，但左眉向下傾斜，表情似乎更像是畏縮的瞥視，而非狂怒的瞪視，彷彿他無法不去看某個讓他驚駭、甚或驚奇的東西。

還有另一種看法：摩西雕像可能只是為了紀念故事中一個更早的時刻，那時摩西請求

上帝現身。他顯露的不是生氣的表情，而是在神威下感到害怕的敬畏。這是希伯來《聖經》中最奇異、最具力量的場景之一，我們很難想像有其他更合適的時刻，值得讓米開朗基羅使之不朽。只可惜，我們從大理石雕像上無從辨識摩西的頭髮是否已經斑白。

第七章

出生——重塑心臟

初來世間的人尚未完整，需要二度出生。

米爾恰・伊利亞德，《神聖與世俗》（Mircea Eliade, *The Sacred and the Profane*）

我第一次接生嬰兒，是我還在當醫科生、輪值漫長的夜班即將結束之際。女嬰的父母在前一天下午已經先抵達病房，當時孕婦仍處於分娩第一期。起初我們彼此還相當拘謹、客氣；這是他們的頭胎，他們也知道我是第一次接生，但經過幾個小時的流血流汗之後，我們彷彿成了老朋友。在我成為合格醫師許久之後，每逢他們女兒生日，我仍會收到一張她的照片，我在旅行時也會寄明信片給她。

我還記得當初在那當下我捧著她的雙手顫抖著，因為驚奇而說不出話。她吸進她的第一口氣，看著她的身體從蒼白的藍色轉為粉紅，就像看到大地在日蝕過後恢復色彩。那時我們在蘇格蘭某家鄉間醫院樓上，夏天的旭日金光投射在沒有裝飾的醫院牆上。我用毛巾將她擦乾，在臍帶不再搏動時鉗住它，然後將孩子交給母親。她哭了出來，發出細小但有力的聲音，這個先前未曾存在的聲音令我目瞪口呆。

此後我參與過許多次接生，對於新生命用嶄新的一口氣宣告自己降臨人世，我的驚奇感從未減弱。由於發生在心臟的同步變化，我得以愉快地看著新生兒加入芸芸眾生，以及顏色和生命如何湧入新生的四肢。

•

心臟起初是扁平胚盤上的兩根圓管，成長時扭轉打結，合併成一個球根狀的囊，就像一條養肥的蛇，盤據在肋骨構成的簍子中。

我們說到「循環」，但人類其實有兩種循環：肺部的「肺循環」和其餘部分的「體循環」。右心室將血液泵送到肺臟，而左心室則泵送到其他各處，兩個心室同步搏動。成人的每次心臟搏動會同時推送大約七十毫升的血液到每個循環中，這兩股血流不斷地以8字形在心臟交叉流動。哺乳類動物心臟的諸多驚奇之一，就在於它們設法用一次的泵送來處理成雙的循環。另一驚奇是胎兒的肺必需在沒有空氣可呼吸的狀態下發育，胎兒是透過胎

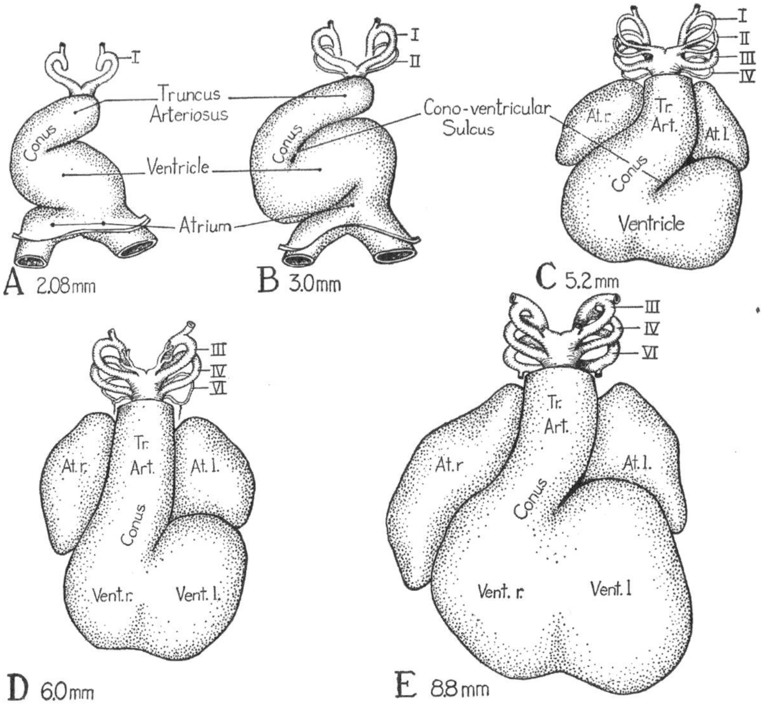

盤獲取所有氧氣。來自胎盤的血液透過兩個「岔道」繞過胎兒肺臟，迅速到達所需之處，這種巧妙的管道將來自右側肺循環的血液轉移到左側體循環。

第一個岔道是左右心房之間的「卵圓孔」。來自胎盤的充氧血透過臍帶，進入人體最大的靜脈。這條靜脈的溝槽角度會讓大約三分之一的血液在進入心臟右側時，直接透過卵圓孔轉彎穿過心房，到了心臟左側，便能帶著充氧血到需要它的腦部和軀幹。在投入解剖的夏季，我懷著驚愕探尋這扇窗，我們解剖的心臟雖是老年男性和女性的心臟，但仍可看出卵圓孔遺留的痕跡，以及導引血液流向卵圓孔的心房壁溝槽。檢查成年人右心房壁即是在查看銘刻於心臟的胎兒流體力學。[1]

子宮裡第二個維持生命的岔道是「動脈導管」，這條粗厚的血管讓每次心跳送出的百分之九十的血液，不流入肺臟，而是進到主動脈。這個管道的角度也十分特別，汲取來自右心室顏色較藍、較缺氧的血液，進入降主動脈，出到胎盤重新充氧。

孕期最初幾週內的人類胎兒長有尾巴，以及咽喉處像魚一樣的鰓弧。心臟發展自咽喉內的鰓弧脈管，而動脈導管則源自第六鰓弧的殘餘物。

隨著胚胎成長，心臟從頸部移降到它在胸腔的定位。下降的心臟依舊與頸部最初的神經分布相連，這正是為何有許多人心臟病發作的唯一跡象，是感覺到咽喉和下巴疼痛。動脈導管的閉合是不可或缺的變形，維持著我們呼吸空氣的生命，也是讓新生兒由藍轉為粉紅的部分原因。

所有的大動脈在內膜與外膜之間都有一層肌肉，但動脈導管有其獨特之處：它具備由相對的螺旋狀纖維所構成的雙螺旋。嬰兒出生後，這些纖維的收縮關閉了動脈導管，其收縮機制是從嬰兒吸進的第一口氣中察覺到氧而觸發。如果未能及早閉合，動脈導管中的血流會逆轉，傷害肺臟，並讓心臟過度操勞。

兩千年前的古希臘醫師蓋倫（Galen）雖不知道螺旋狀纖維，但卻對動脈導管做出驚人的準確觀察：

> 當動物的其他部分不停生長，這條連結主動脈到肺動脈的導管不僅在出生後停止生長，而且看得出會越變越細，並隨著時間完全乾涸、磨損。

我在解剖室發現它的殘餘物：主動脈弓下方磨損的纖維組織碎片，驚訝於這些殘餘物竟曾是寬闊、強健的血液導管，能在每次心跳時輸送百分之九十的血液。

出生後七十二小時內沒有閉合的動脈導管稱為「開放性動脈導管」（patent ductus arteriosus, 簡稱 PDA），有可能造成危險。「新生兒嚴重的不健全和死亡率，與出生後

---

1 大約百分十五至三十的人，會在成年後卵圓孔仍保持開放（PFO—卵圓孔未閉合）。發現血液循環的威廉·哈維（William Harvey）認為，卵圓孔未閉合或許能讓其擁有者可在水下呼吸。哈維錯了：卵圓孔未閉合會讓潛水變得更危險。因為這會導致人在浮出水面時血液中形成氣泡，從右循環穿越到左循環，可能造成腦中風和骨頭毛細血管減壓栓塞的劇痛。

短時間未能閉鎖的動脈有關聯。」近來的某評論結論，「早期診斷至關重要。」

•

我習慣聆聽新生兒的心跳——患者所生的嬰兒在出生不久後，我都會查診。新生兒的心跳速度比成年人的快上至少兩倍，兩對瓣膜每秒多於兩下的同步閉合，發出快速來回的斷奏聲。這聲音儘管微弱，但生氣勃勃。我敏銳地意識到自己在聆聽一顆心臟最初的心跳聲，這顆心將跳動數十億次；如果幸運，在我的心臟靜默許久之後，它仍會繼續搏動。

距離我初次接生十年之後，一個只有幾週大的嬰兒被帶進我的診所。他的母親喬伊告訴我，「他的進食有點問題，」她說，「他很努力，但好像無法協調吸乳和呼吸的動作，而且鼻子也塞住了。」她將小小的身軀攤放在大腿上，嬰兒半透明的腹部皮膚透出河流圖般的靜脈。這孩子眨著眼，對生命頭幾週寓居的半子宮、半世界視而不見。我詢問他的出生情況：康納早產了一、兩週，沒有出現併發症，起初發育良好，回復到出生體重，當我在生長曲線圖上測定他的體型大小，發現他大約位在第九十百分位，這表示同齡嬰兒只有百分之十的體型比他大。一開始他進食還順利，但現在已經辛苦好幾天了。

我的手摩擦著聽診器聽頭，好讓它變得溫熱。我跪在地板上，將聽頭貼著康納的肋骨。

我沒聽到輕柔的斷奏聲，只有隱約夾雜在每次心跳之間的隆隆聲。聲音在胸骨左側處最大聲，沿著背部也聽得見，但聲音小一些。他的肺聽起來是健康的，含有大量通行無阻的空氣。我將聽診器從他胸口取下，「他的心臟有雜音。」喬伊睜大眼，鼻孔微張，頭僵住了。「因為他的鼻子塞住，所以無法好好進食。不過，我也想檢查他的心臟。許多嬰兒的心臟都會有雜音，通常不必擔心。」

「情況嚴重嗎？」她問，她細聽我說的話，同時仔細觀察我的表情。

「未必。我們需要對他的心臟進行超音波掃描，進一步確認。」我設法讓表情輕鬆。在我打轉診單時，喬伊動作俐落地將嬰兒扣好吊帶。在她走到診所走廊時，我聽到她打電話給丈夫。兩個星期後，我收到一封來自小兒科心臟病學家的信。

信上說，「感謝你轉診這名你注意到心臟有雜音的嬰兒。他沒有瓣膜性心臟病的家族病史。不過，祖父在青少年時有永存性動脈導管閉合。」這位心臟病學家和我一樣，比對了康納的體重，檢查所有脈搏，還注意到當她將手放在康納的胸口時，能感覺到左心室的搏動比正常情況更有力。「超音波檢查顯示了容量負荷適度的左心室、正常的瓣膜、開放性主動脈弓，以及適度、不間斷的動脈導管紊流。康納非常順利地忍受著這種血液動力學的異常狀況。」

當康納的心臟打好結，一切就緒，卻有一條線鬆脫了：開放性動脈導管。「它現在不太可能自行閉鎖，」心臟病學家接著說，「我們也許要在六個月大左右安排一場外科結紮，或是經導管的閉合。」

我再次見到喬伊是兩個月後在診所走廊上，她的兒子那時是四個月大。她剛量過他的體重。就身高而言，他仍維持在生長曲線圖的第九十百分位，但體重降到了第五十百分位，因為他變瘦了。「有時我甚至能聽到他心臟的雜音，」她說，「你認為它有機會自行閉合嗎？」

我竭盡所能地消除她的疑慮，但到了下一回小兒科醫師看診時，康納的體重已經降到第三十五百分位。他們向喬伊保證，他的心臟沒有遭受不可逆的損傷，不過現在比應有的尺寸稍大，而且肺臟有過度使用的跡象。心臟病學家想看它會不會進一步自行閉合。「他們說兩個月後會再替他看診，注射染劑，用X光檢查他的心臟。」喬伊說，「他們認為到時候便能知道閉合的可能性。」

康納在進行心導管插入術那天接受麻醉。一根細管從大腿上一條容易進入的血管導入，直到他的心臟。醫護人員測量、比較肺動脈與主動脈的壓力。他的體重當時已降至第二十五百分位，而身高百分位也開始下降。有時，開放性動脈導管的形狀只要使用穿過心導管的金屬線便能從裡面加以閉鎖，但康納的案例無法使用這種方式。他的手術安排在兩天後。

我在隔週見到了康納，他吸吮著母親的左乳。喬伊撩起孩子的內衣，讓我看外科醫師切進他左胸側的傷疤。他們打開他的肋骨，讓他的肺塌陷，以鐘錶工匠的精準度紮住動脈導管。

「雜音不見了。再也沒感覺到他的心臟透過胸口傳來的衝擊。他的餵奶情況也改善了。誰想得到，把一條細線綁在正確的地方，就能產生重大的改變？」

康納的體重在三個月後回復到第五十百分位，而且胸腔的X光檢查也顯示心臟已回復正常尺寸。他的生長恢復得非常明顯，一歲時的體重已位居第九十百分位。「康納現在可說擁有完全正常的心臟，」讓他不必再就診的最後一封信這麼寫道，「未來沒有必要採取任何預防措施。」

•

一個多世紀前，喬治・丹・吉普森（George Dan Gibson）醫師首度描述了開放性動導管的獨特雜音。他的住所和我在愛丁堡的診所相距只有幾百碼。身為愛丁堡皇家醫院醫師的吉普森，描述出當血液隆隆通過導管時，他在胸口上聽見、具有特色的「震顫」聲。動脈中的紊流會造成內壁變粗糙，就像河流磨損河岸。被磨損的表層是細菌幼苗定居生長的肥沃土壤。直到數十年前，有開放性動脈導管問題的孩童往往死於細菌感染，或是因心臟過度負荷的衰竭。

一九三八年之前，有開放性動脈導管問題的孩童都還必須與這個症狀共存，或者更常因此喪命。就在那年，波士頓兒童醫院的外科醫師羅伯特．葛羅斯（Robert Gross）設法閉鎖了一條動脈導管。教人訝異的是，他還是靠著單隻眼睛完成這項成就。他為此練習拆開和組裝鐘錶所需的細微立體動作。閉鎖動脈導管在當時是非常冒險的手術，因此他是趁著上司去度假時偷偷進行。在他之前曾有兩名外科醫師嘗試過，其中一名在打開病患胸腔時找不到導管（誤診在超音波發明之前是常有的事），另一名則是技術上辦不到——接受手術的孩童不久之後就死亡。「帶有開放性動脈導管的兒童或年輕人，面對著不確定的未來。」葛羅斯寫道，「就像達摩克利斯（Damocles），生活永不安穩，永遠不知何時會因威脅而喪命。」

葛羅斯的第一位病人是勉強活到七歲的生病女童。他對這項手術創舉的記述發表在《外科年報》（*Annals of Surgery*）上。他描述一名病弱、憂鬱的女童，「時常站著不動，

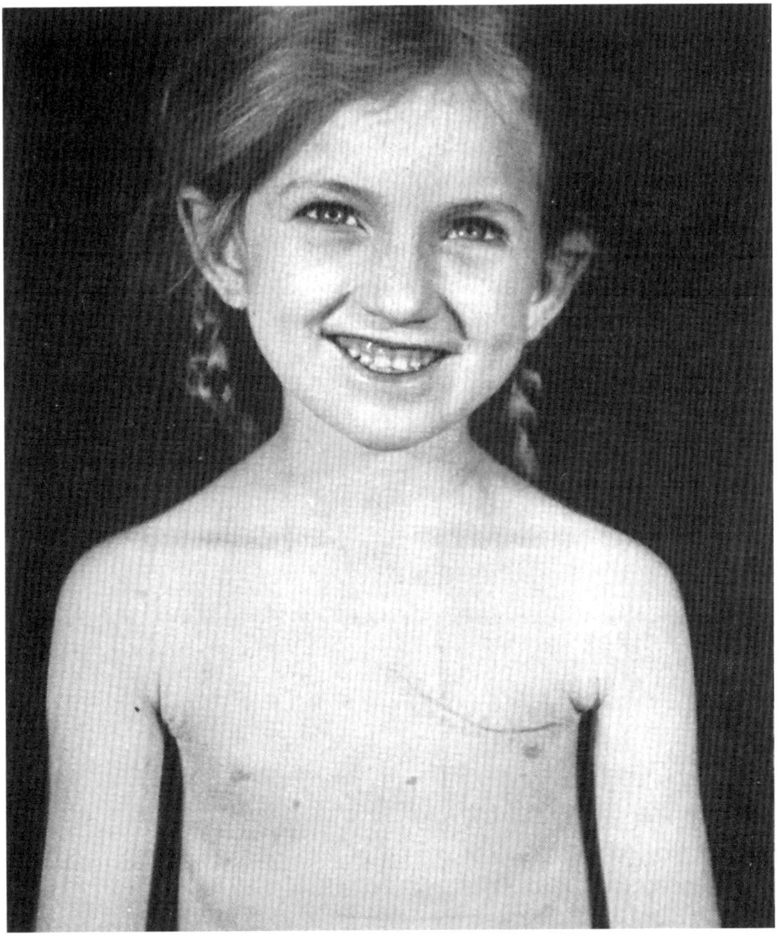

表情相當驚駭，而且手就放在心臟上方。在被問到有什麼煩惱時，她會小聲地說『這裡面不對勁』」。她無法和其他孩子一起玩，她的母親時常反映女童胸腔內會傳出駭人的嘈雜聲。

葛羅斯相信，這個極具破壞性的問題有個簡單的技術性方法可解決。他先到解剖室研究屍體，找尋打開胸腔、找到動脈導管的最佳位置。接著，他在麻醉的狗身上試行一連串步驟，直到有信心完美地完成將搏動的主動脈弓與肺動脈分割開來的手術。這需要「極其謹慎和耐心」，他說，「在這兩條大血管之間的小小位置……空間非常有限。」這當中有傷及三條神經的風險：其中一條負責維持呼吸，一條調節消化和脈搏率，還有一條通往喉頭——解剖刀若失手便可能引起窒息，或是造成病患失聲。「我花了一個小時在定位、避開和追蹤這條神經，因為這是值得花費的時間。」他寫到通往喉頭的神經，「一旦看見它，剩下的解剖工作似乎就更安全和有把握了。」在小心翼翼清除動脈導管周圍的纖維組織後，他建議先夾住封閉它幾分鐘。「如果沒有出現不良影響……便可永久紮住這條導管。」他使用編成粗股的絲線，「如果想完全閉鎖，就得拉得非常緊。」再次縫合肺內襯後，病患的肺重新擴張，待在床上一天後，她獲准坐上輪椅。

葛羅斯的第一份報告描述了四起不同案例，全都順利完成，而且沒有併發症。他的技術讓心臟和大血管變形，對大多數人來說，這種變形都是發生在出生後的頭幾個小時。他寫到某個病例，「這孩子的整體狀況至今仍然相當良好，已經復學，體重在手術後頭兩個月內增加了三磅。」一條巧妙繫綁的絲線造就了某種重生。

第八章

回春——青春與美麗的煉金術

赫卡芭躍入海中，改掉了她年老的形貌。

尼坎德，《奇異生物》（Nicander, *Heteroeumena*）

在布爾加科夫（Mikhail Bulgakov）的小說《大師與瑪格麗特》（*The Master and Margarita*）當中，有一段靠著神奇乳霜而回春的驚人場景。三十歲的瑪格麗特·尼古拉耶夫娜坐在莫斯科克里姆林宮旁亞歷山大花園裡的長凳上。一個長著尖牙的可疑男子（之後發現，原來他是撒旦的代理人）給了她一只裝飾華麗、厚重如聖骨盒般的金匣。他告訴她，要等到當晚八點三十分整才能打開金匣，並將匣內的東西敷在皮膚上。基於複雜到難以概述的理由，她同意照辦。

八點二十九分，瑪格麗特再也等不下去，她拿起金匣，掀開盒蓋。盛裝在匣中的乳霜呈淡黃色澤，散發出泥土、沼澤與森林的芳香。她開始將之塗抹在額頭與臉頰上，乳霜迅速被吸收，不油膩，而且在皮膚上有點刺痛感。她攬鏡自照，一驚之下摔落了金匣。

她的雙眼變成綠色，雙眉從原本兩條拔掉毛的窄線變成對稱的完美弧線。眉頭間的皺紋消失無蹤。太陽穴附近的暗沉，以及「幾乎看不見的魚尾紋」都不見了。她的臉頰皮膚開始煥發粉紅光采，前額變得白晰、而且光滑無比，矯造的髮浪鬆開成了樣貌自然的曲捲。她笑逐顏開地脫掉浴袍，開始將乳霜塗滿全身。自從花園相會後一直困擾著她的緊繃頭痛消失了，她的雙臂和雙腿變得益發強壯、結實。她開心地往上一跳，緩慢且優雅地著地，彷彿天使托著她落下。這乳霜賦予了她飛行的能力。

布爾加科夫接受過醫學訓練，在他的書裡充滿生動的臨床細節：斬首時噴出的血、說服力十足的精神病學訊問，以及鋸腿時的嘎嘎響聲。他也以同樣的細膩專注來描述乳霜的效果。

身為醫師，布爾加科夫必然知道，乳霜在現實世界中僅能減緩老化過程，絕不可能逆轉青春。要讓皮膚保持年輕樣貌，更重要的是該避免什麼，而非塗敷什麼：抽菸、不健康的飲食和日曬都會加速皮膚老化。皮膚的天然彈性一旦開始逐漸消失，世上沒有任何乳霜能使之恢復。

•

帶狀照明、教堂般高聳的天花板、架高的通氣管、耐磨地毯、定價過高的咖啡店、五花八門的商店，以及無所事事坐在不舒服的椅子上進行的目標人口統計——這裡是機場，但也可以是富裕世界裡任何地方的購物中心、火車站，甚或醫院大廳。販賣的商品隨著季節略有不同，但變化不大：雜誌、禮品、衣服、包袋、咖啡因、電子產品、垃圾食物和酒精。一間藥妝店承諾的則有所不同，雖然張掛著「健康」與「美麗」的旗幟，但他們真正販售的是「青春」。

中世紀的煉金術士以千百種名稱為青春靈藥命名，當代的回春產業也不遑多讓。我挑選的前三款乳霜皆屬於同一類型，混合著引人食慾的一系列原料：迷迭香、甘菊、可可、尤加利、琉璃苣、酪梨、紫錐花、蘆薈、蛇麻、黃瓜、金盞花，以及「帶有玫瑰香氣的天竺葵的無比芬芳」。在另一層架子上，來自喀拉哈里的異國甜瓜被純化和液化，可用於因高溫而受損的頭髮。讓肌膚恢復年輕、容光煥發的保證相當誘人。其中一款乳霜保證能消除皮膚表面細紋和皺紋，另一款保證「更緊緻、拉提和青春的面容」。架上可見專為保養

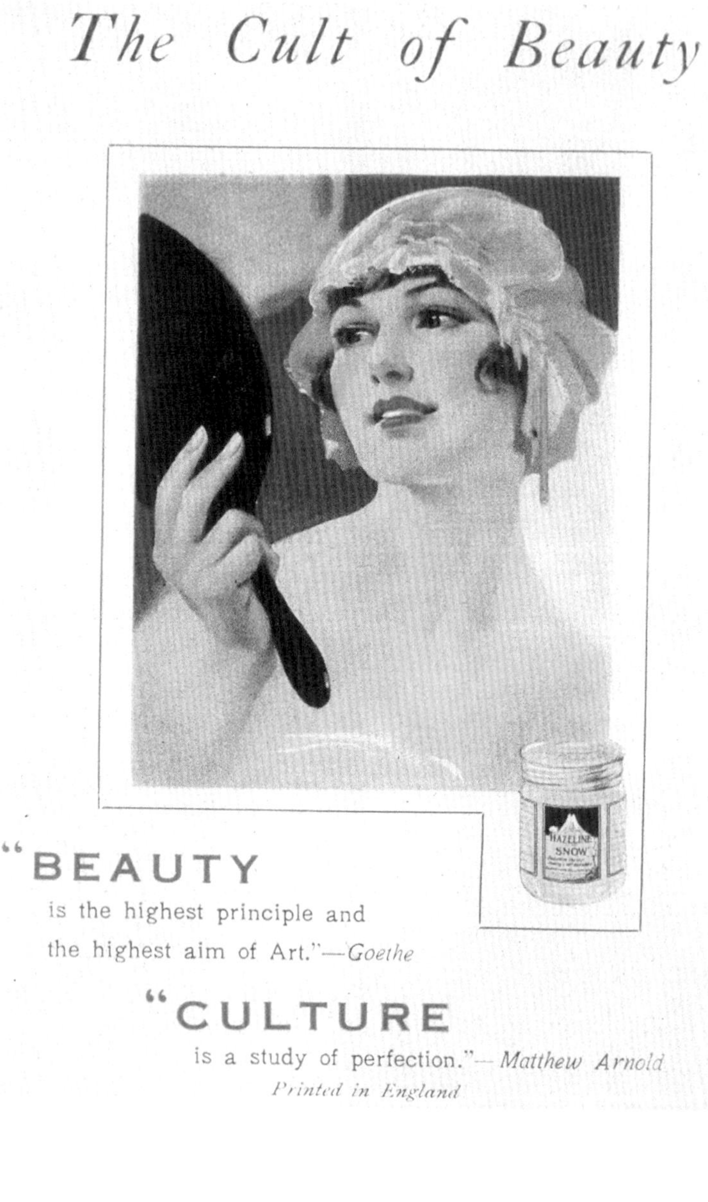
The Cult of Beauty
HAZELINE SNOW
"BEAUTY
is the highest principle and
the highest aim of Art."—Goethe
"CULTURE
is a study of perfection."—Matthew Arnold
Printed in England

手、指甲、足部、臉、身體和胸部而定製的各式混合產品。有些乳霜被形容成是「瓊漿玉液」，敷用不只有益，更是不可或缺。每樣產品都標榜能讓皮膚「明顯豐潤、更加光滑，回復青春」。

男仕商品的架上只陳列四種產品，同樣也各自保證能夠讓青春常駐，雖然產品形容的功效是讓人變得平靜、和緩及舒心，而非回春（彷彿產品的目的是要護理男性的性格，而非皮膚）。分歧的男性商品行銷手法，就複製在擺放維他命補給品的貨架上。這些產品保證能讓女性擁有青春和好氣色，但提供給男性的卻是體力和潛能。根據廣告的說法，這些產品對維持健康不僅不可或缺，還能賦予「精力」。

布爾加科夫的瑪格麗特故事同屬一個悠久的傳統，這個脈絡從白雪公主的邪惡繼母（她想當永遠「最美麗的女人」），到日耳曼傳說中允諾青春精力給屠龍英雄皆然。奧維德《變形記》中有一個青春魔法的驚奇範例，在伊阿宋擊敗惡龍，取得金羊毛之後，他懇求妻子女巫美蒂亞，讓他的父親埃宋回復青春。美狄亞需要配一劑草藥，這些藥方之奇特，看起來就像是取自現代化妝品的目錄當中。為了蒐集藥草，美狄亞乘坐馭龍拖曳的馬車，遍遊希臘世界最迷人、最偏僻之地。她用獻祭的羊血填滿地上成雙的洞，接著添加酒和奶，然後蘸浸燃燒的火炬，再將之點燃。大釜中加入採自色薩利地方的根、取自地極巨河的沙，以及來自遠東、磨成粉末的岩石。[1]

美狄亞用一支乾枯的舊橄欖枝攪動釜中原料，這時，橄欖枝居然冒出嫩葉，接著結出大量橄欖。濺灑的湯汁使得冷黑的泥地迅速冒出花草。美蒂亞看到最後這個跡象，覺得準備就緒了。她割開伊森的頸靜脈，灌入藥劑。「他鬍髮蒼白的顏色迅速褪去……鬆垮的皺紋之間填滿新的肌肉，四肢變得年輕、有力。老國王驚訝自身的改變，想起這竟是四十年前的埃森。」

•

貝絲．蘿德年屆五十中旬，穿著優雅的設計師套裝，臉頰刷上腮紅。保持警戒的雙眼塗著厚厚的睫毛膏，眉毛精緻得一如最高級的貂毛畫筆。她曾為律師，但已多年未執業。她的丈夫是某投資銀行主管，長期遠在紐約和上海工作。「他在大約二十年前告訴我說『我們不缺錢了』，慫恿我辭職。於是我就辭掉工作了。」她起初並不懷念工作，身為一個小女兒的母親，她忙碌地投入要求她參與的各項學校活動和委員會。除了自己的一連串會議和學校園遊會，她每天還勤上健身房，而且開始經營小規模事業，販售化妝品給朋友和鄰居。

我和她在診間常談到她極度焦慮和低落的情緒，以及她如何努力維持與丈夫的連繫。他們夫妻已經六年沒有性生活，因此她有時會要我推薦關係諮商師，或是問我如何增進她和先生的性慾。我的建議似乎成效不彰。某天，她來就診時主訴胸痛，感覺胸腔整晚都緊悶著，而這狀況通常發生在她丈夫不在時。她擔心疼痛可能是心臟所引發，或是因為先前的隆乳手術。

「我不知道你動過手術。」我瞥視螢幕，讀著她病歷時說道。她解開上衣，拉下胸罩，顯示乳頭周圍的疤痕。裡面的圓盤狀組織先被切除，墊高乳房後再復位。「這至今都沒帶給我什麼麻煩。你認為手術可能是疼痛的成因嗎？」每個銀圈都透出一條細線，垂落在重新塑形的乳房上——這在昏暗的燈光下難以察覺，但在檢查燈下就無所遁形了。「我十年前做的手術。」

我告訴她，她的疼痛不太可能是疤痕造成的。「你是否動過其他手術？」我問。我們沒討論過整型手術。

「喔，做過兩次，但你這裡不會有紀錄，因為都是在國外做的。」她說。「我的眼周

1　傳統上中國煉金術士混合與加熱不同礦物而非藥草，藉以返老還童，奧維德彷彿知曉中國人的偏好。

打過肉毒，雙臂上端做過抽脂，還有——啊！腹部除去了部分鬆弛下垂的皮膚。」她指出肚臍周圍的圓形疤痕，那裡的皮膚經過拉緊和修整，然後在肚臍處復位。「只是為了處理懷了瑪格麗特之後冒出來的妊娠紋。」

她的女兒瑪格麗特曾罹患偏頭痛，所以往後幾年我開始對她有些熟識。「瑪格麗特現在怎麼樣了？」我問。

「很好，很好。」她帶著迅速、緊張的微笑，「現在上大學了，盡情享樂。我很高興她離開家，過自己的生活。」但她的聲音別有含意，而且右手摸著左手上的鑽石。

我安排做了一些檢查，以確認疼痛不是因她的心臟而引起。貝絲疼痛的特性和頻率暗示那並非出自她的肺、肋骨，或是因為過去的手術而產生。「你知道，大多數時候，我們找不出造成胸痛的任何身體原因，」我告訴她，「這些疼痛的出現節奏，和煩惱或焦慮的關聯更勝於其他因素。」我們談了一些有關呼吸技巧的事，好讓她下回疼痛時可以嘗試緩解。

我接著說，「這類疼痛有時也可能是你的心靈和身體在告訴你，生活中有些事情需要改變。而在改變之前，你得不到安寧。」

「我的生活禁得起一些改變。」她說。

目前既知關於長生不老靈藥的最早文本，是對《易經》的早期評註，化學物質和工序在當中與《易經》著名的卦象產生關聯。《易經》認為宇宙萬物無不處於變形的循環，而巧妙運用神祕的醫學知識，能左右這些變化朝更好的方向發展。

歐洲的煉金術士著迷於提煉黃金，但中國的術士則偏好煉製長生不老丹藥。許多中國術士先後宣稱煉製出了回春藥，歷史學家、科學家暨漢學家李約瑟（Joseph Needham）就對中國皇帝被這些藥物毒死的頻繁程度印象深刻，特別列出了受害者名單。西元三〇〇年前後，煉丹術士葛洪整理出各種配方。三個世紀後，更有詳細的專著探討諸如汞鹽和硫化合物等奇特難解的物質。這類藥劑有千餘種不同名稱，大多含有相同的基本礦物成分。

一位所處時代約和葛洪相近的西方人、拜占庭的辛奈西斯（Synesius）就相信，實踐者的心態，反而還比煉金術造成的實質變形重要。真正的回春術毋需實驗室或珍稀奇異的物質，它需要的不過是正確的咒語和改變態度。

「我離開他了。」貝絲在次回就診時告訴我，「或者說，他離開我了，又或者我們離開對方了。無論哪一種，總之，我們的婚姻結束了。」她流露出強悍又得意的眼神，這是我過去不曾見過的。她對穿著仍然十分講究，但我注意到她已不像平常那樣化上好幾層濃妝。她看起來激動、充滿活力，而且略微震驚。

「發生什麼事？」

「我這麼多年來一直知道事情得有所改變……」她開始說，「也許我只是為了女兒才堅持下去。但這些胸痛成了最後一擊。」

某天晚上，她感覺開始胸痛，但她並不擔心，反而起床打開燈，開始列出人生當中的所有失望和挫折。「洋洋灑灑的一張清單，」她以諷刺的微笑說著，「還寫滿兩面。但有件事情一再出現——陷在這段婚姻當中、卡死在一個對我早已沒興趣的男人的共同生活裡。還有，擔心時間消磨殆盡。」

「那你怎麼做？」我問。

「我趁他上次出差回來時，把清單拿給他看。」

「結果呢？」

「原來他已經外遇多年！他承認了！跟一個比我小二十歲的女人。」

我靜候片刻。

「聽他坦承，幾乎就像是一種解脫。」她說，「好吧，我沒有他會過得更好。這是第一個改變，但還有別的。」

「下一步你想做什麼？」我問。

「他說我不需要工作……可是大家都需要工作啊，不是嗎？還有，我想去旅行！」

「瑪格麗特怎麼看待這件事？」

她驕傲地回看我：「那正是最教我驚訝的部分。她說，媽，你幾年前早就該這麼做了。」

•

布爾加科夫寫道，神奇乳霜讓瑪格麗特有了「受膏」的感覺，極暢快的自由感遍及四肢，她的軀體充滿令她暈眩的愉悅。她突然確信她要離家，擺脫她不愛的丈夫，展開新生活。

對著不特定對象大喊「乳霜萬歲！」後，她飛到丈夫的書桌前，毫不遲疑或考慮地寫了張字條要他忘了她。

有個聲音讓她分了心——櫥櫃裡有掃帚柄在敲打著。瑪格麗特打開櫥櫃，跳上掃帚柄，裸身飛出窗戶。魔法已使她隱形，這份青春美麗顯然是她獨享的快樂，不是其他人的。辱罵過無聊的鄰居，報復了某個死對頭之後，她飛出了莫斯科。

起初她以極快的速度飛越俄國大地，她的腳趾擦過樹頂，西伯利亞的大河在她腳底下迅速掠過，映照出閃爍的月光。接著她放慢速度，享受她的新視野，「細品著飛行的刺激」。

•

行醫工作常會看到日常的真貌，深深涉入許多生活的私密和細節，而我直到幾個月後才明白，我再也不會見到貝絲·蘿德。想必她已經移居他處，拋開了抗抑鬱劑處方，或者不再需要我們的診察提供的一方空間。有時，一段醫病關係的結束是因為治療達成了目的，有時是因為離題的言語造成冒犯，而通常我不會發現原因。

幾年後，我在掛號單上再度看見貝絲的名字。我從候診室門口喊她。「好久不見了。」她迅速從座位起身，跟在我身後大步邁進診間。

「這段時間過得如何？」我問。

她的打扮依舊優雅，但略施薄妝，表情輕鬆愉悅。從態度和外表來看，她似乎更年輕了。

「很好，真的好極了。」她邊說著邊就座。

「上回我們碰面時，你說到要離開丈夫……」

「我確實這麼做了！」她歡欣地說，「接著我開始旅行，至今已經環遊世界兩次……」

第九章

紋身——變形的藝術

它們是某種著色的斑紋……我在想這究竟是怎麼回事。這只是他的外表，一個人不管有哪種皮膚，都有可能是好人。

梅爾維爾，《白鯨記》（Herman Melville, *Moby Dick*）

皮膚是分隔我們與世界的薄薄屏障，每當我看見皮膚水皰或裂口，往往會驚訝它竟如此脆弱。極輕微的抓傷也可能留下傷痕，而不足為道的擦傷也能將塵土塞入皮膚底下，留下永久污跡。最初的紋身必定是像這樣，在非刻意的情況下，灰燼或泥土從因為跌倒或燧石造成的傷口，強行進入了身體。

幾年前，我到東非某醫學研究單位進行臨床實習。負責接待我的是當地醫師費絲，她曾在奈洛比受訓，工作效率高，而且沉著冷靜，編成辮子的長髮高高盤在頭上。在帶我巡房時，她說到搶奪醫院經費的貪腐情況讓她相當難過。在幾百張病床中，我們不約而同停留在一個營養不良的男孩身旁。他約莫八歲，趴躺在骯髒的床上。他有腦性麻痺問題，跌入火堆，到院之前都是在家中照料，但用了不適當的髒污敷料。斑駁的燒傷疤痕在他背上形成明暗對比，他還有褥瘡，部分已經感染。木炭微粒嵌在燒傷疤痕當中，幾乎不可能移除——如果他能倖存，餘生都將帶著這些標記。「他的情形略有好轉。」費絲拿起他的病歷表，聲音不帶感情，「我收他入院那時都快哭了，他先前一直被忽略。但我記得我不在乎，我不能這麼做。」

為了解決住宿問題，我在醫院附近一座空的度假村租下一間平房。某天，經理的前夫到來，解雇了員工，關掉水源，而且鎖上大門。有幾天時間我得在水池裡清洗餐盤和衣服，直到我和幾位同事在距離醫院更遠、但緊鄰海灘的地方找到另一間房子。那是一間露天圓屋，四周是叢林，沒有牆壁，只有鐵欄杆，附送常駐的巨型節肢動物、放屁蟲，以及得意洋洋的肥壁虎。馬桶內緣住著一群小青蛙，在天擇之下游速夠快，所以能免於被沖掉的命運。

夜裡，我會聽見隔壁棟開派對的聲響，穿越樹林傳過來。當時的鄰居是來自肯亞高地的桑布魯（Samburu）戰士。他們最近成了某部紀錄片的拍攝對象，下山來到海岸地區與導演一同慶祝。某天晚宴裡，我被他們其中之一拉到一旁，他告訴我，他不喜歡下來到印度洋岸——天氣太熱、人太多，還有當地人吃太多魚肉了。有自尊的桑布魯人不吃這種食物。他說，他的家鄉跟這裡不同：涼爽、開闊、健康，而且獵人全年都能吃到紅肉。

他的大腿周圍有一個圓形的疤痕圖案，發亮凸起的若干大水皰，彷彿皮肉被棘刺撬開，然後任由它癒合。我問他這疤是怎麼來的。「這是用燃燒的樹枝做成的。」他說，「我們在成為戰士時會這麼做。」他撫摸著疤痕，回想往事。「之後會有一段時間走路非常困難。」這些渦漩狀的標記就像放大的指紋。其他疤痕在他的軀幹上以立體幾何的圖案整齊排列著，就像散布在身軀上的《易經》卦

象。他說，部落裡的年輕男子在可望出戰鄰近部落、例如圖爾卡納人（Turkana）之前，都會用這種方式做出標記。

「你跟圖爾卡納人打過仗？」我問。

他搖搖頭。「他們靠近索馬利亞，擁有AK－47步槍。」

這位非洲戰士曾為了參加電影節造訪過愛丁堡。「非常冷。」他回想。我想像著他的皮膚就像拋光過的無煙煤，藍色牛仔褲底下藏著疤痕，正打起精神對抗冰冷、鹹腥的北海海風。

•

我在愛丁堡診所裡常看到另一種劃痕，那是人在極度苦惱時的「故意自殘」。我問其中一位病人卡爾文，他為何養成這種習慣。「最初是偷偷開始，」他說，「是我在自己臥室裡做的事。我會用剃刀、或是拆下削鉛筆器的刀片，輕割皮膚到剛好能出血的程度。我用衛生紙吸掉血，再將髒掉的衛生紙偷偷丟到遠離住家的垃圾桶。這麼做能讓我暫時感覺好一點。不過，你知道，情況只會越變越糟。」

「你割在身體哪個部位？」我問。

「起初只有這裡，」他指著臀部，「所以我只要穿上短褲，這些疤痕就沒人看得見。」卡爾文抽掉腰帶，半站立地讓我看，他的臀部布滿大理石紋般的白色格線。

「然後呢？」

「然後就欲罷不能了。我轉而對臀部另一邊下手，接著是前臂。一開始我認為只要穿長袖遮掩就行了，後來我再也不介意。某件事情改變了我——我要讓別人看見這些疤痕。我要我的爸媽、老師，以及身旁所有人都看到我有多不快樂。」

我們沉默了幾秒。「你現在怎麼看待這些疤痕？」我問。

「過去有很長一段時間，我樂於擁有這些疤痕。那是我人生的過往，卻是我重要的一段，現在也還是我的一部分。這些疤痕是舊我的遺跡，我再也不想那麼低落。直到最近，每當我低頭瞥見這些疤，便想起現在的我堅強多了。」

我診察卡爾文大約一年，慢慢減少了他的抗抑鬱劑藥量，查看他參加的諮商和自信建立課程。「現在呢？」

「現在我已準備好往前走。我要永遠拋棄人生過去的那部分。我決定去紋身，要將疤全部蓋住。」

對某些人來說，接受紋身和自殘屬於相同的衝動，但對卡爾文來說，每次紋身都是遠離舊我的一步。我在隨後幾次看診中發現了他的紋身演進。首先是盤踞在他左臂的一條中國龍，龍尾上揮到骨盆頂部，伸向他的脊椎。「對我來說，這代表活力，提醒我自己擁有隱藏的力量。」我仔細察看，發現疤痕幾乎看不見了。我在幾個月後又見到他，他的右臂紋了一頭蹬著後腳站立的獅子。「牠勇猛驕傲，就像我想成為的人。」隔年，他的右前臂出現雲端間的有翼天使群像，天堂的號角吹奏聲如放電般從天使身旁向外輻射。蒼白的皮膚間隙中有一座繁花盛開的花園。他的左前臂形成一幅地獄景象，食屍鬼、頭骨和手持三齒叉的惡魔，還有露出尖牙的蛇頭魚填滿空白處。

「我被困在這中間，」他指著自己的軀體，「地獄在我左側，」他舉起紋上食屍鬼與惡魔的左前臂，「而天堂在我右側，」他舉起天使和大聲吹奏的號角。

「你把天堂和地獄帶在身上了。」我說。

「我們不都是這樣嘛。你在你的工作中必定也見識過。」

•

柯南．道爾在福爾摩斯的故事中，暗示這位目光敏銳的偵探能從一個人的紋身得知許多關於該人的事。「我對紋身小有研究，」柯南．道爾藉福爾摩斯之口說道，「甚至寫過該主題的文章。」紋身被視為是其擁有者生命史的活生生見證，對醫師和福爾摩斯而言同樣有價值。

往往，當我捲起某人的衣袖為他量血壓，或是撩起他的襯衫，聆聽肺部呼吸聲時，我會看見平常未被察覺的紋身。有些紋身關於家族忠誠：孩子的姓名和生日，或是對特定伴侶的忠貞。有些人告訴我們在軍中服役的歷程，或是待在商船隊的歲月。摩托車騎士、士兵、船員和囚犯的紋身，都是隸屬階級嚴明的封閉社群的證明。我記得曾經解開某個男人的襯衫，檢查腹部，查看是否有闌尾炎。我看見他的軀幹銘刻著流暢的手寫字體——「憂愁是祈求最壞的事情發生。」他的紋身是某種自述的施法。他告訴我，自從有了這個紋身之後，他終生的焦慮便消失無蹤。

紋身能以一種非常直接、實用的方式，協助臨床醫師。我的某位病人能在刺滿蛇紋的手臂上精確指出該從何處扎針，以確保順利抽到血。有時，刺青是為了讓放射治療師對準腫瘤在身體上的確切位置。有些紋身是為了在現在與未來的自我之間，打造某種矢志不遺，終生紀念紋身者擁有的過去：踝關節上的花朵、脊椎基部的玫瑰花形物、肩膀上的卡通人物。我曾見過一些象徵超越和慶祝的紋身：從乳房切除的疤痕灰燼中重生的鳳凰，或是盛開在妊娠紋上的花園。

紋身必定是最早期的一種藝術形式，以身體為畫布，作為象徵、紀念、歡迎和警告。紋身是無框的藝術作品，是身體表面的變形，而身體本身就不停改變。它們打破主體與客體之間的區分。有時，紋身被視為只是衝動的結果，但對大多數人來說，紋身過程是痛苦的，如同詩人多納菲（Michael Donaghy）指出，你需要「鋼鐵般的一時興起」。「tattoo—紋身」這個字是玻里尼西亞語，因為庫克船長當年的航行而後全球通用，它模擬了針頭穿刺皮膚時重覆的「特、特、特」聲音。

可能是因為要穿刺皮膚，引起了我對紋身在醫療面的關注——感染、起水皰，有時對墨水的發炎反應。此外，還有心理上的反應。大約有一半的紋身者會後悔去刺青。在美國，年輕人和中年人有四分之一有紋身，每年有逾十萬件的去除紋身案例。紋身藝術家詹姆士．柯恩（James Kern）擅長將不討喜的刺青變成新圖案。他曾寫道：「最開心的客人莫過於擺脫掉討厭的紋身的那些人。討厭的刺青摧毀了他們的自尊。我喜歡身體與精神上的變形。」

自從有歷史以來，紋身的理由就不勝枚舉，也許就和擁有紋身的人一樣多。人類學家列舉出其中一些：狩獵的偽裝、標誌青春期與懷孕、祛除疾病、提升生育力、撫慰惡靈。某些在部落社會中已確認的動機，就跟我的某些病人的動機相同：表現新特徵、榮耀先祖或子孫、在社群中更受敬重、嚇唬敵人、用身體記錄人生事件、美化自我、表達某種情感（愛國心、愛情、友誼），以及證明對團體的忠誠。而某些動機似乎是當代文化特有：作為永遠的臉部妝容，甚至自我展示，藉此賺錢。我聽說有人將血型紋在手臂上，以備需要時輸血（用箭頭指向最粗的靜脈）。還有比較邪惡的原因：被法西斯政權烙印，刻意自殘的舉動，或是緩解坐牢的無聊。

在後兩者中，囚犯的紋身訴說著虛張聲勢、孤立和暴力，或是確認忠誠與地位的故事。俄國或南非的監獄文化裡有象徵刺青者所犯罪行的精細紋身——棺材代表殺人犯，喉嚨處的匕首代表謀財，腕上的手銬或數字代表遭囚的年數。[1] 對囚犯來說，身體可能是他僅剩的所有物和反抗的武器。我見過自行用墨水刺出粗陋的紋身，描繪花園和與棘刺相互交纏的鳥，藉此象徵受限的自由。我見過塗鴉的骷髏頭刺青，讓人想起骸骨圍著古老墓碑跳舞的「*memento mori*」（意指「記住你終將一死」）。對活在監獄的沉悶和規訓裡的人來說，紋身是一種帶來混亂、嬉戲和創意的方式。遭囚的身體藉此述說自己的解放故事。

1 卡夫卡的《在流放地》（In The Penal Colony）描述有部紋身機器，在每個囚犯的身體紋上他所違反的法條。

我對馬克‧布雷克威爾的初步認識，來自市監獄送來要求我看診的一頁紙。「上述病患明天即將出獄，」紙上寫道，「您若肯接手詳述如下的美沙酮處方，我會非常感激。」美沙酮是一種鴉片替代藥物，可緩和海洛因成癮者的毒癮。我查看了我們在他定罪之前擁有的記錄。當中記載他因為鬥毆受傷而多次送急診，以及兩次未現身的精神病轉診。接下來他突然失去聯繫，這大約是十年前的事。在將約診時間回傳給監獄護士後，馬克隔天便出現在我的診間。

馬克顯得消瘦蒼白，四十歲出頭，金髮剪成平頭，無血色的雙唇緊閉，眉毛裡有深刻的皺紋。他穿著白條紋的綠色運動服，臉頰一邊有成雙的疤痕。他眼睛眨得太頻繁，不停打量著房間。但馬克最明顯的特徵是紋身，全是以深藍色墨水刺出的業餘作品。一張蜘蛛網掛在他的頸側，一把匕首指向他的心臟，上方還有另一把。臉頰一邊紋上若干淚滴，喉部環繞著一圈刺鐵絲網。在他稀疏的頭髮底下，我能看見頭皮上有更多圖案：一個納粹黨徽、一顆骷髏頭和一面蘇格蘭旗。我往下瞥看他的雙手，右手四個指節紋上「LOVE」，左手紋上「HATE」。他的大拇指指節上有成簇的藍點，右手拇指和食指間的虎口上有一隻燕子，振翅而飛。

他坐在我的辦公桌旁，對我怒目相向，眼周的皮膚皺起，猶如靶圈。「我來拿我的美沙酮。」他說。

「沒問題。你現在用多大劑量？」

他誇張地嘆了口氣：「你如果不知道，那你根本不知道自己在幹什麼。」

「我只是在查對我所知的正確細節。」

「八十，」他說，「我還需要煩寧（Valium）。」

「八十，好。但我不能給你煩寧，沒有人倚靠煩寧出獄。」

「你以為我們在那裡弄不到，那你還真是不曉得自己在幹嘛。」他發出的子音顯得很硬。

「你要是不開給我，我只能在街頭買。一旦警察找上我，那就是你的錯。」

「如果你焦慮到得買街頭上的煩寧，那我們該談談該怎麼減輕你的焦慮。」

他哼了一聲，抓起我桌上的處方簽，接著站起身。他臉上的憤怒偽裝緩和下來，慢慢吐氣，再度坐下。

「抱歉。」他低頭看著鞋子，好像設法想多說點什麼。

「如果你客氣一點，我也會對你客氣。」我說。

他坐回椅子上，深吸一口氣。「好吧，我們重新來過。」

每個來找我拿美沙酮處方的病人都是每月看診一次。幾個月過後，我得知了更多關於馬克的事，他的金髮也長長了，在耳朵周圍捲曲，蓋住了蜘蛛網和匕首圖案。他臉頰上的淚滴刺青依舊顯眼，而且我從他的襯衫開領還能瞥見環繞在他喉部的刺鐵絲網。馬克出獄的第一天，我看到他設法在克制脾氣。我慢慢發現他也在控制用藥。

某天他來看診時手上纏著繃帶。他當時穿著高領衫，美沙酮劑量日服用劑量已從八十毫升降到四十毫升。我們同意再降到三十五毫升。他說他找到機械修理廠的工作，有位朋友推薦他去上班。「你的手怎麼了？」我問。

「紋身，」他說，「我用電池酸液燒除這個刺青。」

我拆開繃帶。他發紅的指節皮膚正在痊癒，結痂底下透出些許藍墨。

「以前的人會用這種方式，」我說，「先剝除刺青的皮膚，再移植新皮膚蓋住傷口。這樣的效果並不好，現在都改用雷射。」

「雷射有效嗎？」他問。

「有時有效。你的紋身剛好最適合用雷射處理，但費用不便宜。」

去除紋身的雷射是根據刺青的顏料而選用——紅、橘色顏料需要綠色雷射，而紅色雷射則用於藍和黑色顏料。去除紋身的過程相當痛，比當初紋身還痛。雷射通常會讓皮膚顏色變淺，對深膚色的人來說可能會是問題。[2]

我和馬克每個月繼續碰面，逐次降低他的美沙酮劑量。隨著他的毒癮減輕，我發現他的紋身也跟著消除。當他開始降到日劑量三十毫升，他臉頰上的淚滴刺青也只剩依稀的痕跡。馬克過得很節儉，所有收入全用在雷射去除刺青上。到了服用二十毫升時，他喉部的匕首和蜘蛛網褪色了，也看得出他已經開始處理喉部的刺絲網圖案。等到每天服用十毫升，他的臉和頸部只剩下依稀可見的瘢點，不過他得繼續將頭髮留長，以便蓋住頭皮上的圖案。

大約一年後，我又在診間見到馬克。他的氣色不錯，走進診間時，早些緊閉的灰唇綻放出大大的微笑。他要我開些處方幫助他戒除菸癮。我注意到他的右手拇指與食指之間的虎口上，那隻燕子仍在振翅飛翔。

「那這個呢？」我指著那隻自由的小鳥問他。

「這個我要留著。」他說。

2 目前正在推動擴大規範紋身藝術家使用合法許可的顏料，以便日後容易去除。鮮艷的現代顏料最難藉雷射去除。

第十章
厭食——著魔的控制

厭食是真正的疾病，並非被寵壞的富家女的怪念頭。厭食一向被視為患者自願且任性為之的事情看待，因而未受正視，但這是危及性命的嚴重精神與醫學疾病。

醫學博士　黛安・米克利（Diane Mickley）

厭食是一種難以理解的疾病，可能會讓患者及有意從旁協助的人困惑和挫折。某些心理疾病消融了自我界限，扯壞了我們縫合自我的那些縫線。有些心理疾病讓我們誤以為自己被追捕、迫害、污染，或是相反地妄想自己擁有威力、偉大，而且堅不可摧。有些心理疾病則迫使人遁世，以毀滅性的抑鬱或緊張症的遮罩，關閉了對世事的參與。厭食並非上述的任何一種，它是戕害身心的自毀式攻擊，是人類最古老的本能（禁食、甚或避開我們認為可能有害的食物），和較新近的關注（呈現在自己和他人面前的形象）這兩者的可怕結盟。

有效的心理健康治療師既是祭司，也是巫者：他們找到辦法，重新喚起某人的邊界，驅散其妄想，並從他們墜入的陰影底下召喚出患者嚙合在一起的真實自我。我們如今已不再認為心理疾病是由超乎我們控制的力量所造成的著魔現象。現代精神病學將心理疾病視為一種腦化學現象，不過，有些用語仍讓人覺得，它就像某種源自於外的心理天氣。這種觀點能有效消除承受者可能會有的內疚或苛責——古代的醫師說憂鬱是我們無法控制的東西，受制於體液的變化，而且有些用語至今仍保有這種感覺。在某些語言中，當你說：「我感到抑鬱」，意思是「悲傷壓在我身上」；而在英語裡，我們仍會說抑鬱已經「lifted—被解除（抬起）」。

身在二十一世紀，認為厭食是一種有害的著魔似乎並不理性，但在文化意義上，看起來卻最有道理——造成不幸與挨餓的某種情緒或信念，其出現往往難以理解，而結束也同樣無法解釋。厭食可能的預警跡象是患者在發病前對食物的不尋常態度、達成目標的強烈決心、具破壞性的家庭動力、創傷經驗、嚴苛地關注細節，或是任何一個或若干個其他的「風險因素」。每種因素都可能引發對限制食物攝取的執迷，但這卻無法解釋為何有許多人雖然對食物抱持更古怪的態度、有更具破壞性的家庭動力，或對細節更為吹毛求疵，卻沒有發展出厭食問題。

在某些地區，薩滿仍會利用儀式驅除惡靈，而我身為現代西方世界的家庭醫師，厭食症也讓我覺得自己就像是個新手驅魔師。我認識的厭食症患者有些成功地在獲得幫助或無人協助下，擺脫了讓他們挨餓的疾病，還有一些人則找到方法與之休戰共存。有些則被擊潰，厭食症是心理疾病中死亡率最高的一種。厭食症已存在數百年，十四世紀瑟納的聖加大利納（St Catherine of Siena）便是厭食症患者（「我向上帝祈求，我願祈求祂在吃這件事情上賜我恩典，好讓我像其他生物一樣活著。」）還有十七世紀的修女維洛妮卡・朱利安尼（Veronica Giuliani），這名飽受折磨的女子寧可舔牆壁和吃蜘蛛，也不願在修道院食堂裡吃下擺在面前的餐食。這不單是西方文化的失序，厭食同樣也可見於奈及利亞、香港、南非，和阿米許社區（不過，來自斐濟的某項研究顯示，電視將厭食症介紹給從來不知曉此事的社群）。

中世紀照料罹患厭食症的修女的教士和修道院院長，記述了他們在面對厭食症時的困惑和無力感，情況正如同我聽聞現代的精神病診所治療者所言。許多罹患厭食症的男男女女詳實地描述了厭食之苦，我身為臨床醫師的看法也難以取代他們親身的記述。

西蒙娜是法學院學生，某天抱著肚子蹣跚地走進我的診間，主訴無法承受的噁心和頭暈感，彷彿就快昏倒。我扶她上檢查床，發現她的髖骨兩側撐開了臀部皮膚，而肋骨就像一片彎曲的洗衣板。她的腹部脹成圓頂。「必定是脹氣，」我自忖，「可能有腸阻塞。」但當我用手指輕扣時，感覺膨脹的皮膚底下似乎沒什麼氣體。她的體溫正常，而且對一個承受如此痛苦的人來說血壓偏低。大部分的腸阻塞患者會嘔吐不止，但西蒙娜沒有反胃。當腸道因扭絞或腫瘤而阻塞時，腸子會蠕動得更用力，以清除阻塞，而腸液流淌過相連的腸腔，會發出高頻的叮叮聲。然而當我將聽診器放在她的腹部時，卻聽不見任何聲響。

「你過去二十四小時內吃過什麼？」我用手輕按她膨脹腹部的四周。

「沒什麼特別的。」她面容扭曲地說道。她流露出受困和驚恐的眼神，彷彿站在打開的艙門下的逃票乘客。「昨晚吃了米飯沙拉，今早吃了點吐司。」

我將針扎進她的手肘靜脈，抽了幾管血送檢，接著開了一些抗暈眩藥和嗎啡給她。「你嚴重脫水。我要叫救護車送你去醫院。」她躺在檢查床上點點頭，臉頰上的白色汗毛被上方的燈光照亮，在臉部周圍形成參差不齊的傾斜日冕。「出院後來找我。」

兩個星期後，她來回診。出乎我意料，她的出院通知書上寫著「食物造成的急性胃擴張。治療程序：減壓胃造口。」西蒙娜的腹部正面有縫合線，醫院的外科醫師打開了她的腹腔，發現她的胃因為當中大約六品脫半咀嚼過的米飯和溶化的冰淇淋而膨脹。他們用管子將內容物導流出來，修復胃的洞口，再替她縫合。

厭食會造成患者消瘦和營養不良，但我所知的大多數暴食症患者——他們的飲食失調表現在自行導致的催吐，或是其他嘔瀉方式——卻都維持著正常體重。然而，和強迫性暴食糾纏在一起的兩種厭食症之間，存有灰色地帶。在「狂吃—嘔瀉厭食」中，患者承受長年的半飢餓狀態，卻會在某個壓力源的刺激下大吃大喝，有時會相隔數年才發生一次。由於萎縮的胃已無法應付正常餐量的負荷，因此，狂吃使得胃撐脹變薄到危險的程度，而且也不可能嘔出食物。西蒙娜顯然吃了太多東西，使得胃就和她的皮膚和骨骼一樣，已瀕臨極限。

•

我從沒見過西蒙娜的父母，兩次造訪她和雙親同住的地方時，他們都不在家。經過幾個月、再來是幾年後，身為她的醫生，我得知了更多她的私事，以及厭食症如何像孢子在陰暗的土裡生根那樣進入了她的人生。西蒙娜一向纖瘦、文靜，是一個富裕家庭裡的獨生女，她母親是學者，在愛丁堡和牛津兩地之間通勤往返，父親是律師。他們住在能俯瞰城內公園的豪華現代公寓，坐擁時髦的設計家具和大到會有迴音的房間。

有些厭食症始於模仿，這在厭食症患者的手足和寄宿學校學生之間比較常見，但西蒙娜的案例是始對污染的恐懼。她得過傳染性腹瀉，這個疾病十分普通，結果卻讓她接連幾週只要一進食就會腹絞痛。起初她以為是自己一再感染腸道寄生蟲，後來則認為是無法耐受新食物而中毒。她開始控制自己的飲食，藉此排除潛在的促發因素。大多數時間都孤伶伶待在空蕩蕩的房間，只有課本相伴，她開始實施執迷的衛生慣例，衡量食物，將之分類成「好」和「壞」兩種。她不知不覺地將「壞食物」定義為「容易讓人發胖」的類型。大多數人在飢餓時會變得煩躁、易怒、頭昏眼花，但西蒙娜卻有反常的反應——她覺得自己潔淨、鎮定、頭腦清楚。起初，她的功課進步了。她感覺對生活和環境有了另一層次的全新掌控。

西蒙娜對食物污染或中毒的憂慮，開始逐漸轉變成會伴隨著尋常的一餐而來的滿滿恐懼感。她對進食抱持疑慮，將盤中食物推來推去，彷彿是在處理一顆未爆彈，而不是營養物。起先她會在冰箱前站上十五分鐘之久，苦惱該吃什麼，然後空手走開。後來她完全置冰箱於不顧。她開始跑步，實驗如何能以最少量進食，而且設法完成她最喜歡的繞行公園一圈，又不至於頭暈。這一圈加長了。原本用以維持健康，緩和骨骼、肌肉和器官所受衝擊的脂肪逐漸從她的臀部、臉頰和肩膀部位消失。她的骨質變得疏鬆，腳踝因營養不良而水腫，而且隨時覺得冷。她的家庭生活一向不算和諧，與父母一起用餐的時間如今更成了戰場。他們相當憂心，不知該如何讓她吃下東西。某次和父母發生特別激烈的爭執之後，西蒙娜吃下大量的米飯和冰淇淋，因此來到我的診所。

西蒙娜住院後，我們再度碰面，我緊急將她轉診至當地的飲食失調診所。精神科醫師推薦使用 Citalopram，希望這種抗抑鬱藥物能有助於減緩她的飲食焦慮，而且還安排她每兩週和營養師會面一次。「他們給了我幾份標單，顯示我得吃下的最少食物量，以便讓我的體重慢慢增加。」西蒙娜在早期某次約診中這麼告訴我。「我按表吃東西，真的。」可是她的體重沒有增加。欺騙是大部分飲食失調問題無法解決的部分，我後來還發現，她從未按指示服用 Citalopram。她的月經早就停了，腳踝水腫現在又更形惡化，臉頰上的汗毛長得更是濃密。[1]她也從法學院退學了。

•

1 汗毛的生長起因於荷爾蒙失衡。這種「初生毛」或「羊毛狀」的毛髮讓某些學者推測，被封為「鬍鬚聖徒」的中世紀修女其實罹患了厭食症。

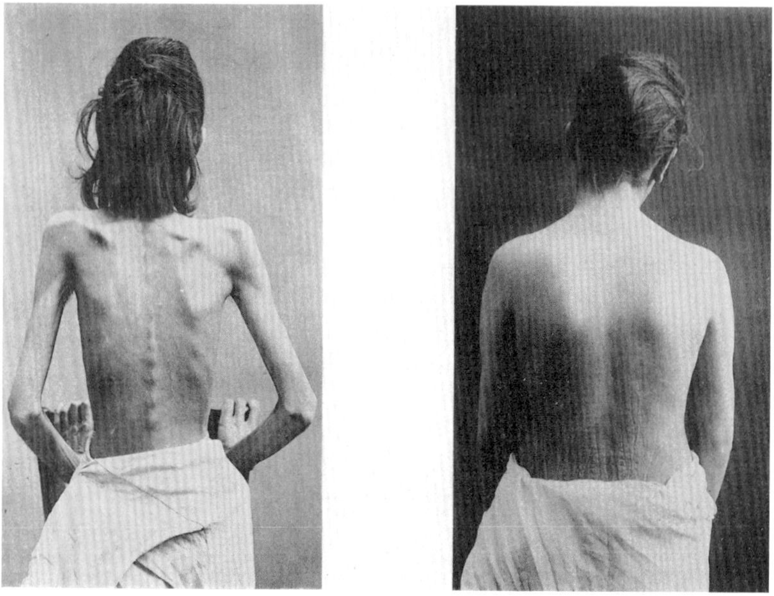

是什麼原因使得原本健康的青少年，不分男女，要讓自己挨餓，直到骨質鬆鬆、牙齒鬆脫、掉髮，心臟衰弱？對此，法國醫師拉塞格（Charles Lasegue）是最早提出解釋的其中一人。他在一八七三年提出相當全面的總結，概述他認為與厭食症有關聯的一些特徵：

年齡介於十五至二十歲的年輕女子，因某種個人坦承或隱匿的情緒而受苦。這種情緒通常涉及真實或想像中的結婚計畫、違逆某種情感，或多少跟某種良知取向有關。其他時候，我們也只能猜測偶然的成因。

說到成因，「我們也只能猜測」，這句話如今仍可適用；作為對食物和體重的種種態度，厭食的發生不分時代與信仰，但觸發厭食則涉及文化、廣告、同儕壓力、遺傳、家庭關係、荷爾蒙風暴，和人格怪癖的共同作用。某些高壓力的人生事件往往會促使厭食症突然發生，例如喪親、角色的挑戰或轉換。

新聞工作者凱蒂．瓦德曼原是厭食症患者，如今已經康復，她寫了一篇勇敢、強而有力的文章談論她的厭食症，道出了這個疾病某些核心的矛盾之處。她點出倖存者之間會有將消瘦美化的傾向——厭食成為一場精心安排的表演，最終卻成了監牢。她呼籲別再讚揚藝術與文學中纖弱到病態的女子，以及拒絕那些強化纖瘦之魅力的毀滅性敘述。厭食喚醒了人對食物和健康體重的嫌惡感，或許是因為它與人類原始面向的關聯如此密切：營養、性徵和身體意識。對青少年而言，它激起的是逆轉青春期，起初似乎會產生反向的變形。「我挨餓是為了獲得那古老、經典的能力——變形。」瓦德曼寫道。

就像瓦德曼所稱的，如果厭食是某種戲劇化的展演，那麼西蒙娜和我正在試著偷偷塞進一個新的舞臺指導。我想利用西蒙娜可怕的完美主義去達成新目的，也就是健康的體重。我們協議列出她該努力在早中晚三餐吃下的食物清單，並將相關熱量製成表格。她也同意，若是沒有最起碼的食物攝取量，她的身體和心智會更衰弱。但我的介入似乎沒有任何作用，她對胃中容納一餐適量食物的反感依舊強烈，而體重仍持續在續命與否的邊緣起伏。她另有兩次入院治療紀錄，一次是因血液中的鹽度威脅到心律穩定，一次是因為血壓過低不省人事。有一回我問她：「你覺不覺得，有一部分的你其實樂於死亡？」她過了許久才答得出話。

但回答是「不」。她在我們會面三年後終於有了突破。對於她的改變，我不能居功。經過無數次藥物治療、諮詢營養師、住院和定期看精神科醫師，某天，她直截了當告訴我，她吃掉了一條巧克力棒，而且感覺好多了。「就這麼簡單。」她說，驚訝自己需要做的事竟然這麼顯而易見。「我擁有能量，感覺良好。我原本預期會有恐怖的感覺襲來，那種作嘔感，結果卻沒有出現。而且我只吃了一條，沒有狼吞虎嚥。」

「有什麼差別？」我問她。

「說不上來——現在進食的想法一旦讓我感覺噁心時，我可以將之視為我沒有理性思考的徵兆，一個我確實必須吃東西的徵兆。」

隨後幾個月，我用圖表記錄下了西蒙娜回復健康體重的過程。她重新回到法學院，搬離父母的公寓，開始約會，但她沒放棄自己的完美主義。她仔細關注食物成分，體重也不再像過去三年那樣下降。

再更之後，她臉頰的汗毛消失，四肢有了力氣，荷爾蒙的韻律也回來了。這時，她來找我詢問有關避孕藥的事。「記得那幾年可怕的日子，」她發出短暫的笑聲，「唯一的好處是月經停止。」

「你現在可曾想起那段日子？」我問。

「有時會，」她答道，「不過已經模糊了，好像當時我中了魔咒。但願我知道那是如何破解的。」

第十一章

幻覺——魔境

因為人封閉了自我，直到他透過自己洞穴的窄隙看見萬物。

威廉．布萊克，《天堂與地獄的結合》（William Blake, *The Marriage of Heaven and Hell*）

我有一名病人，她相信自己的手指正在腐爛。梅根通常會伸出指尖讓我檢查。她沒修剪的指甲滿是污垢，我不只一次領著她到洗手槽，一起刷洗她的指甲。「你聞不出來嗎？」她問我，「這味道很噁心。」我沒聞到或看見任何不尋常的東西。梅根有時會受霸凌和污辱的聲音折磨，當這些聲音變大時，她的腐爛幻覺也益發強烈。我們每個月至少會碰面一次，這是我查看她近況的機會，她則是來拿抗精神疾病的藥物處方。她覺得這些藥物有用，而診察比較沒幫助。我曾試著探索腐爛的指尖對她可能有什麼意義，是否象徵著某種嚙蝕她的心、而非指尖的腐爛或潰瘍。「不，沒有任何象徵意義。它們真的在發臭，我不相信你聞不出來。」她說。

希臘語的「psyche」意指靈魂或生命，而「psychosis—精神病」則是「活潑」或「注入生命」。對十九世紀和二十世紀初的精神病學家而言，它代表不同的意思：「精神病」是心智混亂所產生的瘋狂，而非神經失調所引發的「神經官能症」（這個區別在現今已被視為沒有意義）。精神病一詞如今是用於那些相信和描述顯然並不真實的幻覺感知的人，他們以特別有害或痛苦的方式，失去了與可驗證的真實之連繫。在一九一一年出版的《早發性痴呆或精神分裂症群》（*Dementia Praecox, or the Group of Schizophrenias*）中，精神病學家尤金·布魯勒（Eugen Bleuler）創造了「schizophrenia—精神分裂症」一詞，用以形容喪失對現實之掌握的疾病群。書中聲明，當妄想或幻覺變得顯著，「個人連同外界，一切似乎都不同了……個人喪失了他在時間和空間的界限。」在精神分裂症中，這種界限的喪失有可能變得持久，限制了患者壽命，而且深深令人痛苦。

當人為了尋求愉悅而服用致幻藥物時，其附帶條件是藥物提供的改變是暫時性的。作家赫胥黎（Aldous Huxley）在《眾妙之門》（*Doors of Perception*）一文當中，探討了服下十分之四公克致幻藥物麥司卡林（mescaline）的效果。其標題取自威廉·布萊克所言：

「如果知覺之門被滌淨，對人顯露的每件事將一如本然無窮無盡。」對赫胥黎來說，大腦是一種減壓閥，最有效地限制了這個世界的光輝和多重性。他服用致幻藥物，意圖炸開這道減壓閥。特別值得注意的是，這種藥物讓他「稍稍領略」到成為精神病患的感覺。赫胥黎想誘發出不同的意識狀態，以及通往神祕宗教狂喜狀態的捷徑，例如禪宗修習者描述的境界，知覺的界限在當中據說也有類似的消融。

致幻藥物能提供超然經驗的想法，遭到禪宗大師鈴木大拙的批評。他堅稱，致幻藥物只能讓人見識到「魔境」。根據引述鈴木的說法，服用迷幻藥是「愚蠢之舉」。他寫道，「迷幻藥招致『神祕的』幻覺，但禪關注的不是服藥者獲得的幻覺，而是受這些幻覺支配的『人』。」鈴木的弟子佐藤幸治對此則持不同觀點，認為致幻藥物雖讓人進入學習者「不宜逗留」的精神狀態，從中卻能學到更多東西。佐藤說了一則學禪的故事，某位修習者在歷經一連串以心印心的佛教傳習之後，無法有所進展，直到他服用迷幻藥。有了服藥經驗後，他「輕易通過了這些心印」。

人類心智想尋求出入不同世界，改變意識狀態，似乎是普世現象。孩童透過遊戲達成這些變形，但對成人來說，利用藥物幾乎是人類社群的普遍特色，不論是為了改變觀點、變得精力充沛或是放鬆。幾乎每個社會都有用藥傳統，而極少數無此傳統的社會往往會發展出替代的致幻方法，例如禁食或長時間的冥想。

一般而言，要成為致幻劑的藥物必須能誘發扭曲的知覺，而非作為鎮靜劑或興奮劑。世上有許多致幻藥物，而人類使用這些藥物的歷史據說可追溯到遠至大約五千年前的印度《吠陀經》時代。中世紀曾周期性地爆發所謂的「聖安東尼之火」疾患；其間，整個社群的人在吃過遭到麥角生物鹼污染的麵包之後，都出現了幻覺。這些生物鹼是依附穀物生長的真菌生成的，進入人體胃腸中會造成腹瀉和嘔吐，在腦中能引發頭痛、幻覺和癲癇發作。吃下顛茄的葉子或漿果也會產生類似效果。某部關於顛茄中毒的十七世紀專著就強調了這些幻覺的宗教和神祕本質，算是預示了赫胥黎的《眾妙之門》。

世上有許多天然的致幻藥物，例如蕈類的西洛西賓，和中美洲仙人掌的皮約特素。但所有致幻劑中最強效的是一款人工合成物，麥角酸，或說ＬＳＤ。使用極小劑量便能產生效果，大約是麥司卡林的千分之一，是目前已知最強效的藥物之一，十微克就能引發欣快感，五十微克會造成幻覺。

ＬＳＤ是在一九三八年首度合成，但成效一直要到一九四三年才被發現。那時，在實驗室工作的瑞士化學家艾伯特．霍夫曼（Albert Hoffman）意外經由手指攝取了一些。他以為自己已經死亡，而且進到了地獄。ＬＳＤ的效果遍及腦部，科學家弄不清楚它是

H. Z. Raidel delin.
Melchior Haffner Sculpsit.

如何在沒有鈍化或強化服用者意識程度的情況下，改變了視覺、聽覺、嗅覺，以及造成幻想。在一九五〇和六〇年代，ＬＳＤ曾被試用於治療酗酒、抑鬱，甚至精神分裂症，但幾乎沒有研究可證明持久的療效。近來，致幻蘑菇的西洛西賓已被醫界提議作為強化精神療法的輔助品，這就像佐藤座下的習禪弟子在服用迷幻劑之後才通過最困難的心印。但ＬＳＤ並非毫無風險，許多研究顯示，對於該藥物產生精神病反應的持續性風險，大約是百分之一至二。ＬＳＤ誘發的幻覺在藥物本身已被身體排除後，仍可持續很長一段時間。

•

當我還是醫科生、在精神病學實習期間，認識了研讀哲學的年輕大學生丹，他讓我見識到藥物引發的精神疾病之可怕。丹在首次服用ＬＳＤ之後，產生了持續性幻覺的精神病反應，以及造成失能的恐慌發作。我花了幾個小時陪他聊他的經驗。丹的身材矮小，前額兩側披著像問號的金色鬈髮，眉毛之間的懸針紋像是驚嘆號。片片斑駁的痤瘡從臉頰上的短鬚間冒出來。

他告訴我，某天晚上，他出於好奇，在臥室用了一點ＬＳＤ。大約二十分鐘後，他注意到的第一件事是他的床在呼吸，而被子隨著他自己的呼吸在升落。他設法在紙上寫下「床在呼吸」，但筆尖落在紙上的感覺完全不對，彷彿陷進木頭書桌裡。他躺在床上瞥視窗外，發現天空在光亮與黑暗之間跳動。「一開始並不覺得恐怖，而是美麗。」他這麼說。他躺了一會兒，著迷於這種變化，接著敲了同寓房客的門，想告訴對方這種幻覺，卻發現自己說不出話，只能咯咯傻笑。「每當我試著開口，就彷彿我得在心智的前廳將話語事先排列好，然後再衝口說出來。」上廁所時，他看見自己的尿液在馬桶瓷邊上發出美麗鮮艷的螢光綠色點滴，就像蜻蜓的鱗翅。在他觀看的同時，螢光綠的點滴似乎也在旋渦中螺旋地轉向馬桶底部，而後溶化消失。

起初藥物讓他感覺興奮和欣快，他想出門享受這新的知覺。他在附近地區跨大步行走，但欣快感迅速消退，他踩在人行道的雙腳似乎陷進水泥裡，透過耳機播放的音樂開始發出從四周建築物磚牆後傳來的隆隆巨響。他的心曠神怡瞬間轉變成毛骨悚然和淒涼的焦慮。他在路過行人的兜帽下瞥見閃爍的骷髏頭形象。路面上被人踩扁的口香糖依照最靠近的號誌燈顏色，開始顯現出紅、綠或琥珀色的光芒。恐慌發作讓他產生有害的妄想，每輛車看起來都像警車，每個行人似乎都是威脅。

他縮短散步行程，轉身跑回住處，發現藥物已經開始對他的體溫發揮影響——他的身體過熱。他一進房便脫光全身衣服，赤裸裸坐在臥室中央。「我不斷告訴自己：『你能出什麼事呢？你就在這裡，坐在自己的房間地板上，不會發生什麼壞事……』」他說。但實則不然，牆上海報的邊緣在移動，木地板的塗料碎屑似乎像蟲一樣在蠕動，還有當他低頭看，他的皮膚表面似乎也在不斷地旋轉。「看見我連自己的身體都不安全，實在很嚇人。但這同時也非常迷人，我的手看起來時而衰老、布滿皺紋和虛弱，時而年輕且強健有力。如果看著鏡子，我會發現臉上出現同樣的快速來回變化。」

丹就這樣在臥室地板上坐了幾個小時，害怕得不敢關燈睡覺，不敢離開房間。「我感覺像是棲息在心靈中央房間的柱腳上，度過了一生。」他說，「或許無聊，但安全穩固。那天晚上我真的很慘，勉強靠指甲緊抓著，才免於掉入某種可怕的深淵。我知道如果一鬆手，我就會發瘋。」

隔天日出時，他仍然害怕突如其來的幻聽，不信任所有知覺，就連腳踏地板的堅實感也是。音樂轟隆作響，然後變成無聲，他也害怕視線餘角外忽隱忽現的陰影。夜不成眠到此刻已經三十個小時，他的妄想症又因為精疲力竭而加劇，對外界事物的恐懼讓他完全崩潰。他的同寓房客打電話給家庭醫師，也陪他到當地診所就醫。家庭醫師叫了一輛計程車送他到當地醫院，接受急診室精神病學小組的治療。他冒汗、發抖、盯著地板，直到有人照料他。

「他們告訴我，症狀會隨時間消退，他們說得沒錯。」丹說，「他們開給我的一些藥——鎮靜劑——帶來極大的舒緩效果。吃下第一顆藥讓我的腦就像塗了蜂蜜。」精神病學小組隔天安排替他再次診察，他無須住院。新的藥物讓他遲緩下來，思緒變得黏滯，必須休學。但他的劑量在三個星期內已經減少到微乎其微，而且也學會用呼吸法度過恐慌發作。丹走在街上時仍會看到行人臉上的骷髏，但他找到辦法讓自己分心，忽視這些幻象。和我這樣的醫科生聊天，是他設法理解自身經驗，並且藉此恢復正常心智的方法之一。

•

精神病學家羅納德．連恩（R. D. Laing）曾花費大量時間，傾聽患者個人的精神病描述。在他的病例報告與像是丹可怕的ＬＳＤ迷幻經驗之間，有明顯的相似之處。連恩在《分裂的自我》（*The Divided Self*）當中，引述了其中一位精神病患的話：「我正在失去自我，狀況越陷越深。我想要告訴你一些事，但我很害怕。」在《在脫離肉體的心靈與無生氣的身體》（*Disembodied Spirits and animate Bodies*）一書中，義大利精神病學家喬瓦尼．斯坦蓋利尼（Giovanni Stanghellini）也引述了一位歷經類似「自我瓦解」過程的病患所言：

「所有的感覺似乎都有別於平常，而且分崩離析。我的身體正在改變，我的臉也是。我感覺我和自己分離了。」

關於精神分裂症，有一項理論將精神病視為是我們寓居的不同社會與心智角色之間的綜合體的瓦解。你我全都無意識地在維繫著這個綜合體，而致幻劑能讓它暫時分裂。從這個觀點來看，精神病和致幻藥物破壞了讓我們得以在內在與外在世界來回航行的舵柄。每個人都是由許多不同身分所組成，我們都受到不斷的感官意識洪流支配，就精神病而言，是在這洪流中創造完整的能力出了問題。功能性磁振造影掃描機（MRI）所取得的影像是出了名的難以判讀，再者，該技術也還處在發展初期；然而，當LSD使用者的腦部顯現出影像時，卻能看到在正常情況下一起開火的神經元網絡變得不同步了。或許，我們能藉此洞察出構成你我生命的許多自我，是如何被粉碎、拆散。

丹找到了從瓦解邊緣復返的路，他的崩潰雖是因藥物引起，卻讓我得以窺見我的幾位精神分裂症患者，例如梅根，可能經歷的事。致幻劑能提供洞察，但需冒自我分裂的風險；對艾伯特．霍夫曼、丹，還有鈴木大拙而言，這些洞察是「魔境」。但對許多服用者來說，這些致幻劑的效果令人愉悅，難以抗拒，會上癮，甚至極為美好。正因為藥效是暫時的，所以能提供某些人逃避乏味生活的管道，以及在感覺生活狹隘貧瘠時帶來寬闊和豐富感。但致幻劑提供是的一個脆弱的天堂，經驗界限的消融可能會演變成恐怖的暗黑地獄。若要確立知覺的界限，就得給予一條復返光明的路徑。

第十二章
青春期——突然加速的青春

人類達到成熟的年齡比任何動物晚了許久。

達爾文，《人類原始與性擇》（Charles Darwin, *The Descent of Man*）

我曾與一位睿智、有話直說的社區助產士合作。她是四個孩子的媽媽，到產婦家接生完後，頭幾天會定時回訪，查看成為新生兒父母的夫妻適應得如何。我問她，這幾十年來是否在工作中累積了任何印象或洞見。她說，有些夫妻對第一胎的到來處之泰然，有些則感覺為人父母好像讓他們如墜虛脫的恐怖深淵。她覺得，越年輕的父母似乎越容易適應這種變化。

「你會給他們建議嗎？」我問。

「你是指拚命掙扎的父母？我會告訴他們，孩子最初的六、七年正需要你們。」她答道，「你們得想辦法讓自己甘於此事。但隨後的六、七年會是美好且愉快的，孩子開始認識世界，慢慢變得更加獨立。」

「再更往下的六、七年呢？」我問。

「他們會去你跟不上的地方。」她露出留戀的微笑，「不過，多半會再回來。」

我在診所會見到許多嬰兒、學步幼兒和學齡前兒童，他們通常是因為氣喘、發燒、耳部感染和皮疹問題而來。有時是父母擔心餵食情況，有時是關於成長問題。到了大約六歲時，幼童就診的頻率逐漸下降，因為他們變得更能抵抗感染，在發育上大步邁進。接下來到了十二、十三歲，我又開始見到他們，春青期的荷爾蒙在這時會開始出現激烈變化。

所有嬰兒都會製造性荷爾蒙，我常看到未斷奶的男女新生兒有著雌激素產生的腫脹乳房組織。但新生兒的大腦對性荷爾蒙的啟動相當敏感，出生後不久便立即展開的敏感反饋機制會迅速抑制住性荷爾蒙的製造。性荷爾蒙抑制的敏感度在童年後期逐漸減弱，直至弱到足以啟動青春期。青春期的開始並非展開某種新事物，而是釋放長期被壓抑下來的東西。

畫家孟克（Edvard Munch）有一幅名畫，正繪於他在柏林的焦慮時期，畫中描繪一名帶著抗拒和逗弄的目光、臉頰發紅的裸身少女。孟克簡單地稱此畫為《青春期》。少女坐

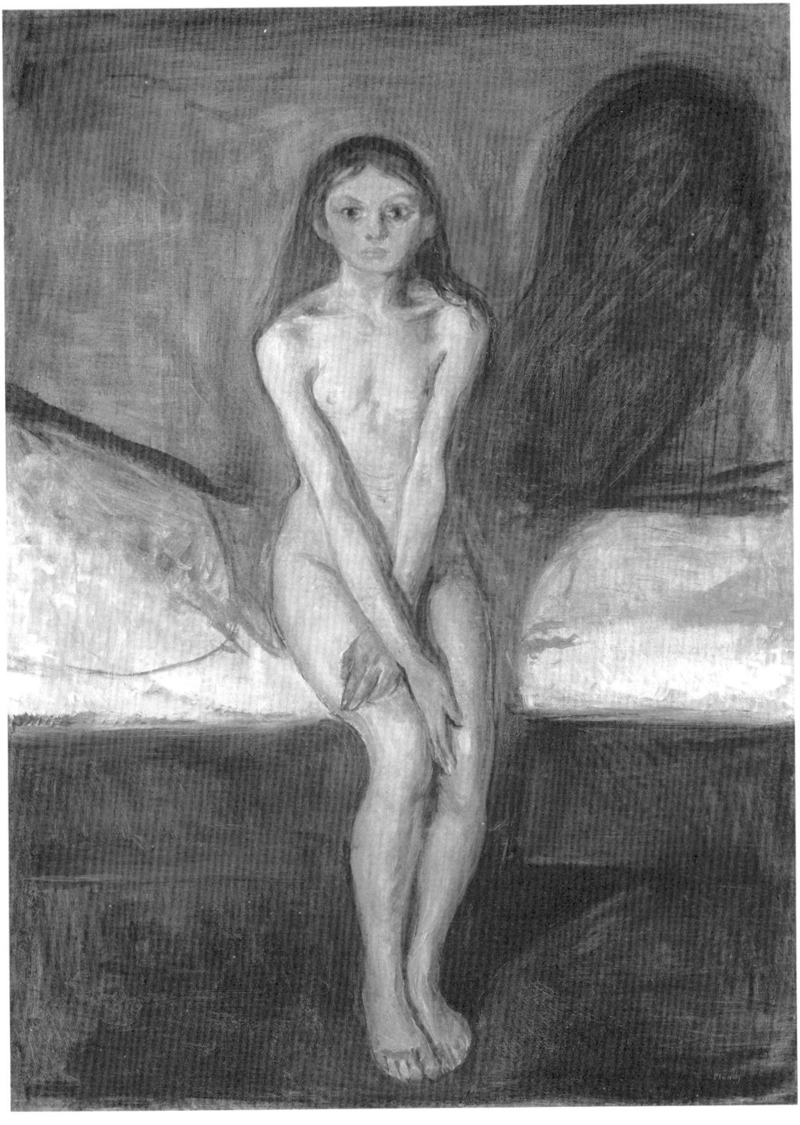

在床沿，兩隻手腕在大腿上交叉，鬆散的頭髮垂落肩頭。這幅畫作最引人注目之處，並不是少女大膽的瞪視或描繪人物的技巧，而是畫中從她底下往上膨脹到牆上、一大片的子宮狀陰影。

有些畫評認為，這片陰影代表了孟克自身受壓抑的性慾，有些則認為那是陰莖或子宮的象徵，或是象徵成年生活遭遇的挑戰和複雜事物。許多父母樂見子女越來越有力量和獨立，但有些卻悲嘆青春期的到來是天真的失落。孟克的這幅畫作暗示性成熟的到來就像是被逐出童年伊甸園，進入成人生活的孤寂和責任。

•

我認識比莉．巴克斯特的那年，她四歲大，被我的兩名長期病人收養。就她的年齡來說，她的身形算矮小，好奇且敏捷。她的金色短髮在頸背處捲曲著。比莉一進到診間便直奔玩具墊，然後跳上體重計。她的媽媽艾美是圖書館員，父親賽門則待在家中照顧她。

耳部感染、胸腔感染、便秘、濕疹——頭兩年我常為比莉看病。就她的年齡而言，她仍然長得矮小。如果你測量一百位兒童的身高和體重，繪製成圖表，通常可用於顯示介於第三小和第三大的兒童之間的「正常」範圍：二者分別為「第三百分位」和「第九十七百分位」。比莉大約位在第五百分位，是正常範圍的下限。比莉依舊好奇心旺盛，她在托兒所就顯現出機伶的樣子，上學後更證明她是個早熟的閱讀者。我們對她的親生父母幾乎一無所知。

我一向不必到府拜訪賽門和艾美，而比莉到了六歲時，前來看診的頻率便下降了。距離上次見到比莉一年之後，我收到來自她母親壽險公司的問卷。我致電詢問他們一家人是否安好。賽門告訴我，比莉沒再受感染問題所擾，她的濕疹已經平息，而且沒有便秘狀況了。

幾年後，比莉八歲時，我看看到她的名字又出現在候診單上。她坐在我辦公桌旁的椅子上，搖著雙腿，四處張望，彷彿記得以前每次都來這裡看病。她穿著獨角獸花紋的長褲和小貓圖案的毛衣，她的髮色隨著長大而變深，後梳綁成馬尾。按照她的年齡，比莉看起來算是一般身量，想必已經接近第五十百分位。「我來請教你關於她腳趾的問題，」艾美說，「她的邊甲長進了肉裡。」比莉脫下球鞋，腳趾甲全都塗滿閃亮的亮光漆，我教她怎麼用棉片抬起邊甲，這樣就不會陷進肉裡。在我示範完畢，比莉也穿好鞋襪之後，艾美要她到外面等候。

「我想和你私下談談，」門一關上，艾美便開口，「青春期正常是在什麼時候開始呢？」

「嗯，視情況而定。」

「……因為我月經來時是十二歲。」艾美接著說。

「比莉已經開始有月經？」

「不是月經，但她的胸部開始發育。她才八歲！」

「她長陰毛了嗎？」我問她。

她搖搖頭。「還沒。真是謝天謝地。不可能已經開始，對吧？」

•

一九六〇年代，倫敦兒童保健研究所（Institute of Child Health）的小兒科醫師詹姆士．坦納（James Tanner）及同事馬歇爾（W. A. Marshall）查明了青春期的發育順序和時機。我還是醫科生時，得記住這個順序，以便確認事情是否出錯——骨骼成熟、但月經沒來的女孩可能有潛在的婦科問題，而陰毛的出現早於乳房或睪丸的發育，則暗示有荷爾蒙問題，諸如此類。

我的小兒科教科書上，有按坦納和馬歇爾的重要論文為基礎而繪製卡通插畫，顯示男孩的生殖器、女孩的乳房以及兩者陰毛的漸進變化，以及各階段的正常年齡範圍。根據坦納的說法，這插畫依據的照片是攝於倫敦北部一處名為「哈彭登兒童之家」的孤兒院，是一項始於一九五一年、研究兒童成長的重點。研究期間，坦納的同事懷特豪斯（R. H. Whitehouse）每個月有兩天會到訪孤兒院，拍下院內男孩和女孩的裸身照，一次一個人，設法確保拍攝時間是在他們生日的前後十五天內。每個孩童在童年時期每年拍攝兩次，青少年時期每年拍攝四次，因為這時期的變化速度快多了。這項計畫共有一百九十二名女孩和二百二十八名男孩參與。

從坦納發表的研究中，我們不知道這些孩童對自己是否參加這項計畫有多少選擇權。那必定是一幅令人不安的景象，許多孩子緊張地排隊走進房間，大家都得裸身被拍下照片。懷特豪斯「以每小時三至四個」的速度拍攝。這些正面和側面照按姓名核查、整理，再由坦納和馬歇爾進行評估。坦納寫道，我們「從全身照研究第二性徵的發育。藉由與比對先前的照片，可輕易辨識生殖器官和陰毛的變化。」

然而他們蒐集的影像十分重要，有助於瞭解青春期的發展方式，以及若是一旦出錯，該如何介入。坦納和馬歇爾將青春期發育分成五個階段，並製表讓臨床醫師容易釐清發育分期。每個孩童在側面相片中被安排成面向較年幼時的自己，彷彿依依不捨地回顧自己的

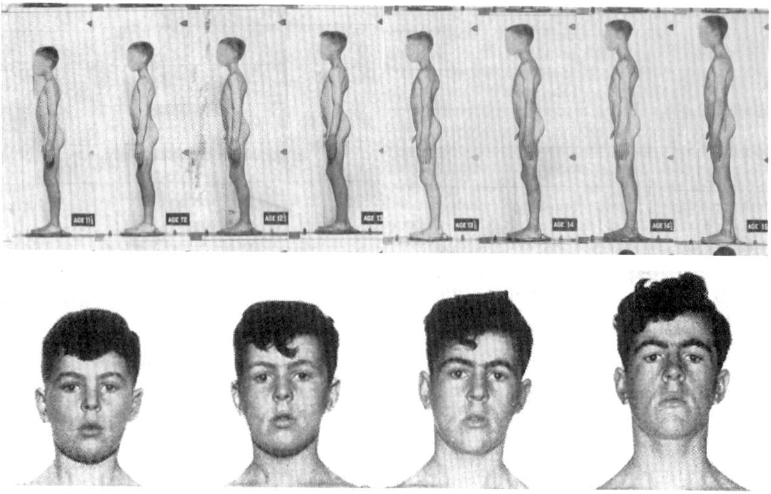

童年。

按順序排列的照片就有如青春期變形的電影圖像。

在研究報告的材料和方法上，坦納和馬歇爾描述，這計畫的所有參與者是「英國白人」，而且他們「身體沒有畸形，在院內的小家庭群組中共同生活，其照顧標準在各方面都相當好。」網路現今有大量證詞，認同哈彭登兒童之家是個優良的機構，但你也能找到慘痛的不幸故事，以及指控虐待的激烈申述。就社經條件來說，這些孩童屬於不準確的取樣族群，坦納承認他們是「主要來自較低社經地位區段的人口，有些在進入孤兒院前（通常是三至六歲間），可能沒有獲得最佳的身體照顧。」

有些研究發現，兒童時期遭到忽略和出生體重過低，會導致青春期透過目前仍然未知的某種機制提前到來，彷彿人類對高壓力童年期的演化反應，是儘可能加速下一代的懷孕。該過程稱作「early life programming」，坦納研究的孩童可能經此機制而比一般孩童更早進入青春期，因此無法代表一般人的情況。可以確認的是，像哈彭登孤兒院院童那樣、一開始生活在資源匱乏的環境，但後來轉到資源豐富的環境中養育的孩童，會比一直留在兩種原來環境的孩童更早進入青春期。這發生原因至今依舊成謎。不過，同樣的過程也可見於植物上——從貧瘠土壤開始生長，後來獲得較肥沃土壤的植物，會更早且更大量地繁殖。同時，在美國與西歐，月經初潮的平均年齡已全面從十九世紀中葉的大約十七歲，降至二十世紀中葉的十三歲，箇中原因依舊不明。[1]

•

1　一九三九年，一位名叫黎娜·美蒂納（Lina Medina）的秘魯女孩成為記錄中最年輕的母親，在五歲八個月大時以剖腹方式產下一名男嬰。據報導黎娜大約一歲時開始來經。Edmundo Escomel, 'La plus jeune mere du monde,' *La Presse Medicale* vol. 47, no. 43, 1939, p. 875.

比莉年幼時便顯現出了青春期最初階段的跡象，但根據坦納的圖表，她的發育仍在正常範圍內。一如她位於身高的最低百分位，她也位於青春期開始的最低百分位：乳房發育可察覺的第二階段，最早可在八歲半時到來。或許她在被領養前的生活影響了她早發的青春期，又或許她的生母也曾如此。

幾年後，我再度在診間見到比莉——艾美告訴我，這次約診之前，比莉一直因為穿胸罩而在學校被嘲弄，而且她的初經在十歲生日不久前已到來。比莉現在是班上最高的學生之一。她坐在我辦公桌旁的椅子上，身形以她的年紀來說算是高大，穿著寬鬆的深色牛仔褲和黑色長袖連帽運動衫。她不再擺盪雙腿或興味盎然地環顧房間，而是將雙手插在運動衫前口袋，雙肩往前聳。

「首先是她的青春痘問題。」艾美說，「你看得到她前額的青春痘，肩膀上也有。」發出光澤的皮膚上點綴著小小膿皰。比莉坐得更低了，簡直就要沉進椅子裡。

「我能幫忙。」我輕輕拉下運動衫的兜帽，好看得更清楚。「我會開一些藥膏給你，如果兩個月內沒有改善，要讓我知道，我們還有別的辦法。」比莉的臉上閃現舒緩的表情，有如陽光透出雲層，但她仍然一言不發。

「接下來是膝部。只要跑步或是在學校運動過後，她的膝部就痛得要命。」艾美說，

「而且還出現腫塊。來吧，比莉。」她顯出不耐煩的樣子，「讓法蘭西斯醫生看看。」

比莉嘆了口氣，捲起牛仔褲，讓我看她的膝部。緊鄰膝蓋骨下方的脛部有一碰就痛的堅硬腫脹。

「這只是因為你現在長得非常快，」我說，「你可以把這想成是你的骨頭長得比肌腱快。」我把診間裡的骨骼模型拉過來，指出肌腱從膝蓋骨接附到脛骨的位置，以及它的牽引如何拉動骨頭和造成疼痛。「這種狀況甚至還有個名稱，」我接著說，「奧斯戈德氏病（Osgood-Schlatter's Disease）。」比莉噗哧笑了出來。

骨頭的生長率在嬰兒期後到童年期間相當固定，但青春期的性荷爾蒙加快了這個背景速率。坦納和馬歇爾指出，童年期「身高速度」圖表會呈現滑雪跳臺的形狀，是因為嬰兒期快速成長速度的掉落，會在青春期初期再度往上飆升。坦納和馬歇爾的報告是不帶情感的臨床術語典型，但口吻偶爾也會流露出人性溫情，顯示他們不是只在意自己的研究，也關心所有青少年在青春期的焦慮感：「這項研究中所有的女孩……在月經開始之前已經越過了身高突然增長的高峰期，」他寫道，「我們因此有把握對較小年紀就已有月經初潮的高個子女孩保證，她的成長現在正在變緩。」坦納在提到美國心理學家法蘭克（L. K. Frank）的某篇論文時，也承認一九五〇年代制度化的性別偏見。他說：「青春期，至少對美國都市女孩而言，是備感壓力和困惑的時期，〔法蘭克〕特別強調了這些女孩發現要滿意地接受女性角色的困難之處。」

•

性荷爾蒙也會影響男性乳房——我們經常得向青少男保證，他們的乳頭腫脹以及出現觸痛感並不表示他們會變成女孩。這些症狀幾乎總會隨時間而消停。男孩進入青春期的最初跡象是陰囊變鬆，以因應睪丸變大，還有出現陰毛。變大的睪丸開始製造越來越多的睪固酮，轉而驅動陰莖變大和陰囊皮膚顏色變深的其他改變。

陰毛生長受到腎上腺製造的類固醇荷爾蒙的驅使程度，遠遠更勝睪固酮，這正是女孩和男孩都會長出陰毛的原因。這個荷爾蒙也會驅使汗腺改變，於是所謂的「頂泌」腺開始變得活躍，比童年期含水較多的汗腺製造出更油、味道更臭的分泌物（洗過青少年襪子的人都可證實）。類固醇荷爾蒙提高了臉部、胸膛和肩膀毛孔被阻塞和感染的傾向，導致痤瘡大爆發。喉頭延長和變寬會使男孩和女孩的嗓音都變得低沉，但這種效果在男孩身上更顯著。

青春期變形需要的不是只有可見的部分，腦部也會有大量變化發生。男孩冒險行為和侵略性的增加，目前仍暫被認為是與前額葉皮質的成熟遲緩有關。據信，我們的抽象推理能力以及對社會暗示的覺察力在二十歲之後會變得更好。基於目前仍不甚清楚的原因，青少年大腦會依據一個較遲的生理時鐘重新校準，對一般青少年來說，他們對早上七點鐘的感覺，就等同中年人對於早上五點鐘的感覺。一九五五年，坦納用漫畫表現了關於青春期的民間智慧：

有幅畫上面畫著突然加速的一個小伙子，他在新獲得的荷爾蒙影響下搖搖晃晃……彼此不相容的慾望和情感同時被激起，許多在後來漸漸被拋棄或壓抑，當個人不可避免地選擇這條路、而非那條路時。

或者，就像曾和我合作的那位助產士所言，他們會去你跟不上的地方，不過他們會回來。

許多青少年會發展出與自己身體快速變形密切相關的身體形象焦慮。青春期情緒的劇烈變化是跨文化的，不會因財富多寡而有別（然而美國有一項研究發現，出於不明原因，非裔美國人特別不受身體形象焦慮的影響）。青春期可能會引發社會心理的劇變，讓我們質疑周遭成年人的抉擇和智慧——它變成了一把火，燒掉了自我的某些面向，而其他部分則韌煉成我們成年身分的成分。

青春期這齣劇的最終幕，是骨頭生長板的閉合，它的時機同樣無關種族。骨骼以特定順序融合——醫師在急診室檢視X光片時，瞭解其正常順序十分重要，如此方能辨別某片骨頭是因為損傷而剝落，或者只是尚未融合的健康骨頭。諸如股骨或肱骨等長骨，可能得等到二十一歲才會完全融合，而女性的骨盆至遲可以生長到二十二歲為止。

當達爾文開始思考關於青春期的問題時，他注意到，相較於靈長類，人類青春期明顯延遲——黑猩猩是在六至八歲之間進入青春期，而且比我們早十年達到骨骼完全成熟。據信，人類骨盆的緩慢生長，是人類女性相較於靈長類，以如此寬的骨盆出口結束青春期的理由之一。人類嬰兒擁有相對於所有體型的哺乳動物最大的頭顱，如果沒有長時間遲緩生長的骨盆，絕對不可能通過開口而生出。

第十三章

懷孕——最精細的作品

「我的天哪！」他說，「它躺得多麼安適完美——我倒想看看，我們聖馬丁斯巷的所有畫家中，誰有本事能把孩童安排成這種狀態。」

威廉．賀加斯（William Hogarth）觀看出生前的胎兒解剖

超音波掃描最早是由格拉斯哥（Glasgow）的產科學教授伊恩．唐納德（Ian Donald）發展出來的，他在此之前曾耳聞金工工人會利用超音波偵測鋼鐵裂隙。金工工人會利用他們的拇指校準超音波儀器，因為骨頭和肉會以不同方式反射聲音。一九五五年的夏季，唐納德從格拉斯哥開車前往倫弗魯（Renfrew）的某家鍋爐製造廠，他的汽車行李箱內裝滿一桶桶的卵巢囊腫和子宮腫瘤。他比較了人體器官和牛排厚片的超音波影像，結果令人印象深刻，於是便將超音波儀器從冶金工廠搬進診所。

一九五八年，唐納德將他的發現寫成一篇名為「利用脈衝超音波調查腹部腫塊」的論文。音波也能顯現胎兒頭顱的立體輪廓，一如顯現囊腫或腫瘤。唐納德開始改進這項技術，將之用於監看子宮內胎兒的成長和發育。二十年內，他的掃描機無所不在，我曾看過東非、西非內陸，以及印度的鄉間診所運用便宜簡單的儀器。這儀器現在是監看胎兒成長與發育、確認胎盤位置（如果太靠近子宮頸，會有分娩破裂的風險）不可或缺的設備，甚至在分娩的忙亂過程中，也能用來快速查看胎兒的確切位置。

超音波技術不斷在進步，近來已能利用超音波顯示胎兒的立體影像。網路上充斥這類影像，通常是超音波圖與出生幾小時後的同一嬰兒的照片並列。媽媽們常會帶著列印圖到我的診所，在漆黑背景下的星形輪廓映像，讓人想起從外太空深處發送而來的影像。但仔細查看會發現它們顯露著人類的外形，它並非來自太陽系可及的範圍，而是來自未來。

或許是對未來的一瞥才讓這些影像如此迷人，又或者是因為在人類絕大部分的歷史中，懷孕的變形一直是隱而不可見的。這些影像存在著某種僭越感，甚至怪異感，儘管是由聲音所編織，但它們對未來提供了無聲的承諾。

身為產科初級醫師時，我會被叫到產前門診幫忙，一個早上檢查十來個懷孕階段互異的孕婦。診間簾幕後面有一部超音波掃描機，不過那並非例行使用的設備，因為更快速或更傳統的方法已足以判斷懷孕進程是否順利。我進行的檢查在全世界都已標準化，而且變得相當公式化，因此每位婦女每次就診時都會帶著一張表單。就診日期就寫在垂直線上，每項檢查有一個分布在水平線上的格子可做標記。只要逐格標記，便能完成一次產前檢查。

血壓是第一個評估項目。孕婦的血容量增加，她們的心臟為兩個人而跳動（或者三個，在懷雙胞胎的情況下），因此可能會使得血壓升高。她們的脈搏也會加快以便因應，而升得特別快的脈搏則暗示可能有問題。腎臟也會受影響，我會進行尿液浸漬測試，確認沒有血液或蛋白質滲出。我也會替每位看診者抽血，檢驗血紅素和血小板是否跟得上對它們的極高需求：大多數女性在懷孕期間的血細胞計數會下降，血液因為增加的容量而被稀釋。我詢問她們是否有任何常見的懷孕主訴，像是噁心、背痛、胃灼熱，或骨盆延展的骨頭疼痛。

這些檢查是在量測懷孕對女性身體造多大的壓力。做完上述檢查後，我接著檢查胎兒在子宮內的成長和變化情況。新生命有如某種奇異的果實般開始生根、膨大，這是最平凡不過的驚奇。然而它的確不可思議。能記錄這種發展的迅速變化，感覺就像極大的特權。

首先要評估胎兒在子宮中的「位置」，設法摸出渾圓、實心、沉甸甸的頭部、有弧度的脊椎，以及較小、較柔軟、較能挪動的球狀臀部。懷孕越到後期，胎位越重要，如果胎兒頭部朝上（「臀位」），就須和助產士召開會議，討論是要安排剖腹產或陰道產。接下來我會量測子宮本身的「高度」，頂多用到捲尺。過了孕期週數的一半之後，無論體型大小或種族，從恥骨到子宮的公分數，差不多就等同於孕婦的懷孕週數。這種關聯性尤其反應在孕期最後幾週，胎兒頭部這時降得更深入骨盆，以備分娩，我能看到「宮底高度」的相應下降。

記者奇塔拉．拉瑪斯瓦米（Chitra Ramaswamy）在她優美地記述個人懷孕過程的《懷孕》（*Expecting*）中寫道，產前檢查的這個項目多麼令人欣慰：

> 它的末端抵住我恥骨頂部的老派壓力，感覺多麼讓人安心，彷彿我是一匹布。懷孕是件精細的作品，像服裝版型一樣準確，而我隆起的腹部量起來的公分數，幾乎總與我的懷孕週數不相上下。

展開的捲尺會沿著妊娠「黑線」測量，那裡從恥骨到肚臍的皮膚顏色因為懷孕的荷爾蒙而變深。「它像環繞行星的環線，將我的肚子一分為二，或是像包圍卵石的石英紋路，」拉瑪斯瓦米寫道，「證明裡面的混亂。某種古老神祕的變化。」

產前檢查的最後階段是聆聽胎兒心跳，而後潦草地在格子裡簽下「FHH－聽見胎心音」，以這個不容置辯的方式，記錄如此吉利的事。如果胎兒的超音波影像是來自未來，那麼這些具有催眠效果的獨特聲響也是——快速、清新的心跳聲，鏗然淩駕在母親脈搏莊重的低音之上。

•

在比莉．巴克斯特早熟的青春期開始之後，我在她十三歲時才再度見到她。有些男孩在她已發育完成的這個年紀甚至根本還沒開始發育。艾美帶她進來。「比莉懷孕了。」兩人一坐下來，她便怒氣沖沖地坦言。「我不知道這是怎麼發生的，她就是不肯說。」比莉在椅子上縮成一團，臉藏在兜帽裡，雙臂交叉，眼睛盯著地板。她不知不覺地反映她母親的姿態。「他是誰不重要。」比莉說，「我和他已經沒再交往，你不能逼我拿掉孩子。」

「那這個嬰兒誰要照顧？」艾美的口吻先是懇求，而後是威脅。「你不能十四歲就輟學啊。看在老天的份上，比莉！」她望著我，露出殷切的表情。「我不能當外婆！現在還不是時候！」比莉只是將雙臂交疊得更緊。她的前男友當時十四歲，她說。她想和他發生性關係，還打算生孩子。

在我的領域裡有受過訓練的諮商師專門協助已懷孕、或是需要私密避孕建議的青少女。我打給他們其中一人，她替比莉安排了隔天的諮詢。我在紙條上寫下時間和地點，連同葉酸補給品的處方簽遞了過去。「如果你確定想繼續懷孕，那麼每天服用其中一種。」我說，「這對胎兒有好處。」她嘆了口氣，收下處方簽塞進口袋。

隔天，諮商師和我連絡，告訴我比莉沒有赴約。我留了訊息，萬一她比較想找女醫師看診，可以在某個時間過來找我的同事。但比莉同樣沒有出現。

我與賽門和艾美談過，他們對比莉十分生氣，認為她的決定並非真心展現想當媽媽的渴望，而是固執與任性。除此之外，比莉的懷孕過程還算順利，有輕微的孕吐，比平常睡得更多，但仍能去上學。他的父母認為她在服用我開立的葉酸。助產士認為比莉的懷孕來得早了，但那時有一個新方案——在懷孕期間和頭兩年，給予青少年媽媽一對一的支持。這方案稱為「家庭護士合作關係」（Family Nurse Partnership），是一九八〇年代在美國植入的概念，近來在蘇格蘭傳播。額外的經費意味助產士和護士能花更多時間陪伴懷孕的年幼女性，給予她們支持。這個方案促成了更健康的懷孕過程、讓嬰兒得到更好的語言發展、給予母親更好的學校教育成效、之後較低的懷孕比例，以及大幅提升父親的參與程度。計畫裡的護士和助產士會連絡比莉的老師，並開始協助她為在十三歲懷孕和十四歲照顧嬰兒可能遭遇到的情況預作準備。

該計畫安排了一次超音波掃描。孕期大約進入第十二週，胎兒是健康強壯的女嬰。計畫裡的護士定期訪視比莉，但過了八週後，比莉又來到我的診所。她說她的下背部開始疼痛，而且她需要診斷證明，以便免上體育課。「近來一切都好嗎？」我問。

「很好。」這麼多年來，她第一次直視我。

「第二十週的掃描做過了嗎？」

「太神奇了。有時候我實在不敢相信我肚子裡有一個新生命等著要出生。」她雙手放在肚子上，注視肚子的表情混合著恐懼與驕傲。「我感覺得到她在我身體裡面活動，實在難以置信。」

「你的爸媽還好嗎？他們能不能適應你這個打算？」

她的臉色沉了下來。

數千年來，產科學的知識必定在婦女之間口耳相傳，但鮮少留下文字記錄。自古典時期倖存下來，由男性執筆、數量稀少的著作顯示，他們對於懷孕的瞭解極為有限。「如果婦女懷了雙胞胎，而其中一個乳房失去豐滿，她將會流產掉一個胎兒，」希波克拉底的某篇論文這麼說，「如果是右乳房，流掉會是男孩，如果是左乳房，則會是女孩。」有些女人藉由乳房觸痛感的突然緩和，確實能警覺到自己即將流產，但希波克拉底的觀察實則合併了關於雙胞胎的無知看法。

到了中世紀，產科學手冊開始指出懷孕後期胎兒在子宮內的可能姿勢，以便提供一些協助分娩的指導。當中的圖像繪製雖然簡略粗糙，但至少承認了胎兒的發育無關奇蹟，而是涉及解剖學和生理學的有形事實。男男女女開始想像，他們在將手放在孕婦肚子上時可能感覺到的東西。最早的有用圖像出現在十六世紀初由尤察．羅斯林（Euchar Roesslin）撰寫的教科書《人類分娩》（*The Byrth of Mankynde*）當中。書中羅列出胎兒在子宮中的不同胎位，並提供在各種情況下如何順利生產的建議。

而在阿爾卑斯山脈以南，與羅斯林同時代的達文西正努力達成一個更精準的目標。他在生涯早期即已勾勒出他想藉以瞭解新生命及其發育之祕的方法：

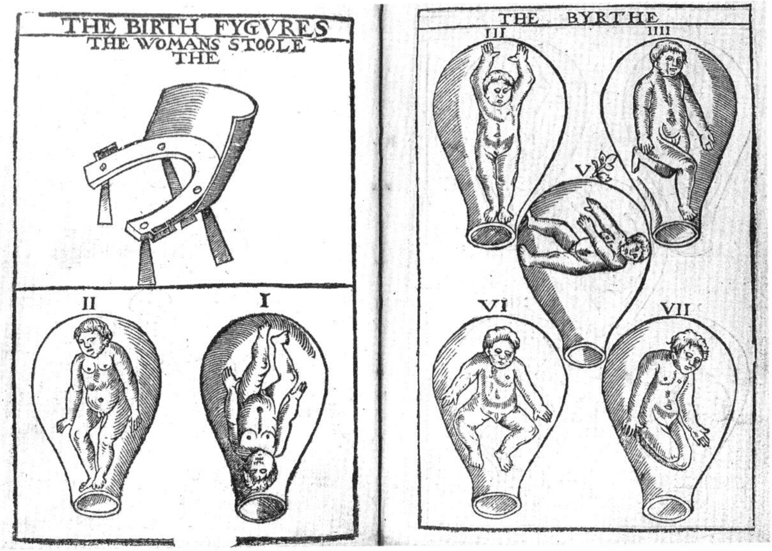

> ……先從懷孕開始，然後描述子宮的本質，以及胎兒如何棲居於子宮內，直到它在子宮內的發育階段，以及它如何成活和就食。還有它的成長以及不同成長階段之間的間隔。是什麼迫使它離開母體。

達文西認為，嬰兒要到出生之際才會得到自己的靈魂（「相同的靈魂支配著兩個身體……母親渴望的事情往往銘刻於子女」），但同時代的人則相信，靈魂是在孕婦開始感覺到子宮裡的「胎動」時，以某種方式從上帝那裡注入的——通常是在大約二十週後。達文西的《子宮內胎兒習作》（下圖）繪自他對某個女子進行的解剖，她大約在上述的懷孕階段死亡。正如同達文西的性交與懷孕圖像預示了現今的磁振造影掃描圖，他所繪的子宮內胎兒圖也暗示了３Ｄ技術的到來。

•

懷孕的變形牽涉到社會和身體：孕婦的肚子這時變成某種非自願的公共財產，而她的選擇則要受公評。陌生人的手想當然爾以為能對它又戳又弄，但如果她膽敢在公開場所喝咖啡，旁人可能會嘖嘖地不以為然，更遑論飲酒。懷孕無情地闡明了，比起男人的身體，這社會更想窺探女人的身體，而且給予更嚴厲的評判。作家吳爾

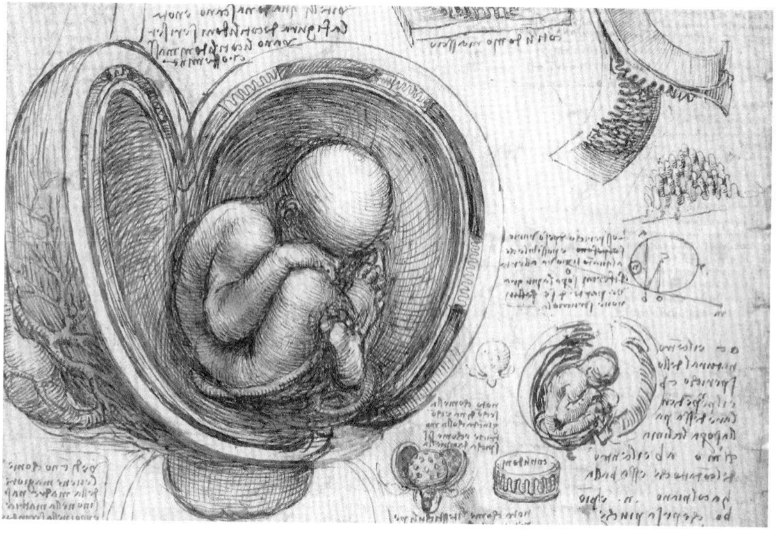

芙在《歐蘭朵》（*Orlando*）中就串起這種非難：「最好隱藏這個事實，重大的事實，唯一、但終究可悲的事實，那便是每位端莊的女子盡力否認，直到無法否認，她即將生小孩的事實。」然而，對懷孕詳細、公開的審視存有一個以幾分驚奇自曝的對立面——著魔般地物化孕婦。儘管已有科學上的理解，但我們對於新生命在別人體內形成仍持續著迷。這些侵入的手或許就是希望能沾上些許魔力。

愛特伍（Margaret Atwood）的《使女的故事》（*The Handmaid's Tale*）就描述一個生育力墜底的反烏托邦社會，而女性在當中則屈從為生殖的奴隸。愛特伍傳達了懷孕激發的驚奇感，以及懷孕賦予許多孕婦的恥辱。其中一個受控制的女人歐芙沃倫得意洋洋地走進其他使女經常光顧的某家商店，她的腹部膨大得像顆「巨型果實」。歐芙沃倫將雙手放在突起的腹部圓頂，彷彿在保護它，也好像希望能吸取它的活力。其他女人興奮地低聲說話，她們渴望碰觸她，即使她高傲地瞥視她們平坦的腹部。屋裡的緊張態勢逐漸高漲，最後，有個女人咕噥抱怨說「愛現」。拉瑪斯瓦米則捕捉住這種怪異地混雜著怨恨感的羨慕：「人們、尤其是女性，如此地注目著，投以近乎等同男性淫慾、令人不安的深深凝望。」她寫到懷孕後期階段，「我開始明白，他們根本不是真的在看我。懷孕是一種鏡子，他者，特別是女人，是想從你身上看見自己。」

•

達文西描繪子宮內胎兒姿態的圖像，直到一七五〇年代都仍舊無人能及。蘇格蘭解剖學家威廉・杭特（William Hunter）在溫莎的皇室收藏中看見達文西的對開本作品，心中生起想超越它們的抱負。名醫杭特是夏洛特皇后的個人醫師，也是皇家學會的成員。他看得出達文西在理解懷孕變化上達成的進展，卻也知道當中仍有許多事情有待明瞭。杭特和當時在倫敦社交圈以畫風優美、精確而聞名的荷蘭插畫家楊・凡・林姆斯代克（Jan van Rymsdyk）合作，著手進行他最為人稱道的解剖學傳世鉅作《妊娠人類子宮解剖學》（*The Anatomy of the Human Gravid Uterus*）。杭特有許多仇敵，據傳他是令人難以忍受的自戀者，常被指控竊占他人作品。後來，林姆斯代克提到杭特，就說他「用不誠實的狡猾手段，占用他人功勞，造就自己成為偉人。」但兩人共同創造出的作品深富遠見，既融合了啟蒙時代的科學，也讓人想起荷蘭藝術大師的美學鑑賞力。它教導我們科學上的發現如何能成為藝術的近親，以及美可以透過解剖學展露無遺。

杭特與林姆斯代克共同完成的原圖，就收藏在格拉斯哥大學的圖書館內。我曾致電預約參觀，這些畫作存放在陰沉的黑色箱子裡，需要提前幾天事先告知，以便館員將之從檔案保管處取出。每個箱子都需要各自的展示桌，等到它們現身時，我看見每個箱子都標有「限閱」字樣。一打開箱子，我發現七十二幅攤平在三十四片固定板上的圖畫。處理這些畫作必須戴上手套，彷彿挖掘般慢慢將各幅畫從箱中抬出。

杭特關注的是解救受阻的分娩，因此他的重點放在懷孕的最終幾個月。「我幸運地會見了妊娠中的子宮，」他在一七五一年二月語帶嘲弄地寫給某個和他通信的人，「此後，我向它奉獻了我所有的時間。」這些畫作是由大約二十次這類的「會見」集結繪成，回顧一連串從足月的懷孕到受孕後幾天早逝的女子。插圖描繪了杭特個人以及他的兄弟約翰所做的解剖——這三人有時可能在同一場所工作。杭特的信件洩露了他對於被解剖的女子的態度，當中內容聽在現代人耳裡簡直駭人聽聞。然而在十八世紀的倫敦，大約每五十個孕婦就會有一個以死亡收場。在杭特看來，孕婦的死亡根本司空見慣，驅使他去瞭解懷孕過程的是科學上的好奇心，同時也因為他迫切想降低孕婦的死亡率。為了教育臨床醫師，這些雕版印刷本的發行遍及英語世界。

格拉斯哥大學圖書館的特藏部門位在十二樓，我把林姆斯代克的畫作攤放在四張桌子上，同時也俯瞰著這座城市，竟發現我和唐納德當年發展超音波的實驗室相隔不過數百碼之遙。這些胎兒的圖像並未褪色，顯得栩栩如生，似乎不可能是在死後描繪的。

杭特將版畫的印刷版獻給喬治三世，試圖讓國王知道這部極度不依循傳統的作品的重要性：

陛下，這部因您的青睞而能享有殊榮的作品，其目的是為了闡明迄今仍未被完整理解的某部分科學，這當中並包含了千萬人性命與幸福之所繫的另一部分科學的基礎。

杭特關切的是如何降低母親的死亡率，而非瞭解胎兒的發育。這一貫的態度就反映在他往往會用如下的陳述打發胎兒：「臍帶在胎兒頸部繞了兩圈，毋需多作解釋。」但林姆斯代克對胎兒非常注意。插畫一顯示腹部皮膚像披風一樣產生皺摺，膨脹的子宮填滿畫面中央。插畫六顯示同一個子宮被打開：就定位的足月胎兒伸出左臂、手指彎曲，好像在拉扯臍帶。她的頭髮因羊水而伏貼，彷彿為了出生或垂死而費勁流汗。

插畫二十顯示臀位的胎兒，指尖輕輕併攏。在一幅描繪大約懷孕十八週的畫作中，其細節之精細，甚至足以讓人辨識出林姆斯代克背後的窗框，就反映在散發光澤的羊膜上。羊膜被小心翼翼地往後剝，沒有擾動到羊水；我們跟著林姆斯代克一起俯視著漂浮在羊水裡的胎兒。關於羊水，杭特寫道：「它嚐起來有明顯的鹹味：倘若蒸發大量的羊水，可能

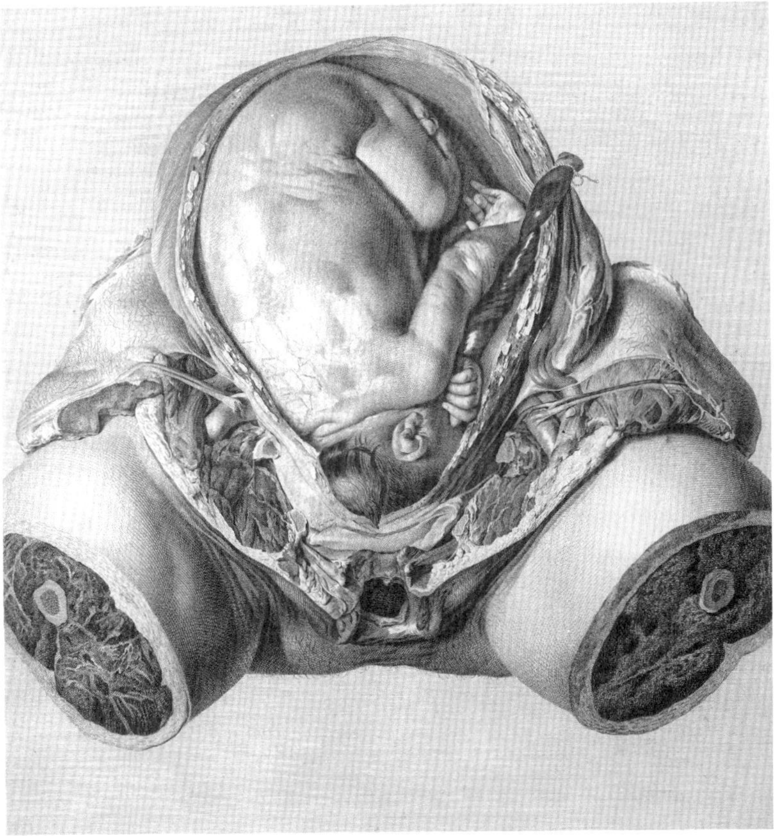

會得到相當多的鹽。」就好像裡面盛裝了一小片的海洋。

某些插畫顯示了縱向的骨盆，就像達文西描繪的交媾者。其他插畫則描繪當助產士或產科醫師在估計分娩進程時，會從雙腿之間往上看見的膨大子宮圓頂。

《妊娠人類

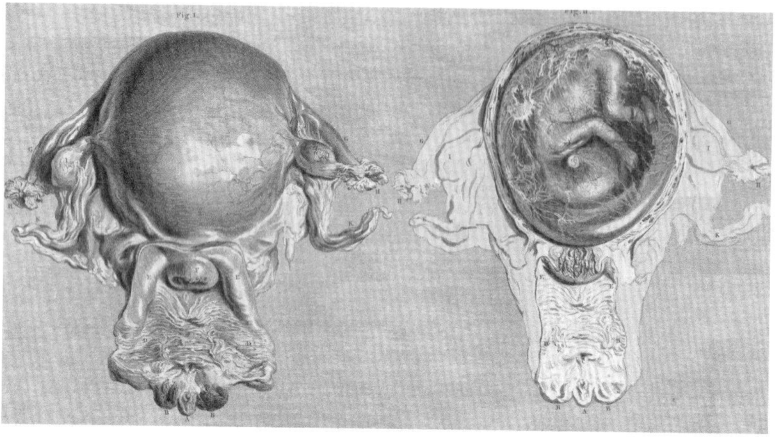

子宮解剖學》最後一幅插畫顯示的是尺寸縮小的胚囊——一小滴露水裡的水晶——退回到受孕之初。

•

賽門和艾美讓步了，他們接受了自己就要當爺爺奶奶的事實。比莉在第四十一週生產，只稍稍逾期，但這對初次懷孕來說是正常的。她歷經了二十六個小時的劇痛、會陰撕裂、

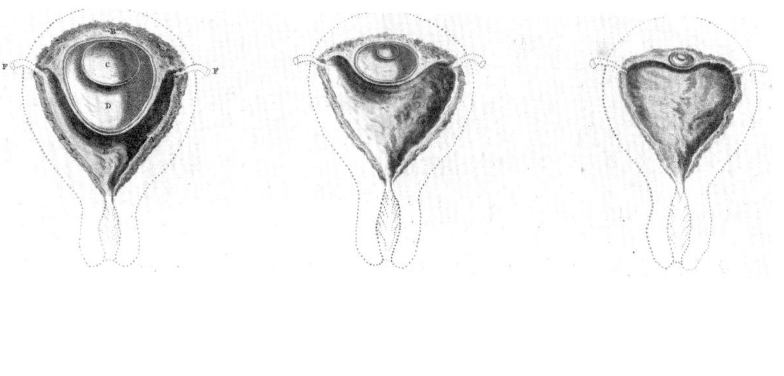

縫合、出血、輸血，在產鉗的協助下分娩。即便她看似已經完成青春期，但骨盆仍有好幾年的生長時間。倘若她生活在一個世紀前，幾乎必死無疑。

然而比莉生下一個取名為丹妮耶兒的健康女嬰，而且她也如同艾美的預期，回去學校上課，艾美和賽門則接下照顧小孩的工作。我有一種似曾相識的感覺——賽門或艾美定期回來診所，有個孩子在他或她的膝上跳躍，問我有關氣喘、發燒、皮疹和餵食方面的問題。

「四口之家，這還挺適合我們的。」艾美某天這麼告訴我，她懷裡抱著丹妮耶兒。「雖然我沒料想到，但事情就是這樣。」

「比莉呢？她過得如何？」我問。

她聳聳肩。「她會逗丹妮耶兒玩，如果我正替這孩子換尿布，她也會幫忙遞尿布，但她絕口不提懷孕的事，彷彿從沒發生過。」她低頭看著丹妮耶兒，對她微笑和搔她的腳趾。

「不過，我正嚴密看著這一個，」她說，「我可不想再過幾年又帶著曾孫女過來。」

第十四章

巨人症——杜林兩巨人

的確，這裡的空氣必定有某種令人活力充沛的成分——住在這裡會讓人成為義大利國王。

尼采，《書信選集》

杜林，橫生法國風情的義大利北部城市，有林蔭大道、十八世紀宮殿、清麗的樹林和光亮的銅器、懸鈴木、適合散步的人行道與波河。三面環繞的阿爾卑斯山脈、普利摩・李維（Primo Levi）的自殺，以及尼采的發瘋。尼采在崩潰之前寫道：「日復一日，此處黎明展現同樣無限完美與豐沛的陽光，輝煌的樹葉閃耀著鮮黃，天空與大河微妙地發藍，空氣極為純淨……無論哪一方面，都值得在此地生活。」

杜林的人類解剖學博物館位在一條極為壯觀的林蔭大道外，隱身在不起眼的木門後、三段大理石階上方。館內沒有窗戶，在地板光亮劑和灰泥氣味中隱約夾帶著福馬林的味道。石柱穿插在塗上深色漆的木製玻璃陳列櫥窗之間。我曾在愛丁堡的解剖學博物館工作，負責布置展示的標本收藏，因此覺得杜林的博物館頗為親切。該博物館同樣是由執迷的分類學家在一八〇〇年代興建的——部分是教育機構，部分是驚奇屋。伊特魯里亞人的頭骨與人猿頭骨緊挨在一起。醃漬的手和腳、二十呎長盤繞保存的腸子，被斬首的秘魯木乃伊，女性骨盆蠟製模型，細節讓人想入非非。如同在愛丁堡，骨相學頭骨與名人死後製成的面型並排；說明胎兒心臟發育情況的蠟製模型。愛丁堡與杜林的這兩間博物館同樣專注於比較解剖學，仔細搜索自然世界，試圖從生命的騷亂中理出秩序。

在愛丁堡解剖學博物館門口迎接你的是被絞死的謀殺犯骨骸，[1]而在杜林解剖學博物館的則是巨人的骨骸。利古里亞的博格羅（Giacomo Borghello of Liguria）在一八二九年去世時身高七呎二吋（約二百二十公分），得年不過十九歲。銘牌沒有提及他的死因，但我問了管理員。她說，博格羅曾受雇於馬戲團，死亡原因認定為「心臟衰竭」。博格羅的遺體泛黃有如羊皮紙，懸掛在櫥櫃內，我的頭部頂多搆到他的骨盆位置。相較於巨大的四肢，他的頭骨顯得小了許多，而且每根長骨末端的生長板甚至尚未融合。驅使博格羅長成巨人的原因，也是讓他喪命的原因。

雖然杜林博物館管理員不准，但我還真想一探他頭骨裡的樣子，那就在雙眼後面中間，腦下垂體所在的位置。腦下垂體製造驅動生長的荷爾蒙，承托腦下垂體的隱窩稱為「土耳其鞍」，因為現代初期的解剖學家注意到，它的樣子就類似土耳其騎兵的高鞍橋馬鞍。博格羅製造這麼多生長荷爾蒙的腦下垂體很有可能腫脹，而且土耳其鞍也要比平常的寬，才容納得下他的腦下垂體。[2]

•

我也走訪了杜林的卡洛阿爾貝托廣場，那裡是尼采在一八八〇年代後期居住處。「唯一適合我的地方，」他曾這麼說，「那將是我此後的家。」我在廣場某個角落發現一塊在尼采百年誕辰時豎立的讚頌銘牌。大理石上刻著一首頌揚心理巨人症的讚詞：「在這屋裡，尼采識得涉探未知事物的完整心靈，和喚醒英雄的統治意志。」

---

1 「伯克與黑爾」謀殺案兇手兩人之中的威廉．黑爾（William Hare）。愛丁堡解剖學家羅伯特．那克斯（Robert Knox）買下被這兩人殺害的受害者遺體，以供解剖之用。

2 *pituitary（腦下垂體）意指「黏液」，因為早期的解剖學家認為該腺體輸送黏液。

尼采在杜林寫下了他的自傳《瞧！這個人》（*Ecce Homo*），時間是在一八八八年十月和十一月間狂亂的三個星期。[3]他在書中描述有如英勇極地探險家的感覺：「冰就在咫尺處，孤寂令人畏懼——但光亮中，一切顯得如此平靜！人可以自由地呼吸！」尼采自視為侏儒群中的巨人，《瞧！這個人》就包含以下的章節標題——「我為何如此有智慧」、「我為何如此聰明」、「我為何寫出如此好書」。

尼采深感自己身為哲學家的責任，是要鼓勵人類拓展視野，努力成為「*Ubermensch*——超人」，而這些「超人」包括諸如蒙田、亞里斯多德等哲學家。尼采想像他們是「有創造力的才智之士共和國」的成員，「每逢荒蕪時代，每位巨人便向他的弟兄疾呼……無視於在他們之下匍匐而過的眾侏儒吸吸叫囂。」

在《查拉圖斯特拉如是說》這部尼采自認為最佳作品的某段內容中，幾乎不掩飾的他揹著一名侏儒上山，好讓他知道其視野的開闊和崇高。侏儒發現，眼前所見難以理解。尼采清楚闡述實質高度與恢宏心智視野之間的關聯，然後比較了這種宏大與大多數人關切之事的渺小。他似乎是在反駁自十二世紀以來，從索爾茲伯里的約翰（John of Salisbury）到牛頓等學者一再重述的古老諺語，那便是，學者不過只是「因為站在巨人肩上」而看得更遠的侏儒。相反的，尼采認為自己之所以能夠高瞻遠矚，是因為他正是心智的巨人。

一八八八年秋天，尼采寫到「一種無可相提並論的至高驕傲感」，清楚表明他感覺「我的任務之偉大與同時代人之渺小，兩者之間產生的不對等。」他膨脹的自我感和使命感持續增長。

•

腦下垂體是身體幾個荷爾蒙系統的戰略司令部，不僅對成長不可或缺，也關係到痙攣、性、出生、泌乳、創傷反應和維持平衡。它座落在身體和腦的邊緣。在胚胎時期，腦下垂體起初是咽喉後部的一個囊，在懷孕第四週至第六週期間，它向上、向後移至頭蓋骨圓頂下的鞍狀位置。它在那裡納入神經，並與一小塊變成自己後半葉的大腦贅生物融合。

透過促甲狀腺激素的分泌，腦下垂體藉由校準來自頸部腺體的甲狀腺素，控制身體的代謝平衡。腦下垂體未能作出反應是比較常見的荷爾蒙變形原因之一：甲狀腺機能低下會造成變胖、掉髮、感覺懶散，以及在溫暖的房間內畏寒、顫抖。甲狀腺機能亢進的情況則

3　「瞧！這個人。」是羅馬執政官龐提烏斯．彼拉多（Pontius Pilate）將拿撒勒的耶穌從十字架上卸下，交給暴民時所說的話。

是正好相反：體重下降、因為激動而發抖，甚至在冰冷的房間裡也會覺得熱。甲狀腺與我們的活動力關係緊密——據說古羅馬時期的母親會在女兒與男人過夜後測量她的頸圍，因為性行為會促使甲狀腺腫大。

腦下垂體也分泌黃體成長激素和濾泡刺激素，以控制睪丸和卵巢、性別分化、排卵和精子的生成。[4]腦下垂體透過泌乳素促使乳房（和其他）製造乳汁，透過促腎上腺皮質激素控制天然類固醇的製造。再者，腦下垂體分泌的生長荷爾蒙也會促使骨頭變長，讓我們長高。

長骨對生長荷爾蒙產生反應有其時間限制。生長板一旦在青春期結束時閉合，它們便會忽視腦下垂體所下的生長指令。但如果腦下垂體在生長板閉合之後仍繼續製造生長荷爾蒙，身體其他器官仍會有所反應，造成心臟肥厚而血壓升高、下巴延長、前額突出，手腳和鼻子膨大。這些改變稱為「肢端肥大症」，有可能是青春期巨人症未治療的結果，或是源自童年期，如果生長荷爾蒙於日後激增的話（通常起因於腦下垂體腫瘤）。

愛丁堡解剖學博物館的骨相學收藏中有一具肢端肥大症患者的灰泥製死後面型，這名病患是身高七呎三吋（約二百二十三公分）的「提洛爾女巨人」瑪麗亞·法斯諾爾（Maria Fassnauer）。她在一九一七年去世，得年三十八歲。

肢端肥大症的變形進程十分緩慢，與患者親近的家人和朋友多半無從察覺，通常要分別數個月後，才能感覺到明顯的變化。但熟悉此症特徵的人能夠馬上發現。我認識一位荷爾蒙專家，他從他早上買咖啡的吧檯手身上辨認出正在發展中的肢端肥大症。某天早上這位咖啡師將飲料遞給他，我這位同事則回遞一張名片，上面潦草寫著約診訊息。

自二十世紀中葉後，以手術切除腦下垂體，或是以藥物阻斷生長荷爾蒙的效果，或是採兩者並行治療肢端肥大症和巨人症，在技術上已是可行之事。這也是必要的：博格羅的心臟在十九歲就耗損殆盡不算罕見，它無法承受供血給這麼龐碩的身軀，心臟同時又因為生長荷爾蒙本身和升高的血壓，因而病態地肥厚。腫脹的腦下垂體有可能會導致其他問題，例如壓迫視神經造成的失明。這彷彿人類的身材被調校保持在特定的大小範圍內，若是超過這個範圍便難以維持性命。

•

尼采在《瞧！這個人》當中寫到他感覺「隨時都確信我的不朽」。那是他最後的寫作

4　參閱「閹割」和「性別」章。

之一。一八八九年一月三日，他遇上一匹遭人鞭打的馬，就在距離卡洛阿爾貝托廣場數碼之處。他衝過去擁抱和保護那匹馬，啜泣地環抱著馬頸，後來被他的房東帶回住處。隨後幾天，他寫了一連串瘋狂的信給平時與他通信的人，包括華格納的妻子柯西瑪（「阿麗雅德妮，我愛你」），以及馮・薩利斯小姐（Fräulein von Salis）（這世界改觀了，因為上帝在人間。你難道沒看見所有天國居民多麼歡欣？我剛剛占領了我的王國，正把教宗丟進監獄。」）。他在這些信上署名為酒神「戴奧尼索斯」，或是「釘在十字架上之人」。尼采的密友、新教神學家法蘭茲・奧弗貝克（Franz Overbeck）看出尼采慣常的傲慢已經走火入魔，於是，他來到杜林，安排將尼采轉送到瑞士巴塞爾的精神病院。

在巴塞爾的尼采往返於精神病診所和母親家，時間長達十年。他後來染上肺炎，可能是因為一連串的中風所造成。尼采的精神錯亂歸因於梅毒、雙相情緒障礙症、良性腦腫瘤和大腦動脈疾患等不同原因，後續再也沒寫出任何重要的作品。想支配別人，以及成為侏儒中之巨人的意志，似乎內含促使他自我毀滅的催化因素。

•

在杜林的博格羅骨骸對面，有一副生長板已全數閉合的微小骨骸，但那並非兒童，而是生長受阻的成人骨骸。館方的描述寫著「和諧的侏儒症範例」，這身體雖小，卻也呈現出理想的兒童比例。此人生前缺乏博格羅過量擁有的人類生長荷爾蒙。

在有彈性的界限內，這個社會讓樂觀自信和超過平均身高的人擁有相當的優勢。在《大小有關係》（*Size Matters*）一書當中，科學記者史蒂芬・霍爾（Stephen Hall）就評論自己身為一個身高五呎五點七五吋（約一百六十九公分）的男人的經驗：我們活在「高度政體」（altocracy）的國家。霍爾引述十八世紀德國醫師約翰・施托勒（Johann Augustin Stoller）的看法：「高貴的靈魂伴隨著高大的身體。」社會學家告訴我們，高個子一向被視為更聰明、友善、可靠且有威嚴，而霍爾指出，在美國總統選舉裡，兩個候選人當中身高較高的那人通常會獲勝。[5]

我的某位病人住在愛丁堡最高級的一條街上。某次，她帶著女兒來到診所，要求我轉診給成長專家。「她沒再成長了，現在身高只有五呎。」她說。莫莉先前是全班最早進入青春期的，但現年十四歲的她身高已被班上所有同學趕上。她雙親的身高都低於平均值。

5 凡事皆有例外：喬治・布希（George W. Bush）擊敗約翰・凱瑞（John Kerry）；吉米・卡特擊敗傑拉德・福特（Gerald Ford）。

當世人都相信現代醫學能創造奇蹟，我只好將之視為那證明了大家對醫學的成效是多麼地習慣。既然如此，我得告訴她，醫學對此無能為力。「你沒什麼不對勁，」我儘可能和藹地告訴莫莉，「沒有理由轉診。」我在百分位數表上測定她的身高，指出她的落點，「你停止生長時的身高與你父母的身高、童年期的營養，以及青春期年齡有關。如果你比較早開始青春期的生長衝刺，也會比較早停止生長。」現在就算施以生長荷爾蒙的治療也太遲了——莫莉的長骨生長板已經開始閉合。[6]

使用生長荷爾蒙治療矮小身材，向來存在著將自然的身高差異予以醫療化的非預期效果。腦下垂體分泌生長荷爾蒙會在夜間達到高峰，因此，以人造荷爾蒙進行治療，得在每晚睡前一個小時內實施皮下注射。這效果在最需要這種治療的人身上可能相當顯著，半年的治療會長高一至二吋，讓鞋碼大上一、兩號。

一九八〇年代之前，荷爾蒙乃提煉自屍首的腦下垂體，如今則是在實驗室以人工方式合成。即使如此，其製造工序也相當繁複而精密，施用人類生長荷爾蒙更是一種最昂貴的治療法。在我寫作當下，一次療程可能要耗費英國人平均年收入的三至四倍，而對腦下垂體運作正常的人頂多可望增高一吋。但霍爾說的要是沒錯，身高與經濟成功如此相關，那麼即使人類生長荷爾蒙治療無比昂貴，也可證明是值得的（即便有道德疑慮）投資。

為了說服尼采離開杜林，得讓他服下鎮靜劑，並哄誘他瑞士正在安排一場國事訪問，以慶祝他的皇室新身分。尼采在北上的火車上唱歌，宣告自己是義大利國王。[7]

尼采要是能多注意一下他喜愛的哲學家就好了：亞里斯多德相信，善存在於兩個極端之間的平衡狀態；蒙田則告誡，莫嚮往肉身或智能的高度境界。蒙田在著名的隨筆《論節制》中就建議人類別逾越「大自然為我們勾勒出軌跡、常有人行的道路」。他表示，甚至哲學也要有所節制，並說出一段可視為是對尼采大言不慚之聲明的批判：「哲學終究會讓人變得殘酷、惡毒，非難宗教和一般法則。」蒙田在另一篇隨筆中也告誡世人，要避免執迷於身高：「矮小的人跟巨人一樣都是人，人及其生命並非以高度衡量。」

6 不過如同「青春期」一章中所探討的，她的骨盆仍有若干年的生長期。

7 奧弗貝克說尼采唱得一口「美妙出色的船歌」，重現於《瞧！這個人》之中：「我的靈魂是件弦樂器，／被無形之手撫觸，／唱給自己一首祕密的船歌，／隨著所有至樂的顏色一起顫抖。」。亦參閱 *Selected Letters of Friedrich Nietzsche*, Christopher Middleton, trans., p. 354。

第十五章

性別——提瑞西阿斯的兩段人生

我們必須承認這出現在人身上、男女兩性兼具的情況。

湯瑪斯．布朗，《通俗謬誤》（Thomas Browne, *Pseudodoxia Epidemica,*）

我在一九九〇年代中期就讀醫學院時，曾在愛丁堡一所維多利亞風格、名為「病童醫院」的院內接受小兒科訓練。但此後的接生訓練，可說是在公園對面短短幾步路程的現代產科醫院部門完成的。我在那裡不得不學會如何接生，以及瞭解照料新生命在頭幾分鐘內的諸多風險。當我獲認可有資格協助接生時，下一個訓練階段就是跟著新生兒到鄰近的新生兒單位。

這裡的住院嬰兒往往患有致命的疾病，而且體重嚴重不足。不過，某天來了一個不尋常的住院者，一個重達九磅、十分健康的新生兒。這孩子出生後不久，它的父母驚叫，詢問這是男孩或女孩。助產士倒抽一口氣：「我不知道！」這個嬰兒擁有模稜兩可的生殖器，小小的陰莖和陰道。他或她長得健壯，而且好哺育，沒有造成這種性別不明的代謝或荷爾蒙上的問題。孩子待在醫院的唯一理由是要弄清楚，是否「她」其實是「他」，或者「他」其實是「她」。區分性別的重要性不言可喻，甚至就表現在我們套在嬰兒手腕的名條上。這個名條通常會採用粉紅或藍色色標，但上述那名新生兒戴著白色名條。孩子的父母既焦慮又困惑，當主治的新生兒學家開始談到血液檢驗、掃描和性腺切片檢查時，他們又更緊張了。

當天稍晚，我穿過公園，走回病童醫院的圖書館，在教科書裡查詢「性別分化障礙」。「出生時，外生殖器的模稜兩可會帶給父母極大苦惱。」我讀到，「謹慎的說明至關重要。」據估計，每兩千名嬰兒中就有一個會顯現某種程度的生殖器模稜兩可，至於檢測則是「完整的診斷評估需要專家鑑定，因為必須考量到個人的長期功能性角色，以及準確的性別。」書本繼續解釋，絕大多數生殖器模稜兩可的嬰兒可分為兩大類。雌雄間性的嬰兒結果可能基因為女性——擁有兩個X染色體，但陰蒂膨大成小陰莖的尺寸，肇因是荷爾蒙疾病，造成還在子宮內時高乎尋常的睪固酮類荷爾蒙（雄性素）濃度。但也有基因上是男性的——擁有X與Y染色體，但其發育中的生殖器顯然對睪固酮不全然敏感，或是無法產生足量的荷爾蒙去形成身體的分化。身為人類，我們的預設形體是女性，如果XY胎兒感測不到血液中的雄性素，那麼就會發育出短而末端封閉的陰道，有陰蒂，而非陰莖。

教科書還包含第三類，亦即「真正陰陽人」——出生時具備睪丸和卵巢組織、小小的陰莖以及子宮與陰道的嬰兒。要出現陰陽人必須有極度不可能的事同時發生，而且有幾種可能的發生方式。其中最可能的情況是，一個帶Y染色體的「男性」精子，及一個帶X染色體的「女性」精子，各使一個剛分裂的卵受精，這兩個受精卵而後又融合在一起。「真正陰陽人」的身體組織是男性與女性細胞的棋盤式嵌合，醫學行話稱作「mosaics—鑲嵌」。鑲嵌現象在一九三〇年代就已被發現，但世人直到一九五〇年代後期才瞭解這種現象會導致雌雄同體。

那本教科書以清楚但冷漠的方式說道，「基因上為男性、具備能發揮作用的睪丸，但有女性化的外生殖器者，最好當作女孩來養育。」我不知道他們何以能這麼確定。

將這些血液檢驗和掃描全數進行分類需要花費幾天時間，這對父母在這期間為顧及中立，稱那孩子為Sam。名字縱使可以模稜兩可，但語言按性別區分的深刻本質，又意味沒有人能想出該使用哪個代名詞。「它」顯得非常麻木不仁，但「他」或「她」卻可能又不正確。」[1] Sam完全不以為意，順利哺育增重。

當所有檢測結果兜合在一起，暗示了Sam具備罕見的「真正」雌雄同體性，是男性與女性細胞的鑲嵌產生雙性的組合。除了陰莖和陰道，Sam也有子宮，以及一條出自左側卵巢的輸卵管，但右側是埋入的睪丸和一條輸精管，這條導管會在成年期負責將精子從睪丸輸送至尿道。

在一九九〇年代的愛丁堡，大眾不太能感受到性別模糊這件事，而且似乎也未出現將Sam當作既非男孩、也非女孩來養育——用綠色或紅色，而非用粉紅或藍色服裝來打扮——的可能性。英語的本質似乎要求有所抉擇。「她是女生。」當我們說明檢驗結果，這孩子的母親終於下定決心，「Sam是Samantha。」至於她的陰莖該麼辦，則有待日後決定。她光禿的小頭立刻被以花卉圖案的頭帶裝飾，搖床邊裝滿粉紅色卡片、鑲褶邊的毯子和心形氣球。

•

Sam是茁壯成長的活生生例證，證明男女性別不是只關乎X和Y染色體，然而現代西方文化、尤其是西方醫學，時常在性別不明與雌雄同體當中掙扎。二十世紀大部分期間，正統醫學都堅守著我的小兒科教科書清楚闡述的界限——沒有男性生殖器（因為發展異常，或意外導致生殖器闕如）的男孩可直接當成女孩養育。但越來越被注意到的是，這樣的男孩有許多會在青春期表現出對配予自己的性別的不適感。早期的荷爾蒙暴露似乎會影響日後身分的決定。同樣引起注意的還有，因為擴大的陰蒂而被當為男孩養育的ＸＸ嬰兒，據報告，有高度意願更想被視為女性。一項始自二〇〇五年的研究就估算這個比例為百分之十二，而被當作女孩養育、後來鑑定為男性的ＸＹ嬰兒，比例則為較低的百分之五。

現代醫學如今才開始設法解決性別認同流動的概念，但早在幾千年前，希臘哲學和神話就已經探索了這些概念。柏拉圖的《饗宴》就談到劇作家阿里斯多芬尼斯對於誠摯討論愛情的貢獻。他說，最初，人的性別有三種，而非兩種：雄性、雌性和雌雄同體。每種性別的人都有四隻手、四隻腳、兩套生殖器，以及望向不同方向的兩張臉。這些完整的男性來自太陽，完整的女性來自大地，而男性與女性器官共存的人則來自月亮。

這三種力量強大的原初人類開始對諸神造成了威脅，於是，宙斯將他們一個個從中劈

1 義大利詩人嘉達（Carlo Emilio Gadda）就曾因代名詞因引發的思考怠惰，而宣稱代名詞是「思想的虱子」。

成兩半，「就像用一根頭髮分開一顆蛋」。他們的數量雖然變成兩倍，但每一個都注定要不停地尋覓他或她的另一半。那些曾是雌雄同體的人成了異性戀者，雖利於生育，但有通姦的傾向。曾是完整女性的人變成女同性戀，而完整的男性則變成男同性戀（「男孩和青年中最優秀者，因為他們最具男子氣質。」）阿里斯多芬尼斯雖是喜劇作家，似乎也預期到他的想法會招致嘲弄。「這是我的愛的論文，」他在《饗宴》中說道，「儘管與你的不同，但我必須懇求你莫嘲諷揶揄。」

從遠古世界一直到文藝復興時期，醫學和其他著作中有大量例子都認為男人與女人並非那麼對立，而是有共通的基本特性，能彼此對換。從亞里斯多德和蓋倫的解剖學，到湯瑪斯．布朗的推測，在科學史大部分時期裡，男女之間的性別轉換不僅被認為是可能的，而且還不時預期如此。而這種流動性是約莫在兩、三百年前，隨著啟蒙時代理性主義的逐漸僵化才消失。

另一則關於先知提瑞西阿斯的希臘神話，則證實了一種對性別彈性的著迷。孩提時的提瑞西阿斯某次在森林裡散步時，見到了交配中的蛇——這是雌雄同體的象徵與厄運的兆頭。他沒有匆忙逃離厄運，「他擊打牠們的背部。」母蛇被殺，而提瑞西阿斯也立即變身為女人。由於周期性地脫皮，蛇象徵著變形。換上新皮的提瑞西阿斯變成了底比斯的娼妓，後來成為人母。七年後，她再度遇見交配中的蛇，這回她擊殺公蛇，立即恢復為男性形體。

後來奧維德以一個淫猥的故事接續了這個提瑞西阿斯的故事。那故事說道，宙斯和妻子希拉在爭論男人或女人最能享受性愛。身為古時唯一的變性人，提瑞西阿斯受召進行裁決，並作證說，性愛的愉悅若是以十分計，女人可享十分之九，而男人只享十分之一。有鑑於西方文化中大約僅有三分之一的女性會在異性性交中達到高潮，這個奇特的故事道出的或許更是男性焦慮，而非關性的事實。

•

塔里克告訴我，他從小就知道自己應該生為女孩。他既非異性戀，也不是同性戀，而且不記得曾對性事感興趣。男孩時期的他喜歡芭比娃娃更勝過機動人，還曾經因為偷穿姊姊的衣服而被罵。他在外人眼中一向是性情冷靜、勤奮好學的孩子，但他對性別認同的焦慮在青春期持續累積。後來，他成為學者，我們在三、四年前認識時，他剛開始休研究長假。隨休假而來的空閒讓他首度有機會考慮改變自己的性別認同。「你是第一個聽我說這件事的人，」他告訴我，「我沒辦法繼續過這種生活。」

打從我就讀醫學院開始，神經發展研究已有所進展，蓄積了能量，反對直接將沒有陰莖的男孩當成女孩養育的建議，反之亦然。性別分化的要素深植在大腦與荷爾蒙當中——如今無疑認為社會化只占性別認同感的一部分。對雙胞胎的研究顯示，同卵雙胞胎不滿意出生性別的發生率高過異卵雙胞胎，這表示至少有一部分是基因因素。其他的研究發現，導致男孩睪固酮製造量減少的染色體疾病，有可能會造成他們更想由男變女。

性別變異在不久之前仍被視為一種異常行為。一九五二年首度發行的美國精神醫學會的精神疾病診斷與統計手冊（DSM），就將性別變異列在「性別偏差」的直率標題下。精神疾病診斷與統計手冊二版在一九六八年發行時仍保留同樣的分類，不過當時研究美國人性行為的《金賽報告》，已經拓寬了對於性多樣化的認識。一九八〇年的第三版手冊創造了新的「性別認同障礙」類型，也延續到一九九四年的第四版。二〇一三年的第五版已將「障礙」改換為「焦慮」——暗示一種受苦、苦惱的心理狀態。這個用語也遭到批評，因為它排除了對個人選擇採納的性別感到自在的人。目前建議適用的是「差異」這個更中性的用語。

塔里克深感焦慮，每天早上醒來，內心陡然一沉，知道自己又得面對裝成男人的另一天。他感到沮喪，睡不安穩，難以藉著一夜好眠重振精神。他的身體令他厭惡，尤其是胸毛和鬍鬚、下巴輪廓、陰莖和陰囊。他根本無法碰觸自己的生殖器，而且覺得在黑暗中迅速清洗比較容易。

英、美兩國的醫療指導方針都要求，在進行性別重分配手術之前，受者需要完全生活在「採納的性別角色」中長達十二個月、或更久的時間。「『活在某個角色中』，我恨這種說法。」當我們開始討論變性事宜時，塔里克這麼告訴我。「對我來說，這就是真實的生活啊。」塔里克在當地某家性別認同診所的支持下踏出了困難的一步。他告知自己的大學同事、父母和兄弟姊妹，開始過著當「特麗莎」的生活。

提瑞西阿斯在擊殺蛇的時候變換了性別——在該診所的協助下，我利用處方藥展開一個可與提瑞西阿斯相提並論的變形，但過程緩慢許多。第一種藥物是 Finasteride，用以抑制體內最強效的睪固酮產生。這種藥是用來縮小攝護腺，而小劑量使用有助於延緩雄性禿。Finasteride 僅有部分功效，不是十分有效的療法，幾個月後改注射 Leuprorelin，起初每月施打，後來等到她的身體習慣後，再每隔三個月注射一次。Leuprorelin 會抑制腦下垂體製造刺激生殖腺的荷爾蒙，並且讓睪丸萎縮——這可能會造成皮膚發紅、性慾暴跌，以及骨頭變弱。在確定使用 Leuprorelin 幾週後，我們開始進行雌激素治療。雌激素會讓身體變得女性化，促進乳房發育，但有可能造成血栓及提高中風、心臟病發作和乳癌的風險。

這整個過程歷時兩年，特麗莎變性的最後階段將會是最困難的：手術移除睪丸和部分陰莖，然後利用陰莖皮膚創造端口封閉的陰道。身體的轉變分為兩階段進行，特麗莎每次術後的恢復期都需要好幾個月。身體本身的癒合力可能會反抗它的新形體。初期，變性女子必須每天使用擴張器，讓新造的陰道保持打開的狀態，並且定時用抗菌液灌洗。部分陰囊皮膚會摺疊與縫合起來，讓該部位外貌看似陰唇。

等到特麗莎的身體傷口癒合，欣快感也就取代了她的煩躁不安。她重返大學崗位，繼續過著變性之前平靜的學術研究生活。她告訴我，現在她的學術工作表現得比先前更出色。雌激素影響的不只是身體外形和體毛分布，「我的大腦喜歡這些荷爾蒙。」另一位變性女子在開始雌激素治療不久後這麼告訴我，「感覺就像遺失的齒輪已經回復定位。」特麗莎對於性事或找伴侶依然興趣缺缺。她仍得面對巨大的挑戰，像是同事的揶揄和非難、父母的失望和懷疑、街頭的騷擾、必須不間斷接受荷爾蒙治療，以及與胸毛和臉毛無止境的抗戰。但她現在可以安穩入睡，醒來後也不再恐懼。

•

即便三十年前，要從塔里克變成特麗莎也是不太可能的，當時進行變性手術的機會遠比現在難取得，而且手術所能提供的處置也相當基本。雖然使變性成真的科學和手術是相當晚近的現象，但古典醫學的性別分化概念早就預示到了這件事。這些概念設想男性身體的體溫高於女性身體，以及母親子宮的溫度會決定胎兒發育出男性或女性性器官。根據古希臘醫師蓋倫的說法，兩性的性器官基本上是相同的，陰囊是內外翻轉的子宮，而陰莖是凸出的陰道。要將女人變成男人只需要加熱骨盆器官，便能「釋放」而變得外凸。這些看法就許多方面而言雖顯荒謬，但確實讓性別有了存在於某種幅度中的可能性，以及我們都懷有變形的潛力。

這種想法從古典時代持續到中世紀，直至文藝復興時期後。十六世紀法國哲學家蒙田和同時代的外科醫師帕雷（Ambroise Paré）都曾提及養豬女瑪麗的故事：她用力跳過水溝去追趕豬隻，結果發現自己的陰道「凸出」成了陰莖，讓她變成了男人。此次變形得到主教的證實，瑪麗重新受洗成為「吉爾曼」，並獲得受封為國王朝臣的榮譽。看來吉爾曼因為他的新形體而受歡迎，因為他的轉變顯然是上帝出手干預，而非自己的抉擇。吉爾曼有可能是ＸＹ男性，他的陰莖並非突然出現，而是連月漸進發生。他可能罹患了削弱睪固酮轉換成最具效能形式的荷爾蒙疾病，因此在子宮中形成女性生殖器。這個過程在作家尤金尼德斯（Jeffrey Eugenides）的小說《中性》（*Middlesex*）裡的女主角／男主角有充分的描述：青春期的荷爾蒙暴增造成陰莖和鬍鬚的發育、睪丸的下降以及嗓音變低沉。這種特殊傳遺疾病在多明尼加共和國基因封閉的社群中相對常見，罹患此病者被稱作 *huevedoces*，意思是「十二歲長出睪丸」。

蒙田則說了另一個變性故事，關於一個名叫瑪麗的人開始過著男人的生活。瑪麗成為遠方村莊的織工，愛上一個女人，並且和她結婚，與她度過了「四、五個月（令他妻子）滿意的生活。」但後來某個來自他家鄉的人認出他，並且呈報當局。當局將他當作女人進行審判，結果瑪麗被處以絞刑，罪名是「利用不正當手段彌補她的性別缺陷」。在當時的法國社會，上帝干預是可允許的，但這個瑪麗的變性則被視為個人肆意的抉擇。

一九三一年，德國醫師菲利克斯·亞伯拉罕（Felix Abraham）發表了對某種新手術的描述，該手術由柏林的格爾班特醫師（Dr Gohrbandt）操刀，對象是兩位性別焦慮者。第一個是身為男童時就再三嘗試切除陰莖的 Dora R。亞伯拉罕醫師描述第二位患者 Toni E 是「同性戀」和「異裝癖」，只有穿著女裝時才感覺自在。Toni E 在五十二歲時接受手術，亞伯拉罕還說她等到她的妻子過世後才進行。[2]

格爾班特的「陰道成形術」涉及創造出一條穿越骨盆肌肉、從會陰上至腹部襯裡的通道。這個新腔室接著裝入海綿橡膠，覆蓋的皮膚則移植自大腿。亞伯拉罕以概述藉由手術讓變性更容易的例子結束他的案例報告：

> 你大可提出反對這種手術的理由，說這是某種帶著輕佻性質的昂貴手術，因為一段時間過後，病患可能會回來找醫師，提出更大的新要求。這種可能性不能被排除。我們難以決定是否要進行上述的手術，但我們不應輕忽病患，以及他們的心理狀態有可能導致患者自殘和危及性命的併發症。我們從其他案例得知，如果醫師不實現他們的願望，異裝癖者〔原文如此〕的確會嚴重自殘。

繼格爾班特簡單的陰道成形術後，直到一九五〇年代，摩洛哥的喬杰·布洛（Georges Burou）醫師才開始利用反翻的陰莖皮膚來創造陰道——比較乾淨俐落，從癒合的觀點而言，是更成功的陰道成形方法。據說一九六〇、七〇年代期間，有數以百計的變性女子進出布魯的診所。「我沒有將男人變性成女人，」他在一九七三年這麼說，「我是將男性生

2 同年，原名埃爾納·韋格納（Einar Wegener）的變性女子莉莉·艾爾伯（Lili Elbe）在丹麥誕生，她後來死於移植子宮到骨盆內的手術併發症。

殖器變成有女性外觀的生殖器。剩下的事全都在病人腦子裡。」

布洛的說法在某種程度上可說是正確的。我們現在知道，腦中有一些構成荷爾蒙與情緒調節系統的構造，展現出了性別之間的差異。來自荷蘭的驗屍研究發現，變性女子的下視丘和天生的女性一樣，都具有類似的神經元特性。該項研究並未釐清這些相似處是發生在以手術變性之前或之後（亦即是否為天生，或者是行為或荷爾蒙改變的結果）。但不管是哪一種，在變性女子的「頭腦」中，可證明她們為女人。

關於性別、性慾和發展中的腦仍存在許多未知之事。越來越清楚的是，在子宮中有一些關鍵時刻決定了我們成長驗明為男性、女性，或是介於兩者之間，以及腦中神經元構造開始反映出這些不同狀態。身分的表達不可否認深受個人背景與文化的影響，還有一個明顯事實也難以質疑，那便是身分的要素乃透過不同的社交互動不停改變。

未來幾年，我們將更加理解涉及性別身分表達的許多決定性因素，以及看見手術技術的進步。許多被認為不可能的變性要素，目前也逐漸看似可以達成——子宮移植在技術上已是可行的事，二〇一四年有一位接受子宮移植者完成生產。目前尚無成功接受子宮移植的變性女子，不過已有許多人表達接受手術的意願，往後數年內如果沒有案例宣布，將是出人意料的事。

身為醫師，我的任務是減輕患者痛苦和增進健康，而我對於性別重置（或者「確認」），許多變性男女偏好這個說法）的關注，主要在意它是否能減輕求診病人的苦惱，幫助他們過好自己的生活。性別變異映照出了社會中的性別兩極化，這種兩極化斷然無情地要求我們做選擇。如今已知強迫進行這種抉擇可能會有害，而且有科學證據的背書——允許身分要素能保持流動性能讓大家都受益。瑪姬．尼爾森（Maggie Nelson）在她的《亞哥號船員》（*The Argonauts*）書中引述，她的伴侶非常厭煩認為性別表達模糊者必然正在前往男女截然二分的其中一端的想法（「我沒有要去任何地方」），並且指出我們都處在不停的轉變中，而此事不分性別：「在內心中，我們是陪伴彼此歷經變形的兩個人類動物，為彼此做寬鬆的見證。換句話說，我們逐漸變老。」

有一群運動聲勢逐漸高漲的人認為，性別重置手術對他們而言可能是個錯誤——醫學專業對於荷爾蒙與手術變性所設下的核查和障礙雖然嚴苛，但對他們而言還是不夠。以女人身分生活了二十年後，伊蘭．安東尼（Elan Anthony）進行了去性別轉換（detransition），像提瑞西阿斯那樣又回頭當男人。他稱他的旅程為「第三條變性路」。「我無法與人形成連結，最終開始接受治療，想弄清楚為何我無法擁有關係，以及我的身體為何如此緊繃。」他在《衛報》的訪談中說道。「我終於明白，一大部分原因跟我試圖以女性形象呈現自我有關，而這對我的身體是不自然的事。」他在男孩時期曾遭受霸凌，感覺自己處於嚴明的男性階級底層。他透過治療慢慢瞭解到，他在童年時期的女性身分認同反映的是想要逃避的無意識需求。伊蘭面對的其中一個最大障礙，是來自變性者社群的批評，「處在目前這麼贊成變性的心理學圈子裡，身為少之又少的批評者是很辛苦的。」他說，「然而現在似乎有更多人暢談去變性轉換，也有更多臨床醫師有興趣尋找處理性別焦慮的替代方案。」

詩人艾略特（T. S. Eliot）在《荒原》中寫到困在兩種生活之間的痛苦，因此飽受折磨，卻又無法完全被其中一種接納。對此，艾略特選擇的象徵人物是提瑞西阿斯，「在兩種生活之間跳動」。經歷從一個性別到另一性別的轉換需要勇氣和決心，然而要在極端化的文化中占據雌雄同體的模糊空間也是如此。在自然界，占據兩個性別之間的空間不僅可能，而且普遍。來自科學、醫學和性別流動或模糊者的證言都在在指出，提瑞西阿斯兩種人生之間的距離毋需如此巨大，而其選擇有時也毋需這般嚴峻。

第十六章
時差——包含天空的腦

腦比天空開闊，
因為若將它們並列在一起，
腦能輕易含括天空，
也含括你。

愛蜜莉・狄金森（Emily Dickinson）

我曾經在南極研究站住了一年，擔任基地醫師，由於冬季地球自轉軸傾角的緣故，南極洲大陸幾乎有四個月暗無天日。但那裡並非永遠黑暗，有許多東西值得一看，而且天空總是不停在變換。[1]一出哈雷基地，我開始習慣抬頭仰望星辰和行星的轉輪，流星雨或人造衛星的緩緩移動。冰層經常有月光照耀，在那樣的緯度，每週、有時甚至每天都可見到極光深邃壯麗的光輝照亮天空。仲冬時節大約有兩個月陷入黑暗，我們會升火另增光源。我們堆起木製條板箱，點火燃燒。

用在冰上燃起的篝火給自己保暖是獨特的經驗。腳底下浮動的冰棚厚達數百公尺，固定於海岸線，是數千年來落在南極洲的積雪所構成，像冰河一樣緩緩流動，注入威德爾海（Weddell Sea）。火焰蓄積的熱度使緊實的雪溶化滲出，讓火坑陷入不知年代的冰層中。從基地南邊可以看見朝南極方向升起的大陸輪廓，巨大的量體矗立在星辰和極光下，彷彿在行禮。我們在仲冬夜裡背對著它，拿著啤酒瓶向火，以免啤酒凍結。接連幾個小時沐浴在光和熱中，我們試著不去想自己是在多麼怪異的環境裡生活著，又離所愛的人有多遠。

對某些人來說，那年冬天是多年來特別難挨的一次。睡眠變得無法安寧和重振精神，身為智人的我們，最能適應的是熱帶天空的節奏，而連月缺乏日光使我們身體的時鐘錯亂。基地的一些夥伴遭遇到了「自主生理時鐘」的問題，也就是身體內在節奏失去了與天空二十四小時時鐘的連結，轉而遁入一個周期較短或較長的內在時鐘。自主生理時鐘可能會導致永久時差的困惑和疲累感，因為身體試圖追上一個比二十四小時更短或更長的節奏。

身體的內在時鐘稱作「circadian」，拉丁文意指「大約一天」，以夜間腦部松果體分泌的褪黑激素為其特點。當我們處在溫帶或熱帶地區，松果體自身的節奏是藉由光亮與黑暗的交替來校準。在沒有自然光的極區冬季，天生是早起者的松果體內在預設一天只有較短的二十二小時或二十三小時，而晚起者則預設為二十五或二十六小時。[2]當你的生理時鐘節奏跑得比二十四小時快或是慢，要按表起床或試著按表入睡，便會讓自己與基地的節奏不同步。可是照自己喜歡的時間睡覺，卻會打亂基地的慣常程序，破壞這個小型社會的脆弱和諧——在孤立的十個月期間，南極基地裡只有我們十四個人。身為醫師，我的任務是照顧好基地裡的每個人，但也包括做研究，看看利用額外的燈箱補充暗淡的螢光，在冬季期間交替使用白光和藍光，是否能讓每個人的生理時鐘保持準時。

生理時鐘節奏影響到的不只是醒來和入睡，還支配著體溫、血壓和我們身體從生化到心理層次的若干面向。光是塑造我們時間感的最佳刺激物，但醒來後的運動和嚴格的三餐時間也有幫助（肝臟具備與習慣的三餐時間校準的生理時鐘，就像腦的時鐘是藉睡眠周期

1 我在《南極帝國：冰、寂靜與皇帝企鵝》（*Empire Antarctica: Ice, Silence & Emperor Penguins*），寫到我在南極研究站度過的一年。

2 這些特點有可辨識的基因碼，而且「時鐘基因」可以預測你習慣早睡或晚睡。

來校準）。松果體會藉由神經節細胞得知季節訊息和周遭光照情況，這些細胞存在於交織錯綜複雜的視網膜內，進到稱作「視交叉上核」的原始腦部位。這些神經元是「第三隻眼」，使身體以完全無意識的方式知道日夜的推移，對於光譜的藍色端反應更佳。[3]

室外氣溫雖然達到零下五十度，但每天「下午」我會去滑雪，就在環繞三公里長的基地外圍一條有標記的路線上。如果看得見月亮，我會藉月光滑雪，沒有月光就靠星光。有時我也會藉極光滑雪。藉著每天在相同時間將光收入眼內，我希望能說服我的腦，一天的形式仍然存在。

•

地球上最簡單、最古老的生物藍綠藻也具備生理時鐘的節律。晝間，特殊蛋白質如陽傘般聚集到它們的ＤＮＡ上方，以防太陽輻射造成傷害（這些蛋白質在夜間會移開，好讓ＤＮＡ運作）。原始海洋裡最早出現的生物的活動節律，可能比我們現今習慣的節律短，只有二十二小時。因為在牠們最初演化出來那時，地球的轉速比較快。由於當時沒有臭氧層，保護ＤＮＡ不受未過濾的酷烈陽光傷害更為重要。掌管我們身體時間感的基因，似乎有許多是從與保護和修復ＤＮＡ之古老周期有關的原始蛋白質演化而來。

我們的許多細胞，不只是在松果體或肝臟的那些，都擁有所謂的「分子振盪器」，會對它們表現的基因顯示二十四小時的模式，並在晝間有不同的電活動。分子層次上的身體關乎化學，就一般通則而言，化學反應在高溫中較快，低溫中較慢。但生理時鐘基因和它們所表現的蛋白質可以不顧背景溫度而對準時間，這對昆蟲、植物以及其他無法控制體溫的生物來說至關重要。

時差之所以存在，是因為每當我們進入新的光暗節律中，身體具備能讓調適過程變慢的煞車裝置。那是一種抗拒改變的形式：身體謹慎地變換到新節律，正是這種謹慎讓我們無法迅速適應新的周遭時區。倘若生理時鐘可以輕易快速地重新設定，那麼我們的先祖可能會因為滿月，或是在圍繞在舊石器時代的火堆、享受深夜時光時陷入失常狀態。但我們的生理時鐘必須能夠改變，要是少了這種可塑性，我們絕對無法從熱帶遷徙到溫帶和極區緯度這些在春分或秋分前後、日出和日落時間迅速變化的地方。身體時間感的適應性讓人類得以在緯度跨幅極大的距離移動，就像現在它促進了噴射時代的經度改變。

3 甚至有人是「皮質盲」，意思是他們無法有意識地察覺光的存在，但這「第三隻眼」能持續使生理時鐘完全對上時間。

幾年前，一群牛津大學前細胞生物學家發現了時差調適踩「煞車」的原因——當光照射在視網膜內的神經節細胞，視交叉上核的細胞便開始表現數以百計的基因，這些基因改變了細胞的時間測定，以適應新的周遭光照條件。但接著有另一種蛋白質會開始起作用，幾乎在這些基因一活化的同時便再度將之關閉。[4] 新節律的適應被延遲，直到日復一日的光照壓力變得不可壓抑為止。研究人員創造出了沒有分子煞車裝置的基因轉殖老鼠，這些老鼠在短短一兩天內便適應了人為誘發的六小時時差。這助長了研究人員的希望，相信可能有某種藥物能治療時差，或輔助輪班工作者適應日班和夜班之間的轉換。

•

我在南極洲行醫已經是十多年前的事了，但目前我在診間仍會遭遇患者的生理時鐘問題。我們身體的節律往往與我們的社群和工作生活的節律不一致。相較於二十年前，西方人處在自然照明下的時間平均每天減少了一小時，而同時期內，注視螢幕的時間卻暴增，使得我們的腦部塞滿藍光。輪班工作是地方性流行病，尤其對保健而言，快速換班的工作讓人陷入永久的時差問題。輪班工作據知會導致工作者注意力較不集中和肥胖——不合適的睡眠時間會讓人感覺更飢餓，渴望獲得更多碳水化合物，而不良的代謝則會加速糖尿病和心臟病的惡化。

當時序轉入冬季，對許多人而言就彷彿門逐漸關上，或是窗簾慢慢閉闔，遮蔽了他們的心情和專注力。「冬季憂鬱」是其中一個名稱，此外也稱作「季節性情緒失調」。作家梅爾維爾在《白鯨記》中描述：「每當我發現自己變得嘴巴惡毒，每當我靈魂中潮濕、下著毛毛雨的十一月……」為了擺脫冬季憂鬱，梅爾維爾的敘述者於是前往南海。然而我們多半沒有這種機會，所以得想辦法與冬天和解。

要讓生理時鐘對準時間，度過蘇格蘭的冬天，感覺可能會像要度過南極的冬天一樣辛苦。我在南極洲進行的研究顯示，天藍色的燈箱能稍微改善睡眠品質，但無助於我們這個小團體更貼近二十四小時的時鐘節律。要擊敗冬季憂鬱，讓生理時鐘準時，以及克服時差，無論你身在世界何處，辦法都一樣——嚴格遵循慣例、時間間隔妥當的健康三餐、每天運動，以及至關重要的，在白天時盡可能獲取光照——從天而降的自然光會比人造光明亮許多倍。回想起在南極洲度過的時光，我日復一日在天空下滑雪，廣袤黑暗的天空有如擴大的瞳孔。我有幸目睹流星和極光的奇觀，月相變化和星辰流轉。我的雙眼作為光的器

4　這稱作「鹽誘發激酶 1」（Sik1）。

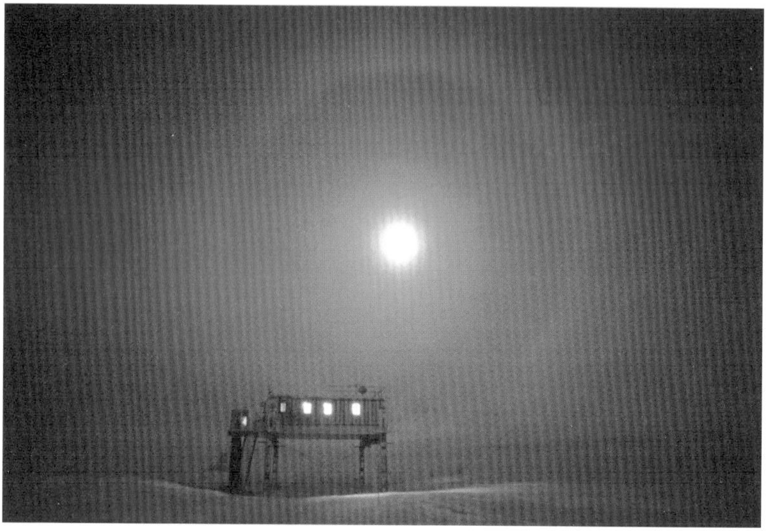

官，讓我見識到許多絕美景象，而現在，
我也感謝這雙眼睛作為時間的器官。

第十七章

接骨術——治療的代數學

治療骨折並不困難，幾乎是任何一位行醫者的工作。

希波克拉底，《論骨折》(Hippocrates, *Fractures*)

結束南極洲的工作一年之後，我飛到西非，去了解我的小兒科醫師朋友史蒂芬的工作。他當時正在進行關於營養不良的研究，並在甘比亞與塞內加爾的邊界偏遠之處經營一間診所。診所就位在某個小村子旁，除了研究之外，也有必要的基本工作：醫治小傷、感染治療、懷孕照護以及營養建議。診所裡沒有X光設備，藥物也相當有限。每天早餐時，我都會看見排隊人龍從診所前門沿著遮陽走道延伸到周圍的樹林。當時我缺乏在熱帶鄉村的醫診經驗，但希望從中學習。

時值一年中最熱的四月，氣溫超過攝氏四十度。每天在最熱的時段根本不可能工作，於是我靜靜地躺在懸掛於兩株樹之間的吊床上。從撒哈拉沙漠吹來的風就像火爐的灼熱氣浪，只會替皮膚加溫，而非使之涼爽。我的皮膚在一年之內經歷了溫差百度的變化，從南極洲的零下五十度到以上五十度。禿鷹坐在塵土中喘氣，展翅散熱降溫，而當南極的氣溫接近融冰點時，我也見過企鵝在做同樣的動作。

落日下沉得如此快速，幾乎感覺不到傍晚的存在，但在完成一天的診療工作，而且氣溫變得比較可以忍受時，我會到村裡散步。儘管村子有時似乎偏僻了些——下午五點過後就收不到電話訊號，網路也若有似無，但它散發著野性氣息。村內一間泥屋設有烘焙坊，每當麵粉從海岸送達，你會看見它的煙囪升起煙霧，就知道有法國麵包出售了。一家茅利塔尼亞小販經營的小店販賣中國製的燈籠和水桶，這些貨品是由定居大西洋岸長達一世紀的黎巴嫩商人進口。這位小販邊幹活，邊聽著以阿拉伯語播送的 BBC 國際頻道。

有時我會繼續走向河邊，經過一株枝枒張展的芒果樹下，走進猴麵包樹大道，穿越一人高的黃蘆葦叢。蘆葦叢後是曬乾的方格形土地——濕季期間是稻田，接著是一些淤泥灘，然後是遠處的棕色河水。我在可靠的歐洲北方河流旁長大，但這裡的河流截然不同：含鹽，而且無法預測，一灘油亮的泥窪，由撒哈拉沙漠邊緣多變的降雨滋養。我一靠近，肺魚便噗通一聲溜進洞裡，粗聲呼吸著。那似乎是一片分類反覆易變的土地，意想不到則是常態。

•

「Geometry—幾何學」意指「測量土地」，作為一門科學，它起源自古埃及。幾何學以往是用於計算肥沃的尼羅河三角洲，隨著水位升降而可用於耕作的土地面積。其基礎文本之一是歐幾里德的《幾何原本》，大約成書於西元前三〇〇年的亞力山卓城，據說是有史以來最具影響力的教科書，印刷版次僅次於《聖經》。《幾何原本》開頭先說明定義（「線只有長度而沒有寬度」、「周界是任何事物的終始處」），接下來是假定公理（「整體大於部分」、「所有直角彼此皆相等」）。《幾何原本》從這些定義和公理建構出整個數學世界，然後加以馴服。證明從其書頁中紛落，其中最著名的一個證明，說明了等腰三角形的兩個底角必定永遠相等。中世紀學者將這個證明命名為「驢橋定理」（Bridge of Asses），因為想不透箇中關鍵的學生不可能有所進展。

求學時期，我一向喜歡數學。我喜歡數學的文字闕如，喜歡它鼓勵將無窮盡的事物形象化，以及可靠地產生乾淨俐落的結論，至少在我能理解的程度上。能精通每一項新技巧是一大樂事：先是圓周，而後是直角三角形的斜邊，再來是弧線的梯度。微積分特別令人滿足，堪稱一種算術魔法。一連串的字母和數字可以轉變成一條拋物線，帶來意想不到的喜悅。

我得知牛頓是微積分的發明者之一，而且對他而言，變形是普遍且基本的過程：任何流動的事物都能用他稱之為「流量」的代數形式去測量和描繪。他的數學召喚出一個不斷改變的數字河流世界。他發明微積分來描述每種流量的改變率，稱之為「流數」。

代數學（*algebra*）一詞是阿拉伯語（*al-jabr*），意思是「接骨」。在古希臘語文本，例如歐幾里德的《幾何原本》、甚至希臘醫師蓋倫的著作中，雖然存在著代數學的跡象，但我們現今所知的代數學，乃發明於九世紀的巴格達。代數的數學以接骨為名，是因為它拆開等式的兩邊，使之平衡，然後求出解答——就像以牽引法拉開斷骨，再使之癒合。西班牙南部由於阿拉伯人的遺緒，接骨師和理髮兼外科醫師直到現代仍稱為 *algebristas*。

數學教人十分放心的其中一點是，等式每次都產生相同的結果。而人為的治療比不上數學公式那種非人間的完美，治療結果會因每個人和每種損傷而異。數學能探查超驗的神祕事物，例如無限多的質數，或者不可能的負平方根計算。一涉及人的治療，事情就會變得比較麻煩，而且同樣神祕。在我的行醫工作中，每個月都會發生我不理解的新事物，成為我努力想跨越的另一座驢橋。

某天下午，一名八歲男孩被人送進這間甘比亞診所，他摔下十呎高的芒果樹，跌傷了腿。他無法行走，痛到啜泣，不讓人替他做檢查。史蒂芬在他左腿頂端的鼠蹊部注射局部麻醉劑讓大腿麻木，男孩終於能伸直髖關節。他的左腿看起來短於應有的長度，左膝關節外翻到另一邊——這兩種跡象說明了他的股骨已經折斷。這是危及性命的傷害，股骨骨折有可能因為腿內失血，或是失去行動力所引發的肺炎而致命。要減輕這類骨折的疼痛感，最好的辦法是利用稱作「湯瑪斯夾板」的框架牽引拉開大腿骨，使它恢復正常長度，並讓斷折的骨頭兩端接合在一起。

湯瑪斯夾板是因威爾斯的外科醫師休．歐恩．湯瑪斯（Hugh Owen Thomas）而得名，他系出歷史源遠流長的安格爾西島（Anglesey）接骨師家族——他的「創新」或許根本只是家族祕密的改版。我在南極洲的診所曾有兩具從沒派上用場的湯瑪斯夾板。但在甘比亞，當我真正需要時，卻苦無半具可用。

我們用繃帶鬆鬆地裹住男孩的腿，並用木條做了一個箱形物，裡面以弄皺的衛生紙做內襯。腿固定住會讓他比較舒服，但少了湯瑪斯夾板的牽引，他的腿看起來還是短於應有的長度。徹底評估傷勢的最佳辦法是照X光，這表示得在塵土飛揚的路上開四小時的車，前往大西洋岸的診所。

男孩的父親是個嚴肅的老人，穿著髒白袍、戴著無沿便帽，看起來高貴而莊重。不，他說，這孩子不去海岸邊。他知道有個斷腿的人去了那裡就沒再回來過。這孩子要跟他回家去找村子裡的接骨師。

診所裡幾位護士開始發怒，指控父親虐待小孩，威脅要報警。我試著透過通譯解釋，男孩可能會跛腿，除非給予正確的治療，否則腿會變短和歪斜。但這位散發莊嚴之氣的男人只是用雙臂抱起孩子離開，走進樹林。

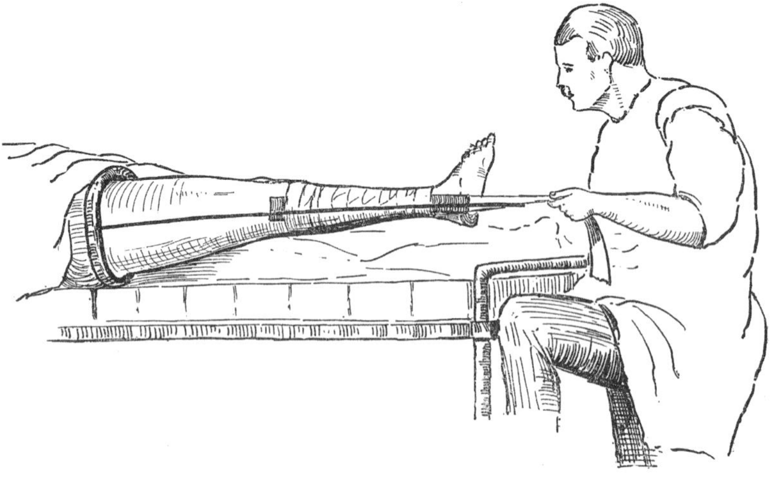

幾世紀以來，代數學與幾何學都是各自平行發展，而非合為一體。這兩者以往被視為是互斥的數學體系：幾何學是比較高貴的年長表親，使用與代數學不相干、而且普遍適用的具象術語來呈現世界。代數學是新來者，受阿拉伯人影響，運用油滑、靠不住的符號，對許多西方人而言，帶有神祕學的色彩（哲學家霍布斯就稱之為「符號的疥瘡」）。

最終是區分身與心的哲學家笛卡爾統一了代數學與幾何學。他證明這兩門學科隸屬於同一個宇宙連續體，二者合而為一能解決先前無法解決的數學問題。他在垂直軸上繪製——幾何圖形，我們至今仍稱之為「笛卡爾座標」以資紀念，用字母x稱呼其中一個軸，而用y稱呼另一個。笛卡兒還發明了無限維度的形狀對映系統。

笛卡爾以其身心二元論將物質世界分解成組分的部分和過程，預示了科學與醫學的分化，解放了迴盪至今的思想革命。而他融合代數學與幾何學更是替微積分鋪路，使變形的數學適用於不停攪動、演進的世界。

•

斷腿男孩事件過了一週之後，我開車載著診所護士卡立祿到另一個村子，發送結核病直接觀察治療藥物。卡立祿留著整齊乾淨的伊斯蘭鬍子（無八字鬍），頭戴黑色羊毛無沿便帽。他金色的眼鏡框裝飾華麗，護士服上夾著一支行動電話。他看起來沉著而冷靜，告訴我他希望有朝一日能到英國讀書。開車途中，他告訴我有關結核病直接觀察治療的事，以確保結核病患獲得適當治療，和限制結核病散播的倡議。我們從診所出發，沿途車聲隆隆，開進沙黑爾（Sahel）灌叢地，對著漫遊到車道上的驢子和山羊按喇叭。狒狒大步橫越我們前方的馬路，長尾猴擺盪進入樹林。沿途沒有路標，聳立道路兩側的白蟻丘就像雪竿。路上的高低起伏比坑洞問題還嚴重，地面有時看起來像燒焦的樣子，卡立祿說不出那是為了耕種而刻意清理，或是被丟棄的香菸意外點燃。我們開車經過沼澤、稀樹大草原和火山岩礫石地。空氣中感覺有

從撒哈拉沙漠吹來的砂粒。絕美的風景讓我不想結束旅程，但我突然看到鐵皮和茅草屋頂出現在樹林裡，一面破舊的聯合國兒童基金會告示牌寫著「嬰兒友善社區」。

我們減速進入村子。成群的男人坐在蔭涼處，在我們經過時向卡立祿揮手。女人全都在工作，搬運木柴、搗麵粉。孩童從泥牆屋裡跑出來追逐汽車，在我們下車後團團圍住我們大聲喊著：「你叫什麼名字，你叫什麼名字。」

「你就回答 Tubab，」卡立祿說，「是『白人』的意思。」

他領我走進一間有波浪板鋼門的泥牆屋，一名老婦人坐在屋外蔭涼處。她身旁站著一個兩、三歲大的男孩，裸身張著嘴盯著我蒼白的皮膚。我們進到屋內叫喚，但無人應聲。那裡面有兩個房間，其中一間內無陳設，牆壁刷成白色，一張破舊的布料床墊捲放在角落。另一個房間只有一張製作精良的雙人床和骯髒的床罩，除此之外空空如也。我們走回屋外，卡立祿呼叫他的病人。群眾開始聚集，一名穿著及踝圍腰裙、配上頭巾的年輕女子笑著跨步向前。她要我們回屋內，原來我們的病人就睡在骯髒的床罩底下。

從床罩下現身的男子骨瘦如柴，每個關節和韌帶、每條靜脈和肌腱都浮凸出來，彷彿被剝了皮。他向他的觀眾打招呼（看熱鬧的人群正擠進房裡），點了根菸，呻吟一聲，將身體拖到床沿。卡立祿倒出正確劑量的藥，加上抗結核病藥丸，放入杯中。不，病人搖著頭說。他不會吃這些藥，數量太多，他覺得噁心。「瞧瞧他瘦成什麼樣子。」卡立祿嘖嘖地向我嘀咕，「他拒絕接受愛滋病毒檢測。」男子的家屬接連現身，推開旁觀者，提高音量指著他。「他們要他別幹蠢事，」卡立祿翻譯，「他們叫他吃藥。」村子的長老來到現場，憤怒地給了更多建議。旁觀者似乎大多被逗樂了，但他們的聲音開始顯得有些不耐煩。男子依舊安坐床上，邊抽菸邊搖頭，不理會村民的諄諄告誡。

就像那位斷腿男孩的情況，知道如何處理特定的醫療問題，並不代表我知道如何說服病患接受治療。此外還有涉及較廣的病患經濟條件問題：十九世紀的英國在抗結核療法發明之前，該疾病的死亡率與病患的貧窮程度有直接相關。即便出現有效的藥物，貧窮與結核病死亡率之間的關聯依舊強固。要有效治療一個人的結核病，也得同時治療他的貧窮。身為醫師，對於如何著手我毫無頭緒。

我問卡立祿，他對那男人說了什麼。他說：「我告訴他，白人醫師命令他把藥吃了。」

那男人指著我說了些話，結果大家都笑了。

「他說什麼？」

「『如果那個白人要我吃藥，他可以付我錢。』」卡立祿說。

這個提議讓卡立祿搖搖頭，笑了出來，然而隱藏當中的，是默認了要治癒這個疾病，金錢與藥物治療同樣不可或缺。男子不再抗拒，群眾在一旁靜觀他吞下一顆顆藥丸，用可樂沖服，然後躺回床墊上，拉起床罩蓋住肩膀。女人紛紛回去工作，男人也回到蔭涼處，孩童繼續玩耍。

•

骨頭癒合的第一階段是發炎，隨著斷端周圍形成血凝塊，因身體的免疫系統而導致疼痛與腫脹。血凝塊成為堅韌的纖維細胞的構架，而骨膜轉變成可以著生新軟骨和骨頭的組織。新骨從斷端的球根狀團塊中長出，直到彼此於中途相遇，形成「骨痂」橋。這個過程可能會耗去小型骨頭數天、而大型骨頭數週的時間。斷端彼此之間的距離大小以及對齊程度也會影響癒合的速度。

著生的新生骨形狀如海綿而且脆弱，往後幾週會逐漸被更堅固的層狀「片狀骨」所取代。片狀骨被負責讓骨痂輪廓流線化的特化細胞重新塑造。我在看X光片時，有時會發現骨折完美癒合，影像中幾乎沒有曾受過任何損傷的跡象。有時不平整和增厚處依舊存在，這時我便能轉身問病人，「你什麼時候弄斷肋骨？」讓他吃一驚。像是指骨這樣的小骨頭要完全癒合可能需要三週，而股骨這樣的骨頭則需要十二週。

當我和卡立祿走回停車處時，我看到上週遇見的那個男孩，跟在他的朋友後面一路跛行。「你看，」我指著男孩對卡立祿說，「是那個股骨骨折的男孩。可是這種骨折至少得花六週時間癒合。」

卡立祿聳聳肩。「也許接骨師施了某種魔法。也許你錯了，他的腿根本沒斷。」

我們開車回頭進入叢林，回程似乎沒那麼美麗。我沿路無心欣賞風景，而是想到健康經濟學，以及身為醫師的我還有許多事情有待學習，而我瞭解的真的很少。只要仍在行醫，我就得努力跨越另一座驢橋。

第十八章
更年期——女神的第三張臉

更年期或許是可想像得到最不迷人的主題，但這是有趣的，因為它是極少數依附著某些禁忌碎片和殘餘物的主題之一。

勒瑰恩，《太空老嫗》（Ursula K. Le Guin, *The Space Crone*）

愛丁堡的更年期門診設在查默斯性健康中心（Chalmers Sexual Health Centre），這是一所古老的維多利亞時代醫院，一八六四年開張，是由一位鉛管工所捐贈。喬治．查默斯（George Chalmers）在遺囑中詳述他想要一所「新型醫院或傷病醫院」，或者任何名稱的醫院，兩間下等病房供貧困者使用，兩間上等病房分配給付得起每天三先令的人。「一八八七年，一間小公寓開始提供護士住宿，」官方史料寫道，「位於酒窖和停屍間之間。」

一九五〇年代，該建物與附近的醫院合併成為婦女疾病醫院，歷經緩慢的變革，去除分娩病房。這間醫院在二〇一一年重新翻修，成為愛丁堡市的性健康中心，綜合了性病、避孕、更年期等多種專科，以及性別認同診所。每天早上無預約者在院外大排長龍。愛開玩笑或假正經的人老愛拿醫院砂岩牆壁上的「性」字做文章。

我服務過的性健康診所多半有種輕鬆、活潑的非正式氛圍。病人相當年輕，疾病大多是可治療的，而員工有一種溫和的不羈態度，使得這裡成為良好的工作環境。所有醫師都會聽到必須保密的故事，但性健康醫師聽到的可就多過應有的分量了。

我是在咖啡室開始學到更多有關更年期門診運作的事，在場的學生、受訓醫師和會診醫生聽著員工夜晚出遊的故事，全都笑成一團。我在那裡和艾爾莎・蓋比（Ailsa Gebbie）一同列席，她是更年期門診的婦科顧問醫師和資深臨床醫師。二十年前，艾爾莎是我在醫學院的導師之一，充滿活力與熱忱，金色短髮，說起話來溫柔而周到。她是英國性與生殖保健學院的前院長。

我的診所罕有婦女會來尋求有關更年期的建議，畢章我是個四十來歲的男人，她們通常更傾向諮詢我的女性同事。不過，偶爾還是會有正經歷仍稱作「人生變化」的女性問我有關潮熱、失眠、皮膚變化或情緒起伏的問題。雌激素的製造是逐年、而非逐月慢慢減少，這使得「絕經—menopause」一詞聽起來比實際上更顯突然。「meno-*pause* 月經—中斷」也意味某種暫時的狀態，即使它微不足道。更年期症狀也許短暫，而且通常溫和，但它啟動的階段卻是持續的，而且絕非小事。更年期並非疾病或不足，甚至不是症狀群，而是女性活了四、五十年後的自然結果。大約到了更年期，所有女性的雌激素濃度都會劇烈下降，但只有五十分之一的男性在相同年齡時會有相同程度的睪固酮濃度下降。大約三分之一的女性會受不了更年期症狀而想求診，狀況從因症狀而精疲力竭、痛苦消沉，到只是想緩解潮熱症狀者都有。身為男人，我發現身處如此情況的女性罕有人能掌握最新的建議，絕大多數都是向同事打聽。因此我與艾爾莎一同列席，看看我能學到什麼。

•

一個多世紀前，在「絕經」一詞發明前不久，廣泛使用的是厚重的希臘語「climacteric—更年期」，意指「梯子的一階」——等著被超越的階段，但如今 climacteric 一詞的語義更為沉重：生命的頂點、關鍵時期、安然度過的風暴。這個詞在其歷史的大多數時候都是男女兩性皆適用，不過傳統認定的男性的「更年期年」是六十三歲，遠在為女性建議的四十九歲之後。前現代的醫學著迷於占數學（numerology），且執迷於至少可追溯到雅典的梭倫（Solon of Athens）的七要素。梭倫在大約西元前六〇〇年寫了一首長詩，描述人生分成七年一期的階段，各階段都由一種通過儀式予以開啟，並引發角色的改變。不過與數字七的關聯淵源更為古老：巴比倫人注意到七個天體（太陽、月亮、水星、金星、火星、木星、土星）並且建造七層的寶塔式建築；而希臘語使用七個母音，並定義世界七大奇蹟。

《牛津英語辭典》用了三欄的篇幅在談 climacteric，卻只有一個辭條論及 menopause：「適用於生命力開始衰退的人生時期（通常介於四十五至六十歲間，正好是女性『人生變化』的時期。」該字典在「更年期疾病」辭條中寫道：「一種原因不明的疾病，通常發生於人生後期，特徵是喪失肌肉和力氣、失眠等。」

在將近四百位編纂《牛津英語辭典》的編輯和投稿人當中，約莫有七十位是女性。包含 climacteric 在內的C字頭部分是由四個人負責。[1]但女性的聲音在文學史大部分時期都被排除在外，這就意味了這些寫於一五九〇至一八七九年間、記錄中各個 climacteric 原始出處，都是出自男人的手筆。

歷史學家露易絲．福克羅夫特（Louise Foxcroft）在《熱潮紅，冷科學：更年期的歷史》（*Hot Flushes, Cold Science: A History of the Menopause*）中，引述了十六世紀醫師喬瓦尼．

馬里奈羅（Giovanni Marinello）的話，概述歷史上男性對於更年期的反應：「等到月經停止，痛苦隨之而來……失序的子宮始終起伏不定，或者做出其他難以忍受的行為。」福克羅夫特警告，別以為更年期是女性才有的現象，她說，「男性也有荷爾蒙，因此可說是也有更年期，如果我們視之為過渡階段，是屬於老化的一部分。」

醫藥歷史學家羅伊．波特（Roy Porter）提醒，要留意那些由男性支配的觀點，尤其是在對女性身體的探討。波特認為，更年期問題如果真的存在，都是被過度誇大，而且是被一個由男性主導的職業傾向將其不瞭解的事情醫療化的結果。他指出在許多傳統社會中，根本不存在主觀上的更年期問題，更年期反而受到女性的讚頌，因為那標誌出她們已從往往「負擔沉重且危險」（懷孕）的那部分人生，以及恥辱（月經被視為污穢之物）中解放。對年屆更年期的全球婦女所進行的許多跨文化研究都支持波特的分析。研究人員發現，芬蘭、馬雅、北非、拉杰普特（Rajput）、中國以及日本的婦女，舉例來說，相較於美國女性，都比較不為更年期的生理症狀所苦。一九八〇年代，南西．達頓（Nancy Datan）的研究檢視了以色列的五個群族：伊斯蘭阿拉伯人，以及來自北非、波斯、土耳

1　J. E. A. Brown 小姐、Edith Thompson 小姐、E. R. Steane 小姐和 W. Noel Woods 女士。

其和中歐的猶太人，發現上述各個群族都欣然接受更年期，視之為一種解脫。達頓寫道，我們身為人類，都處於不同的過渡狀態，我們是「尚未做好準備，就前往一個變化中的世界的中老年移民。」她的結論是，各種族都有能協助婦女在中年接納解放的新角色的傳統，每個文化也都有以愛和有意義的工作來灌注生命的辦法。

二十世紀，醫學開始將更年期描述成是一種「不足」的疾病，能以首創於一九四二年的荷爾蒙補充療法（HRT）加以治療。二十年後，荷爾蒙補充療法受到了紐約的婦科醫師羅伯特．威爾森（Robert A. Wilson）大力讚揚，進入了全球的藥房和股票市場。他的著作《永遠的女性》（*Feminine Forever*）就建議女性應該在三旬年紀時考慮荷爾蒙補充療法，否則會有骨質疏鬆和性慾衰退的風險。威爾森稱度過更年期的女性為「被閹割者」。

在醫療化的二十世紀末期，有兩萬七千位停經期後的婦女參與了「婦女健康倡議」（Women's Health Initiative）研究，研究結果暗示了接受荷爾蒙補充療法的女性中風和罹患乳癌的比例略高於未接受者。後來在二〇〇三年有一個規模大出許多、恰如其分稱為「百萬婦女研究」（The Million Women Study）的調查，顯示了接受荷爾蒙補充療法的乳癌罹患風險增為兩倍，不過其絕對數字依舊很小。頭條新聞寫作者常傾向用相對風險來蓋過絕對風險：不利事件的比例從十萬分之一增加到十萬分之二，這改變微乎其微，但頭條新聞仍會大聲疾呼該風險變成了「兩倍」。該研究立即造成影響，二〇〇二至二〇〇六年間，英國開立的荷爾蒙補充療法處方數量頓時減少達三分之二。這些試驗顯現出根本上的缺失，年屆四十、進入更年期初斯的婦女，與年屆七十、早在二十年前就自然進入更年期的婦女，兩者使用的荷爾蒙劑量竟完全相同。

荷爾蒙補充療法目前仍然有爭議性。在投入更年期門診之前，我去見了皇家全科醫師學院（Royal College of General Practitioners）前院長、暨執業三十五年的家庭醫師愛奧娜．希斯（Iona Heath），請教她對荷爾蒙補充療法的好處與風險有所看法。「在門診遇到想改善症狀的經停期婦女，我會告訴她有兩種方式來看待荷爾蒙補充療法的爭議。」她告訴我，「首先，荷爾蒙補充療法是由男性主導的陰謀，是將正常的自然過程予以醫療化。」

「第二呢？」

「有關荷爾蒙補充療法的嚇人故事也是男性主導的陰謀，藉此阻止女人獲取她們需要的荷爾蒙補給。她們的反應會告訴我她們想往哪個方向走。」

•

一八六〇年代，查默斯的醫院開張那時，在醫院內誕生的女孩可望能有大約四十一歲的壽命。到了停屍間旁設立護士宿舍的一八八〇年代後期，女性平均壽命只上升到四十五歲。這些數字之所以這麼低，是因為女性（與嬰兒）常死於分娩之際。大部分女孩都活不到更年期，而活過更年期的相當稀少，她們是強韌的倖存者。

艾爾莎領著我從咖啡室走進一條粉刷成白色的樓中樓走廊。翻修工程讓這所第三階段的查默斯醫院有了改變用途的新生命——它有了玻璃屋頂，重建了某些牆面，自然光落入天井，穿過曾是婦科和產科病房的空間。「今天的全是初診病人嗎？」我問艾爾莎。「新舊都有，其中有一些女士，我每隔幾週替她們看診，嘗試不同的療法。有些是新病人，因為她們平常就診的醫師控制不住她們的症狀所以轉診過來。」

「她們全都接受過荷爾蒙補充療法？」

「大部分都有，不過還是有一些家醫對開處方有疑慮，尤其要是出現併發症，例如家族癌症病史、血栓形成和中風等。」

我坐在艾爾莎身旁，觀看她進行門診、診察病人，和她討論我在我的診所該如何處理每個病例，並替未來的門診做點筆記。許多女士顯然認識且信任艾爾莎，她們討論到潮熱、性問題、泌尿道感染、失禁、骨質疏鬆、性慾和猛烈的情緒起伏。許多婦女逐步進入更年期，有些則是治療乳癌或卵巢癌的突然結果。「對於因為治療癌症而嚴重潮熱的病患，有充分證據顯示，她們應該接受認知行為治療，而非荷爾蒙補充療法。」艾爾莎告訴我，「某些類型的諮商效果可能跟荷爾蒙補充療法一樣好，或許甚至更好，有助於患者調適心情和解決睡眠問題，而且沒有風險。」

「你如何告訴她們有關風險的事？」我問她。

「我會出示羅列出這些風險的圖表。」她打開英國的處方聖經《英國國家處方集》（*British National Formulary*），翻到列出統計風險的那一頁。「書上說，在持續接受治療十年後，罹癌和血栓形成的風險開始略微上升。但這些風險還是很小。」接受荷爾蒙補充療法超過十年的五旬婦女，其乳癌發生率從大約百分之二上升到略高於百分之四。而對於六旬婦女，發病率則從百分之三上升至百分之七不到。

「所以差不多是兩倍。」我說。

「但風險還是小。當她們知道是按人口比例的風險，而非相對風險，而且自己的症狀難以忍受時，大家通常還是寧可選擇荷爾蒙補充療法。一般而言，我不開給年過六十的人，因為癌症和血栓形成的發生率在那年紀會開始上升。」

我看見艾爾莎偶爾開出抗抑鬱劑，而非荷爾蒙，我問她這是否是認為這表示更年期的心情變化和睡眠問題與抑鬱和焦慮有關。「不盡然，」她說，「但少量的抗抑鬱劑可能有幫助。畢竟每個女人都不同。」性荷爾蒙能維持骨頭強度，因此更年期有可能會伴隨骨質疏鬆、脆弱。艾爾莎開藥來延緩這個過程，也鼓勵幾位女士少抽菸、多運動（抽菸會讓骨質變弱，運動則能強化骨質）。我開過的荷爾蒙補充藥物大多是錠劑形式，艾爾莎則建議採用別的選項。「如果唯一的問題是陰道皮膚變薄、變乾，膀胱變得過於敏感，那口服大劑量的雌激素並無意義。我會開一種讓婦女可以自行放入陰道和取出的環，直接取代那裡需要的雌激素。皮膚貼片和凝膠也管用，可以塗抹在大腿或胸部皮膚，劑量較低，風險也較小。」

身為醫師，或許不可能做出客觀的判斷，但在艾爾莎身旁坐了一下午，我沒看見傲慢的醫療機構在試圖說服婦女，說她們遭遇到某種不足疾病的證據。我看見患有焦慮、難以忍受的潮熱、性障礙和失眠的女性，當中某些症狀可能是因為身體製造雌激素變慢所引發，她們得到了周到、平衡，而且往往能改變生活的建議。

•

「在前所未有的更年期，女性與自己難逃一死的事實面對面。」杰曼妮．格里爾（Germaine Greer）在《改變》（*The Change*）一書中如此寫道。「當五十歲的女性對自己說，

『現在是最好的時候』，她是格外認真的，因為她知道那並非永遠。」女性主義心理學家卡蘿．吉利根（Carol Gilligan）注意到，更年期作為人生最重要的一個過渡階段，可能會引起某種悲傷，「讓人陷入自貶和絕望的憂鬱當中。」但關於更年期，還有其他更正面的觀點。

一九七六年，美國小說家勒瑰恩寫了一篇包羅萬象、而且簡潔扼要的隨筆，反映了她自己的屆臨改變。我無法以權威或經驗來談更年期，但勒瑰恩可以，因此我將她的隨筆推薦給病人。她在文中主張，傳統將女性生命分成「處女」、「成熟女人」和「老媼」三個階段所賦予生命的意義和軌道，不僅止於身體的進展，還關乎社會性的改變。勒瑰恩認為二十世紀後期低估了童貞的價值，兒童的行為越來越像小大人，而更年期後的女人被鼓勵服用荷爾蒙，以永保青春。彷彿「三女神只有一個面貌：瑪麗蓮夢露的臉，或許吧。」她寫道。

勒瑰恩建議女性要對自己人生的第三階段更自在些，視之為女性特有的珍貴事物，以及解放的機會：「願意做出這項改變的女人，終究必須孕育她自己。她必須辛苦且孤單地孕育自己，她的第三自我、她的老年。」不同於她曾懷著自己子女的分娩，這回沒有男性產科醫師會站在一旁，監看這個新的過渡時期，或縫合她撕裂的傷口。「無論如何，能擁有這麼一個內建的通過儀式，卻閃躲逃避它，假裝什麼事也沒發生，似乎很可惜。那是在逃避自己的女性身分，假裝自己像男人一樣。」

許多人認識勒瑰恩是透過她的幻科和奇幻小說，而她以一個科幻思想實驗結束這篇文章：想像外星人要帶「一個典型的人類」回到他們的飛鷹行星，好教導他們關於人性的本質。勒瑰恩不會挑選年輕的太空人或男性科學家，或是像季辛吉這樣的政治家。她也不會從眾多志願的年輕女子挑出其中一人，她們「有些出自於高尚和智識的膽量，有些出自於堅信對女人而言、飛鷹行星絕對不可能比地球還糟糕。」勒瑰恩挑選的是一位年逾六十的婦人，有智慧、有耐心，而且精明機智。她辛苦工作了一輩子，生養自己的子女。她過於謙虛，無法自告奮勇。勒瑰恩說，但我們應該堅持由她出馬，因為身為處於人生第三階段的女人，她「已然經歷、接受和搬演過完整的人類境況，而其中的基本特質是改變。」

第十九章

閹割——希望、愛與犧牲

我們自衛不是為了抗拒閹割焦慮，而是為了抗拒死亡，一種更加絕對的閹割。

歐內斯特．貝克爾，《拒斥死亡》（Ernest Becker, *The Denial of Death*）

我就讀的醫學院是和獸醫學系共用圖書館，有時，我會發現對面坐的是獸醫系學生。我們好奇地互瞥彼此的教科書，偶爾發現翻到相同科目，例如血液學或整形外科手術。看見人類醫學與動物醫學之間有這麼多共通之處，著實讓人安心。

某天我在複習攝護腺癌：顯微鏡下惡性細胞的外觀、擴散階段、放射治療、近距離治療（將放射性顆粒植入腫瘤內），以及攝護腺癌的標準化學治療。在生理上，攝護腺儲存精液並讓精子成熟，擁有在射精時進行擠壓的強壯肌肉壁。終生暴露在睪固酮下增進了攝護腺體的增生，同時也提高了罹癌機率。許多治療攝護腺癌的方式是藉由阻斷睪丸內睪固酮的生成而奏效，如果沒有睪固酮，腫瘤的生長便隨之變緩。

「全都在談攝護腺癌？」一個獸醫系學生瞄著我的筆記問道。

「當然，」我說，「那你們都怎麼治療？」

「兩個字。」他笑著說，「閹割！」

孩提時，我常看見牧場主人在我家附近的田野上閹割春季的羔羊。他們會帶著小小的橡皮圈，洞口差不多和橡皮圈的厚度一樣寬，還有一把特製的鉗子，用來將橡皮圈套在羔羊的陰囊上。束緊的橡皮圈會截斷通往睪丸的血液供應，幾個星期後，睪丸便會掉落。第一次見到他們閹割羔羊時，我問了其中一位牧場主人，「牠不會痛嗎？」

他聳聳肩。「這比老方法好多了，」他回答，「一個世紀前的牧羊人是用牙齒咬掉。」歷經一個下午的閹割作業後，他們的鬍子會滿是凝結的血塊。

閹割會將睪固酮從動物的生長中除去，變得比較沒有攻擊性，而且更順從、體型更大（性荷爾蒙會加速骨頭生長板的閉合，因此，若是沒有睪固酮，動物的骨頭在融合之前會長得更長）。低睪固酮濃度也會促進脂肪累積。你可以放任閹割過的動物在雌性身旁吃草，不必擔心牠們會繁殖。早在有文字紀錄之前，農業社會便已使用這種方法：閹割過的公牛更容易上軛，較不需要鞭打就願意拉犁。閹割後的公狗比較容易訓練，更樂意去圈圍原野上放牧養胖的閹羊。早期的亞述和中國文化也將這種知識運用在人類身上，窮人家的男孩被去勢，送進宮中，在國家的枷軛下工作。（在中國，陰莖和睪丸在閹割時都會被除去——這「三寶」醃漬於罐中，遇上特殊場合時取出，並隨閹人死後埋葬）。閹人往往長得較高，有時還比一般人更強壯，經常是帝國衛隊的核心份子。他們能在後宮服務，帝王不必擔心會戴綠帽。

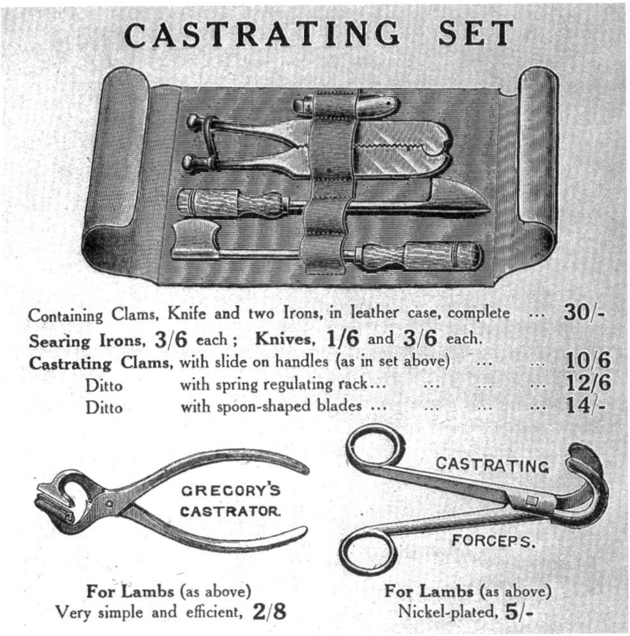

亞歷山大大帝征服波斯之後，對當地閹人奴隸的用處印象深刻，於是也採行該習俗——閹人也被認為具有性吸引力。羅馬人仿傚希臘人，尼祿皇帝就收納了一個名叫斯波洛斯的

閹人（Sporus，尼祿將他打扮成女人，並和他結婚），而圖密善皇帝寵愛閹人埃利努斯（Earinus）。羅馬記述中通常帶有窺淫狂成分，以及對於性別與生殖器不明的好奇心，這個現象仍可見於現今的媒體報導。閹人是高級奴隸，市場上最高價的奴隸，由於沒有睪丸，據信也因此失去對家人的忠誠，變得只忠於主人和皇帝。

大約在基督教開始傳入之際，羅馬帝國已出現崇拜閹人之神阿提斯（Attis）的教派。他們在春季讚頌據信在死後三日復活的阿提斯。為了向這位生育力女神致敬，阿提斯的祭司會自我閹割，地點正是現今梵蒂岡所在的羅馬山丘。這個作法在基督教化的羅馬帝國中依然存在，奧利金（Origen）這位早期的神父便是以自閹而聞名。閹割習俗延續到了拜占庭帝國（閹童受訓擔任唱詩班歌手），直至二十世紀的俄羅斯東正教會，教會裡的閹割（*skoptsy*）教派遲至一九二〇年代仍鼓勵自閹。聖保羅提議女性在教堂裡應保持靜默，這在義大利文藝復興期間產生了必然的結果——打從一五〇〇年代中期起，上帝的榮光便由閹人以男高音來唱頌。活躍於十七世紀初期的耶穌會教士坦布里尼（Tommaso Tamburini）只贊成「沒有生命危險，且經孩童同意」情況下的閹割。這些男孩能有多少選擇，我們難以估算，不過遍及十七和十八世紀的報告都描述男孩「懇求」獲得閹割的榮耀，以便為家人帶來聲譽和經濟安全感。梵蒂岡迫切需要閹人歌手唱出的高音調繁複旋律，演唱時間約莫是復活節當週，跟阿提斯祭司每年慶祝閹割是同一時間。

梵蒂岡一直要到十九紀後期才禁止閹割唱詩班男孩，而西斯汀教堂的末代閹人歌手亞歷山卓・莫雷斯基（Alessandro Moreschi）於一九二二年去世，但他的嗓音在他死前二十年已開始走下坡。他曾為「留聲機與打字機公司」（Gramophone and Typewriter Company）錄製了一系列錄音，該公司後來成為「他主人的聲音」（His Master's Voice），也就是ＨＭＶ。你可以在線上找到這些錄音，莫雷斯基的音色屬於鬼魅般搖曳的女高音，讓每首歌曲聽起來都像輓歌。

•

喜劇演員比利・康納利（Billy Connolly）曾戲稱，他已經來到醫師不在意他的睪丸、而是對他的直腸更感興趣的年紀。睪丸癌的中位數年齡約莫是三十四歲，而攝護腺癌差不多是七十二歲。接受攝護腺指診時，你得側躺，將雙膝抬至胸部，讓醫師用戴上手套的手指伸進你的肛門，透過薄薄的腸壁評估攝護腺的大小和硬度。

攝護腺癌相當常見，在我人數將近四千的當地病人中，每年都會出現幾個新診斷。艾利克斯・辛克萊正是其中之一。他是六十二歲的建築工，個性堅毅、肌肉發達、禿頭，鬍鬚又濃又黑，遮去了他的下半張臉。他說他已離婚，也暗示他的性生活相當活躍，子女早已長大離家。他穿著連身工作服來就診。「以前我晚上要起來一兩次去尿尿，但現在多達五、六次。早上起床時累得要命。」他發現自己有時得在馬桶前站上整整一分鐘，尿液才開始細細流淌。「我寧可不看醫生，可是情況已經不能再拖延了。」

我們填完一份名為「國際攝護腺症狀量表」的問卷調查，以一到五分的程度回答一連串問題，從你多常感覺膀胱沒有清空，到你多常得用力讓尿液排出。艾利克斯拿到讓人印象深刻的二十二分。我從他的手臂抽血取樣，檢查攝護腺特有物質的濃度，這種「攝護腺特異抗原檢驗」的結果大致會隨攝護腺大小而異，有時能檢驗出癌症。我問他能否進行直腸檢查。「我聽說過，」他順從地說道，起身拉開工作服拉鍊，「如果你非做不可的話。」

艾利克斯的攝護腺相當肥大，從膀胱下方向後凸出，壓擠到了直腸。我在腺體中央下方某側的皺褶處摸到一顆比較硬的個別團塊，就像塞在柏油路面的一顆小卵石。

「那就是你排尿辛苦的原因。」我告訴他，「你的攝護腺肥大得很嚴重，使得尿液幾乎無法通過。」艾利克斯起身拉上工作服拉鍊。我說，「你要去找這領域的專家，」我讓他注意聽著，「他們會用顯微鏡檢查你的攝護腺切片。」

一聽到這個訊息，他的動作慢了下來，接著小心地詢問：「他們如何取出切片？」

「他們會用非常細的針，從你的肛門穿過腸壁。」我希望讓他放心，但不知這是否反而讓他更為焦慮。「攝護腺暴露在體內的睪固酮當中，時間越久會變得越大，所以你活得越久，攝護腺就會越大。你不是唯一的案例，攝護腺在大約你這個年紀開始出問題是相當常見的。」

「這和癌症是同一回事嗎？」他同時拉上外衣拉鍊和伸手拿帽子。

我等候片刻，直到他的目光又轉回我身上。「男人活得越久，攝護腺就會長得越大，只要活得夠久，每個男人都會得攝護腺癌。但大多數男人的攝護腺癌生長緩慢，所以不會造成麻煩。」

「我要怎麼知道它會不會對我造成麻煩？」

•

一九八〇年代期間，《紐約時報》的編輯安托利．布洛亞（Anatole Broyard）寫了一系列短小精煉的隨筆，描述他確診罹患攝護腺癌和接受治療的經過。這些隨筆在布洛亞死於該疾病後由他的遺孀收集出版。布洛亞長年評論文藝，旁徵博引為文章注入幾許幽默感和非凡才智，文筆有如弧光燈般明亮而清晰。「當你全身充滿核染料，躺在巨大的機器下方，讓它掃描你全身骨頭，找尋背叛的證據，你心中有何感想？」他寫到某次接受掃描、查看癌細胞是否已侵入他的骨骼，「這部機器具備恐怖電影的感染力，在它下方，你變成暴露於電子風暴中的科學怪人。」

布洛亞體驗到自己的確診既是焦慮和恐懼的大爆發，吊詭地卻也是解放——生命變得多采多姿，有如「垂掛在平台鋼琴上的彩色渦紋披巾」。身為批評家，他求助於書本，藉此與癌症和平共存，但抱怨有太多回憶錄都缺乏幽默感，過度嚴肅，沉溺於浪漫主義，「它們聽起來如此虔誠，彷彿是用腳趾尖寫成。」他承認這個診斷讓部分的他相當得意，彷彿聽見任何人所能聽見最糟糕的消息——末期疾病的診斷，就像獲得宇宙至大的祝福。布洛亞對自身疾病的某些層面抱有一絲感激，疾病使他更深刻、更貼近地欣賞活著的光采，以及允許他放縱長期以來被壓抑、想要更加衝動的欲望。

在篇名為〈病人檢驗醫師〉的隨筆中，他詳細說明了自己偏愛的醫師類型——「擁有想對抗命運的強烈欲望……熱情或倔強到足以凌駕如惡魔般強大的事物，例如疾病。」布洛亞時常覺得自己得在慶幸他還算勇敢的朋友面前故作堅強，但他知道，好醫師會看穿他的虛張聲勢，識破他的孤單，甚至引導他穿越癌症治療的煉獄。他不想依賴誇其談或詐騙欺瞞的醫師；他理想中的醫師應當受過詩歌訓練，或至少熟悉隱喻的可能性：

我想要的醫師，不僅是有才能的醫者，而且有點像玄學家。他能照顧身體和靈魂……我的醫師若要瞭解我的身體，也得懂得我的性格。他必須穿進我的靈魂，而不光只是穿進我的肛門。

布洛亞拒絕了第一位醫師提議的閹割（「我的泌尿科醫師相當知名，他想切除我的睪丸，但我認為這麼做等於一開始就輸掉了這場戰役。」），但他同意大多數治療攝護腺癌的方式都會讓他性無能，或影響到性慾。他建議莫將性視為只關乎肉體，而是一種親密想像的擴展，並接受性生活的減少是合理的交易，希望藉此多換取幾年的壽命。「以我自己的例子來說，」他寫道，「在與死亡發生小衝突後，我覺得光是活著就是持久的性高潮。」

•

泌尿科醫師證實了艾利克斯罹患攝護腺癌。更糟糕的是已經擴散，因此移除攝護腺以消滅腫瘤已非選項。改善他生活品質的第一步是拓寬通過攝護腺的尿道，或者如同艾利克斯說的「給它鑽孔」（建築工在思考身體及其缺陷時，有一堆好用的比喻）。我還在擔任初級醫師時，曾協助過進行這類手術——病人躺著接受麻醉，雙腿擱在鐙具上，一個內附攝影機的細小儀器穿入陰莖，推進膀胱。觀看這個過程總讓人感到驚奇，攝影機探索未曾被看見、幾乎難以置信的粉紅色隧道和堤岸的世界，裡面分布著脈紋和渦漩的精美輪廓線。一進入攝護腺，儀器會伸出金屬圈，透過電流加熱後，能同時削去和燒灼阻礙尿液流動的組織。這得花上幾天時間讓出血止定——這期間艾利克斯得待在醫院，用寬口徑的導尿管排出膀胱的尿液。手術後，艾利克斯的尿液順利流動，但他的癌症已處在過於後期的階段，無法消滅。我讓他開始接受注射，讓睪丸停止製造睪固酮，還有使用荷爾蒙阻斷劑。我們計劃在當地醫院進行放射治療。

第一次注射的兩週後，我重新為艾利克斯檢查。他的性致已蕩然無存，皮膚感覺又熱又乾燥。「我從來沒有這麼煩惱過，」他告訴我，「可是最近這幾天，我對所有事情都緊張不安。還有我看電影時竟然忍不住像嬰兒一樣啜泣。」他想繼續工作，卻發現肌肉只要稍微活動就會疼痛，而且喪失了大部分的力氣。這些都可歸因於缺乏睪固酮所引起的症狀，而非癌症。「以前我輕輕鬆鬆就能抬起四片石膏板，但我想現在要是能應付兩片就算好運了。」隨後幾週，他的睪丸萎縮，儘管鬍鬚濃密依舊，但皮膚開始呈現細緻的粉紅光澤，彷彿逐漸變得更加脆弱。

「你受夠了嗎？」某天我在他詳述讓他苦惱的所有副作用之後這麼問他，「你想不想停止治療？」

「要是治療對我有好處，我就不會想停下。」他答道，「如果能繼續抑制住癌症，對我來說這些至少是值得的。」

•

艾利克斯每隔十二週還是會來診所接受注射，雖然這造成他的睪丸萎縮，卻也減緩了腫瘤的成長。他生性務實，將這種交換視為合理的妥協。「我很幸運來到這裡。」他邊說邊解開腰帶打針，考慮到針頭尺寸，必須扎進身體最大塊的肌肉——臀部。

歷經治療的初期衝擊後，他的性慾慢慢回來了。有一天，他告訴我他交了新女友。「她雙眼大張，」他說，「知道我可能沒辦法一直陪伴她。」我告訴他，若是想嘗試針對性無能的藥物，就跟我說一聲，但他只使了個眼色：「不需要。」他說，「我已經學會比以前多發揮一點想像力。」

•

有些男人視睪固酮喪失為折磨的羞辱。閹割自古以來都被當成一種懲罰手段，大約刻寫於西元前一五〇〇至一四〇〇年的中國商朝甲骨文，就將閹割列為對戰俘的刑罰，而兩個世紀後的某位埃及法老，也誇稱閹割了六千多名來犯的利比亞軍隊士兵。更近代，蘇丹的武裝民兵也對囚犯做出相同的事。現今某些西方司法機關會用化學閹割，作為對已判決的性犯罪者的處罰和「治療」，引發了爭議。

有鑑於文化落後地區以閹割作為懲罰手段，難解的是縱觀歷史，為何有許多年輕男子和男孩自願接受如此折磨。在全面檢視這個現象的《閹人歌手》（*The Castrato*）一書當中，歷史學家瑪莎．費爾德曼（Martha Feldman）探討了這些人為何這麼做的理由。她建議我們將之視為不只是一種交易，而是犧牲，某種意義上令人感到滿足或神聖的變形。閹人歌手奉獻珍貴事物作為獻禮，以頌揚更偉大的上帝榮光，但也希望獲得珍貴的回報。費爾德曼說，閹人歌手是「神聖化的生物」，某種程度上能與國王相提並論。在崇尚儒教的中國，這種犧牲是為了國家，而在文藝復興時期的義大利則是為了教會。它被視為一種復活，很像布洛亞在得知末期診斷時，感覺自己重獲了生命。

湯瑪斯．布朗注意到，閹割過的男性長壽的機會似乎會提高，這部分是因為豁免罹患攝護腺疾病。羅馬詩人盧克萊修（Lucretius）在《物性論》（*The Nature of Things*）中就曾描述瘟疫受害者犧牲自己的睪丸，希望藉此免於此一禍患。〈馬太福音〉寫道：

有生來是閹人，也有被人閹的，並有為天國的緣故而自閹的。

還有人是希望延長壽命而選擇閹割。

第二十章

笑——對自我的肯定

我們要設法避免有些人所犯的錯誤，他們精心鑽研使人發笑的概念，卻忘記笑是一種身體動作。

詹姆士．薩利，《論笑》（James Sully, *An Essay on Laughter*）

十八歲時，我在一家專供失能者長住的醫院擔任看護助理。我穿著檸檬黃的制服，工作內容是替男性居民洗澡、穿衣，以及協助他們三餐進食。那家醫院建於一九六〇年代後期，有四百張病床，長期照顧被歸類為「有心智缺陷」的人。許多病人從小就入院了，我認識一位因為偷單車而住院的病人；另一位告訴我，他曾經因為爬屋頂而被鎖起來。這兩人從小求學時就反應遲緩，父母也抱怨他們在家行為不良。我的同事說，他們能否應付醫院牆外的生活，令人存疑。我學到了「體制化」這三個字的慘酷現實。

對於院裡某些居民來說，他們的困境乃出於遺傳背景。我負責餵食的一名罹患狄蘭氏症候群（Cornelia de Lange Syndrome）的男孩沒有手，也不會說話。每天早上，我還幫一名年長男士穿衣，他患有X染色體脆弱症（Fragile X Syndrome），這種遺傳疾病會導致學習障礙。我費勁地將他的雙腿套進褲管，或是將襪子套到他的腳上，他寬厚、喜樂地容忍我的笨拙。其他助手知道我是醫科生，會在茶點休息時間細問我有關遺傳疾病症候群的事，或是我們幫忙分發的藥物。雖然我幫不上忙（當時我只是大一生），但這份工作和他們的詢問已使得我及早認識了心智的微妙與脆弱。我們的腦經過精密的校準，我明白，種種情況可能會讓大腦無法發揮潛力。當時我才獨立生活了幾個月，卻得以深刻理解那些從來不曾獨立的人所過的生活。

亨利是其中一位受看護者，根據紀錄，他的智力和說話能力是三歲程度。他有一顆禿頭、發黃的粗短牙齒、像羅馬將軍的鼻子，以及笑起來不受約束的驚人能力。他的笑聲燦爛有力，深沉且響亮，一整天裡間歇可聞。當他沒有發出笑聲時，通常也在微笑，休息時的表情是壓抑不住的歡笑。他喜愛舞蹈和音樂，最愛聽吉米．尚德（Jimmy Shand）的手風琴音樂。每當音樂播放時，他會站到地板上，拉著我一起旋轉，直到上氣不接下氣，爆出宏亮的笑聲，最後我也跟著他一起笑。事後我們坐下來喘息，有種緊張感被釋放的感覺，而且察覺得到好的改變。

有時，在一陣陣捧腹大笑中，亨利突然有所感觸，笑聲於是轉變成了啜泣。淚水在他眼角打轉，哽咽得發不出聲音。「怎麼啦，」我會問他，「有什麼不對勁嗎？」他會搖搖頭，抖動肩膀，我便在一旁等待。過了一會兒，他又再度咯咯發笑，彷彿人生就是個玩笑，不管眼淚或笑聲都同樣相宜。

•

笑分成兩種，一是對好笑的事情做出反應的大笑，另一種是我們放進談話中的笑，用以促進社交互動。我們隨著年紀增長，越懂得分辨二者，這種辨別能力持續增進，直至我們四十歲時。這兩種笑都有益健康，經常笑的人據報較少痛苦、焦慮和抑鬱，而且睡眠品質更好，富有活力和幸福感。笑能擴張血管、降低心臟病發生機率和重振免疫系統，還會使我們比較不容易過敏，而且更能對抗感染。許多小兒科醫院會雇用小丑或「搞笑醫師」來緩和緊張氣氛，協助治療住院兒童。「笑聲是最好的藥，」有個笑話這麼說，「除非你碰巧拉肚子。」

我們為何會笑，對此，我們所知有限。這顯然是一種生理程序——呼吸受到干擾、臉部發紅，以及我們都知道的，笑到兩脅發疼的感覺。還有與開懷大笑有關的神祕身體變化，我知道有些病人每次看喜劇節目必定引發氣喘。

一九〇〇年，法國哲學家昂利・伯格森（Henri Bergson）寫了一篇日後被譯為〈笑：論滑稽事物的意義〉（*Laughter: An Essay on the Meaning of the Comic*）的文章。伯格森認為人活在兩個世界——我們憑藉感官察覺到的物質世界，以及由意義、階級、愛恨和嘲弄構成的社交世界。他認為我們只有在別人面前才會笑，但其實不然；獨處時，我們確實也會笑，不過當我們和別人相處，尤其是我們喜歡的人，以及我們想被他們喜歡的人，發笑機率是獨處時的三十倍（因此，情境喜劇會有罐頭笑聲）。他接著說，身為人類，我們處在持續變動的社交沙粒上，不斷設法想弄清楚我們與周遭之人相涉的處境。笑讓我們安於一個事實——我們是永不安寧的世界裡、不斷改變中的社會性動物；笑讓我們得以撫平社交互動的粗糙。笑能消除社交緊張，功用是強化人與人之間的關係。伯格森的複雜理論缺乏的是嘗試將笑的理論與一個明顯的事實整合，那便是小孩子常常笑，而且笑得津津有味，早在他們發展出必要的智力去瞭解笑話的含意，或是十分介意別人的看法之前。

不帶成見的觀察大師達爾文在展開他的「歡欣」研究時，心中設想的對象是孩童：「笑似乎主要僅用於表達欣喜或快樂。我們在嬉戲的孩童身上可清楚看見這一點，他們幾乎不停在笑。」意義不同的聯想之間的不一致也會激發笑聲，例如梅．蕙斯（Mae West）的經典玩笑：「婚姻是種好制度，但我可沒打算接受制度。」嬰兒對於不一致性可能就跟成人一樣敏感——看到積木塔倒塌而發笑的嬰兒，觀察到前一刻還穩固的塔，下一刻卻非如此——這種笑可能是非言語的不連貫性所引起。呵癢也涉及某種不一致，因為那是被信任的人所發動的假「攻擊」。達爾文相當重視呵癢：

> 如同我們所見，類人猿被呵癢時，尤其是在腋下，同樣會發出一種反覆的聲音，相當於我們的笑聲……然而因為滑稽想法所產生的笑，雖說非自願，不能稱作嚴格的反射動作。就此而言，以及出自被呵癢而發笑的情況，心情必定是在愉快的狀態，因為幼兒若是被陌生人呵癢，會驚恐地尖叫。

達爾文注意到了笑所涉及的動作——短而中斷的呼氣發聲，加上拖長的吸氣喘息——正好與因痛苦而叫喊時發出的聲音相反，因此笑是強力展現好心情的社交訊息。一陣大笑的改造性效果所造成的暫時癱瘓，會讓其他動作或情緒的溝通不可能進行。

用來緩和社交關係的笑可能是假造或誇大的，但仍能發揮用處。笑標誌出我們與他人的合拍或不合拍，並且更快速展現我們與周遭之人的親和力，這是比較無法憑藉言語辨到的事。亞里斯多德認為只要是在合適的時機和程度內進行，那麼被逗樂便是良善的社交活動。他甚至用源自希臘語、意指「能順利轉動」的「*eutrapelia*」為之命名。如果能將個人想像成是社會機器的一個齒輪，那麼機智與幽默便是讓這部機器運轉順暢的潤滑油。

•

對亨利來說，在悲傷的淚與歡笑的淚之間的界限是可滲透、而且脆弱的，這兩種情緒似乎擁有共同的源頭，而且天衣無縫地相互融合。希波克拉底的《流行病》（*Epidemics*）是現存最古老的醫學案例研究著作之一，書中就注意到笑聲和淚水可能在極大的壓力下不由自主地爆發出來，兩者幾乎就像是可互換的應付辦法：「她習慣隱藏自我……抓扯和拔下頭髮，時而哭，時而笑。」達爾文表示這些悲喜之間的轉變甚至會出現在重要社交場合中，也普遍存於其他文化：「斯文豪先生告訴我，他常見到中國人在極度悲傷時突然爆出陣陣歇斯底里的笑聲。」這種淚水與笑聲之間的快速變換，在西方傳統中多半僅限於嬰幼兒，不過在極端壓力下，成人身上也能觀察到這種情況。達爾文引述「最近的」巴黎圍城（他的著作出版於一八七二年）：「德國士兵因為暴露在極度的危險當中，因而非常興奮，特別容易突然大笑，即便只是聽見最平淡無奇的笑話。」舉例來說，據報有許多人在葬禮上會有想笑的衝動，這並不是因為他們感覺遲鈍，而是出於某種難以言喻、希望藉以從悲傷情境中宣洩和釋放緊張的需求。乏味喜劇中的幽默也許也出於同一種不舒適。

神經學家普遍接受淚水和笑聲有共同的起源。一九二〇年代曾說到一種稱作「病態性哭笑」（Pathological Laughter and Crying）的症候群：被最微不足道的刺激所觸發，不可控制地笑或哭，或者又笑又哭。對於病態性哭笑患者來說，可能會因為有人在眼前揮手而引起悲痛的啜泣，或是因一盤食物引起一陣咯咯笑聲。病態性哭笑可能肇因於中風、某種癲癇、腦腫瘤、多發性硬化，甚至是注射抗癲癇藥物，而且似乎與任何主觀的歡樂或幸福感相當不同。其觸發顯然是腦底附近、負責協調這兩種情緒表達的肌肉運動核心活化所致。亨利腦部的特異反應性有可能造成了這個核心的活化，即便只是最微弱的刺激。位於頸背底下的小腦某種程度上也與笑有關，其功能之一便是協調適當的動作，還有情緒表達。

一九〇三年，法國一位神經學家描述了一種「預期性的狂笑」（*Fou rire prodromique*）症候群。在這個案例中，因為腦的抑制解除所造成的不可控制、缺乏情感的笑，是導致快速死亡的中風前兆。巴茲爾・邦廷（Basil Bunting）事後思忖他的長詩《布里格弗萊茨》

（*Briggflats*），也講述了一則談及西藏某顆石頭的波斯故事：任何人光是看見這顆石頭，就會陷入一陣陣大笑，「笑到喪命為止」。

•

我在離開看護助理工作的多年之後，曾為某家安寧療護機構提供醫療服務。每當我經過娛樂室，電視總是固定在播放滑稽電影或脫口秀。在護士推著擺放藥丸和栓劑的推車走過一輪後，接下來是一台裝著喜劇光碟的推車——這對病患和臨床醫師來說都是一種慰藉，甚至是補藥。茶點時間和巡房是非正式事務，你看得出院內員工專心致力於自己的工作。走在每張病床之間不過是醫院油氈地板上幾碼的路程，但在經過病人身邊時，我們穿越的是情感的山脈。在某張床邊有嚴肅、悲傷和坦誠討論死亡之將至，而在另一張床邊，我們全都咯咯笑談著起便秘問題，或是醫院輪椅的古怪之處。

哲學家湯瑪斯．霍布斯認為，笑是「因突然肯定自我而生成的突現光輝」。如果霍布斯說的沒錯，安寧病房裡之所以有笑聲，或許是為了展現對死之將臨的超越。大量具有淨化力的笑聲適足以緩和緊張，如果沒有笑聲，我們也許會被憐憫給癱瘓，或是負荷過度。在一個崇尚青春和健康的社會，我們嘲笑著死亡逼近所引發的荒謬和不一致。有時，我們用笑與同事及病人分享團結感，而我有時也會在探視時間聽見房間裡爆出笑聲，或許這也因此緩和了深陷悲傷的家屬彼此間的緊張關係。那種笑不是挖苦嘲諷或冷酷無情的笑——那種笑改變了氣氛，予人勇氣和患難與共的感覺，在言語力有未逮之處，協助病人、醫師和家屬適應新的現實。

第二十一章

義肢——人類 2.0

雖然他靠義肢走路，姿態卻如此雄糾糾氣昂昂，足教人人欽羨。

曼德爾施塔姆，《亞美尼亞之旅》（Osip Mandelstam, *Journey to Armenia*）

光劍必定具備燒灼力，因為在《帝國大反擊》中，當天行者路克失去一隻手，斷處幾乎沒流血。不久之後，他裝上一隻會颼颼和喀喀作響的機械手，聽從斷肢的命令。利用技術使我們傷殘的肢體復原、甚至升級，這個概念自古即有。《金銀島》中的西爾法和《白鯨記》裡的亞哈船長裝上木腿，而《彼得潘》裡的虎克船長則裝了讓他因此得名的鐵鉤。老普林尼寫到布匿戰爭期間，一名在戰場受傷而截肢的羅馬將軍就託人製作一隻手臂義肢，裝在他的盾牌上。文藝作品中像天行者路克那樣被截肢的最早先驅之一，就出現在奧維德的《變形記》裡。珀羅普斯被父親斬成碎塊，諸神重組了他四分五裂的身體，卻找不到肩膀部位，於是以象牙製作替代品，「從而使他的身體完整」。

我在血管外科當初級見習生時，曾經當過截肢手術的助手。儘管有先進的醫院和精密的外科器具，截肢手術依舊是一件異常可怕的事。病人一旦麻醉後，醫生便出動劈刀和骨鋸，幾分鐘後，發紫的斷肢就擱在外科手術覆蓋巾上，隨後投入焚化袋。隔天早上巡房時，我們會檢查殘肢的縫合情況，並且將病患引介給義肢師，好讓他們安裝新義肢。截肢手術每隔幾週便會有一次，手術原因通常是因為患者動脈阻塞，病人長年苦於慢性疼痛和感染。在乾淨漿挺的醫院床單上，我眼見截肢病人盯著縮短、變輕的肢體，對自己身體的變化目瞪口呆。

目前已知最早的義肢是腳拇趾，是以木頭與皮革製成，是在一具三千五百年前殯葬的埃及貴族木乃伊化的腳上發現。兩千年後，義大利南部挖掘出一條約是西元前三百年的青銅與鐵製的腿（這條腿被送往倫敦，但毀於閃擊戰期間）。此後一直要到十六世紀初期，才出現訂製手部義肢的故事。一位名叫戈茲．馮．貝利辛根（Götz von Berlichingen）的日耳曼傭兵騎士，二十四歲時在某場戰役中失去了右臂，於是換上鐵製手臂，裡面安裝了彈簧和滑輪。他繼續替查理五世作戰，對抗土耳其人和法國人。中世紀的盔甲匠是最優秀的義肢工匠，他們擅長人體工學的金屬加工，那些最有可能遭遇截肢命運的人正是他們的客

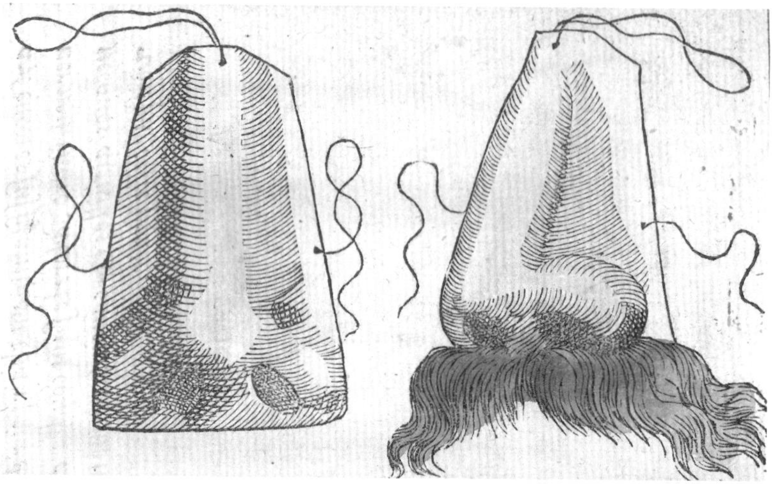

戶。

到了十六世紀後期，巴黎的外科醫師安布羅斯・帕雷（Ambroise Paré）在義肢製作技術上有更精良的進展。他注意到那些他以截肢手術挽回性命的人，往往會苦於羞愧感和失能，於是他發明了栩栩如生、能跪下的木製假腿，以及可彎曲的手肘。帕雷也製作了手指可彎曲的義手，以及替遭人割鼻的人製作假鼻子。

在鄂圖曼帝國與保加利亞人繁頻交戰的某場衝突中，遭俘的鄂圖曼士兵遭到割鼻，以示羞辱和警告。據說這些人一回到伊斯坦堡，蘇丹便酬賞每人一個升級的鼻子——以黃金鑄成的新鼻子。

自從安德魯．加農有記憶以來，他就一直戴著手臂義肢。安德魯的左手臂天生缺少前臂，他的父母堅持讓還只是幼兒的他戴義肢。因此他從小內心便渴望建立一個自我形象，而這個形象就含括他出生時便缺少的前肢。到了四歲，他配戴的是「肌電」式義肢，也就是能感測到手臂肌肉的活動，並讓手部相對應地開闔。

安德魯現在穿戴的是「iLimb」，他最新的肌電義肢。這種義肢包覆在半透明的矽膠中，顯露出複雜的鋼質關節和活塞骨骼。半透明的義肢皮膚讓手背上的商標得以透出來。安德魯向我示範義肢的能耐，它發出電子設備的嗖嗖聲響。「製造商對他們的工程技術相當驕傲，想讓大家看見這個商標。」他解釋義肢的半透明手套，聳了聳肩，「我倒寧願這是黑色的。」[1]矽膠很快便會磨穿，使得裡面的機械裝置暴露在濕氣中，所以安德魯得定期更換護套。目前有些義肢採用光電電池，因此使用時至少還能多少充個電。

我們認識時，安德魯穿戴這個 iLimb 已有兩年。它只有兩顆位在承座內的感測器，一個貼住通常用來讓手打開的肌肉，另一個則貼住讓手闔上的肌肉。這個義肢需要每晚在插座上充電。電路當中編寫了大量的可能動作程式，而啟動只靠四個訊號：一個打開手的訊

1 自從我們認識後，安德魯已經獲得純黑色手套的供應。

號由肘部的快速肌肉脈衝啟動；一個相同訊號的雙脈衝；一個打開訊號的三脈衝；以及打開與閉闔訊號的同時收縮（共同收縮）。義肢透過迅速感測這些訊號的交替組合，在不同程式之間轉換。「這個地區提供資助義肢的名額只有兩個，」他告訴我，「義肢中心選了我，是因為他們知道我願意使用，而且會誠實回饋。」起初，操作所需的複雜動作讓他吃足苦頭。「但我還是學會了。」他伸手拿起一包衛生紙。他幾乎漫不經心地拿起弄皺的塑膠包裝，輕鬆抽出一張。「這個義肢最棒的一點，」他注意到我的注視，「是側向捏握。小時候我自有綁鞋帶的辦法，但這是第一種能處理涉及抽出一張衛生紙或拉緊鞋帶的拇指動作的義肢。」

iLimb 的手指內建感測器，一旦遇上阻力便會停止收縮，這表示安德魯能輕鬆拾起空鋁罐——以往的義肢缺乏感測能力，抓握時會把鋁罐給捏壞。在說話的同時，他自然地使用雙手做手勢，例如攤開手掌或握住拳頭。他還有安裝在智慧型手機裡的應用程式，能以無線方式切換義肢的不同設定，讓手做出握手所需的抓握動作，甚至做出猥褻的手勢。但他鮮少使用這些功能，因為四個預設程式已經夠用。「我家裡有個新生兒，」他告訴我，「但我決定不用義肢換尿布。脫掉義肢，用單手包尿布比較快速，也比較安全，事後再戴回義肢就好。」

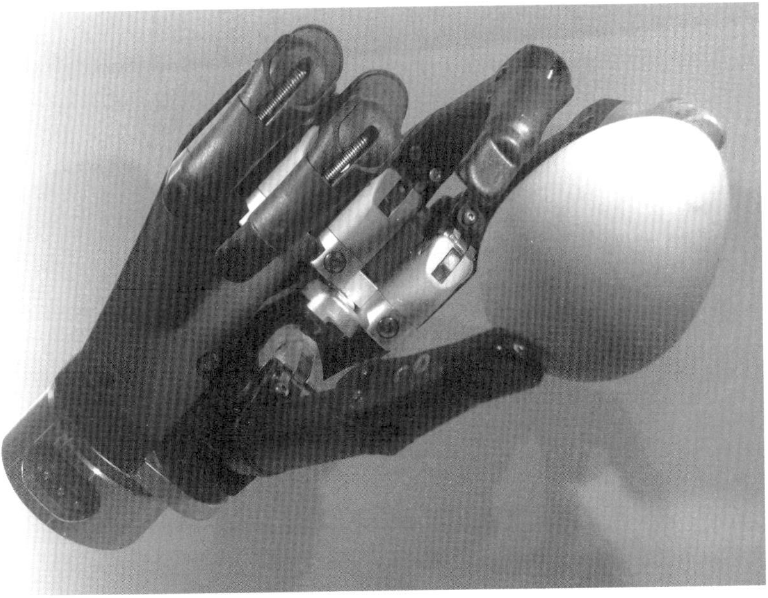

據估計，全世界有四百萬人遭到截肢，其中只有極少數人經濟無虞（或生活在足夠富裕的國家），負擔得起肌電義肢。奧莉薇亞．賈爾斯是住在愛丁堡的四肢截肢者，她在二○○二年因為某種罕見的腦膜炎引發敗血症，結果失去雙手和雙腳。接受過律師訓練的奧莉薇亞目前是慈善機構「五百哩」（500 Miles）的主任，在馬拉威和尚比亞為人提供義肢。

我問起當年她因為敗血症而失去四肢的經歷。血液的細菌感染嚴重降低了她肢端的循環，造成手腳產生壞疽，因此不得不截肢。「某天工作時，我覺得病得厲害，彷彿得了流感。我隔天早上發現雙腳都是紫色斑點，接著是我的雙手，感覺很可怕。我到了醫院之後就不省人事，我四個禮拜後醒過來，就變成這副模樣了。」她舉起長度不及腕部的前臂。「我差點就沒命，但我活下來了，所以我不再回顧過去。我對截肢前的生活的悔恨，還多過截肢之後。」

我問奧莉薇亞過渡到新生活的情況——對許多截肢者來說，頭幾個月、甚至頭幾年，可能相當煎熬。「我戴上義腿那天，起身走了幾步，彷彿是重生，一個新生命的開始。」我非常開心，因為先前根本不敢指望可以用走的離開醫院。所以我幾乎立刻就想到要成立慈善機構，好讓其他人也能得到和我一樣的新生機會。馬拉威那裡有極大的需求，而且未受戰爭破壞，我選擇開始著手的起點，希望能親自造訪和監督。還有尚比亞，蘇格蘭、馬拉威和尚比亞之間有這麼多穩固的關係。」

我萬萬沒料到這個慈善機構大部分是在提供義腿，手臂反倒是次要。「在次撒哈拉非洲，成人截肢者知道，跟四肢健全者相比，他們絕對找不到工作。」奧莉薇亞說。「一旦被截肢，他們的工作生涯多半也就沒了，但義肢能讓他們繼續在田野裡工作。我們也替人安裝附設彈簧鉤、可以握住鋤頭或草耙的義肢手臂，但雙腿讓人有移動能力，這意味著自由。我們用的義臂其實只是裝飾品，穿戴者常因此受嘲笑或排斥，但提供義腿能幫助他們適應。」奧莉薇亞告訴我，失去一條手臂的人仍擁有大約百分之九十五的工作能力，因此增添義肢手臂，即使是像 iLimb 般先進的，增加的不過也只有額外的百分之五。

「關於義肢，最具改造力的是它們賦予孩童的潛在可能性。」她告訴我，「與我們合作的孩子如果是在意外事故中失去肢體，他們會被困在家中，成為家人的負擔，往往會因為外形缺損而羞愧。一旦獲得義腿，他們便有可能回到學校。當孩子裝上新義肢時，你可以看見母親的臉色發亮，因為她們知道這代表孩子能有未來。義肢給了他們未來。」

奧莉薇亞的機構供應的義肢是在瑞士製造，而不是非洲當地，她說當地的義肢品質還不夠好。「我們整批下訂單，再運送到路沙卡、布蘭岱和里朗威。」她雇用的當地義肢師全都在柬埔寨上過頒授證書的課程；柬埔寨因為戰爭之故，擁有先進的低成本義肢製作技術。「讓義肢師去坦尚尼亞受訓會比較省錢，」她還說，「但那裡的課程不夠完善。多哥也有開設證書課程，不過講的是法語，對我們的尚比亞人和馬拉威人派不上用場。」

這些年來，我知道有許多截肢者承受著幻肢疼痛、常人對失能者的偏見、長期的抑鬱和焦慮之苦。但奧莉薇亞對截肢者可能擁有的機會抱持著樂觀態度，即便是像她那樣的多重截肢者：「我們有幸能生活在西方社會，失能者被接納，社會也替我們打造便利設施和制定法律，讓我們得到協助。即便是失能，在蘇格蘭也有可能過著高品質的生活。英國有許多設備和基金可利用：如果殘肢的模套不太合身，就會被丟棄然後製作新件。比較貧窮的國家不會這樣，他們得將就使用現有的東西。」

這個慈善機構不僅提供義肢，也發送扳直內翻足的夾板，以及輔助燒燙傷皮膚治療的裝具，以防毀形和造成失能的皮膚攣縮。「有些人不知道燒燙傷皮膚的照護有多重要。」她說，「非洲許多醫院惡名昭彰，大家往往能離開時就出院。我們非常努力說服他們妥善復診的重要性。」

奧莉薇亞對截肢後的生活可能性抱持積極看法，即使是低成本的義肢也能帶來突破性的重大好處。「我覺得實在沒道理，怎麼會有人看著我和我的身體，因此憐憫我呢。我的身體其實健康又強壯！罹患長期抑鬱或退化性疾病的才更悲慘，雖然外表看不出來，卻會逐漸縮短壽命。我的壽命不會因為缺手缺腳而變短，只是沒那麼方便罷了。」

•

隨著技術進步，人類不僅有機會取代缺失肢體的功能，甚至能加以改進。義肢（*prosthesis*）一詞意指「附加」，字根中隱藏的含意，暗示義肢有可能增加人類能力所及的事，而不僅止於作為替代物。珀羅普斯擁有象牙雕刻的替代肩膀，現今的義肢師則使用鈦金屬、碳纖維和合成纖維克維拉（Kevlar）。

我在多年前認識了傑米．安德魯，一位攀登阿爾卑斯山時發生意外，因凍傷而失去雙手雙腳的截肢者。如同奧莉薇亞，他寧可不天天使用義肢手臂。「我認為你得自問義肢的用途是什麼。」他告訴我，「是為了取代失去的部分，因為你的手長不回來了，或者是協助你做事的工具？」傑米傾身向前，熟練地用缺了手的兩隻前臂端起咖啡杯啜飲。「如果是工具，那麼我有許多工具，比雙手更管用。我有一隻設計用來開車的手臂、攀冰的手臂、拿廚刀切菜的手臂……應有盡有。這些工具的功能全都勝過我以前的雙手。」

「那新一代的肌電義肢怎麼樣？」我問，「你認為它們有什麼價值和用處？」

「我比較感興趣的是能改良人手的技術，而不是作出更慢、更笨重的二流人手複製品。」

幾年前，英國關閉了一所軍用義肢中心，原經費改撥給國家健保局使用。這次轉移意味平民百姓也能用到這種過去只提供給退伍軍人的技術。「以攀岩為例，」傑米說，「我的攀登腿的足部具備粗短的小趾端，能完美嵌入狹窄的岩縫。或是說滑雪吧：人類的大腿、膝部和小腿能吸收不平坦雪地表面的壓力。我的滑雪腿安裝了碳纖維阻尼器，雖然好用，但急轉彎時會在冰上咯咯作響。不過我最新的滑雪腿配有迷你吸震器，就像在單車前叉看到的那種，它們能完美消除震動，比人腿還管用。」

我告訴傑米，我聽說截肢者社群對於追求植移，或專注於發展與改良義肢的價值，有意見分歧的兩派。對殘肢進行立體掃描和立體列印以製造承口，以及不斷演進的人造材料器具，意味殘障奧運的運動員能趕上四肢健全的運動員，甚至在某些情況下超越他們。彷彿義肢能提供的不只是失去的肢體的替代，而是改良版的人類——人類2.0。傑米笑了：「如果有人要給我一隻像天行者路克那樣的手，我會接受。不過那還有得等。」但並非遙遙無期。

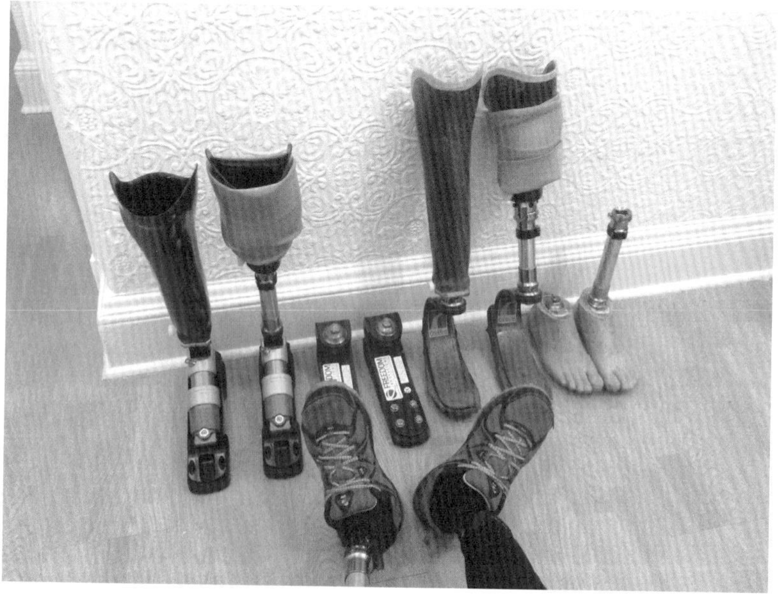

第二十二章
記憶——遺忘的宮殿

記憶的條件之一是我們應該遺忘。

威廉・詹姆士，《心理學原理》（William James, *The Principles of Psychology*）

夜班的第四次呼叫是為了療養院居民喬治而起，工作人員說他變得異常好鬥。當天稍早，他攻擊了另一位療養院住民，過去他從沒這麼做過。當晚十分忙碌：第一次呼叫是為一位臨終婦人施打嗎啡，她似乎撐不到隔天早上，但嗎啡有助緩解她的疼痛和喘不過氣。第二次是判斷某個男子的人工髖關節是否脫臼，但當他在門口迎接我時，只不過跛著走路而已。第三次是一名陷入恐慌的年輕女子打來要求服務，她幻想客廳地毯上爬滿蜘蛛。結果她不是精神有問題，原來是剛注射了安非他命。

我站在門前按下門鈴，門旁放著生了鏽的長椅和用來捻熄香菸的垃圾桶。那是一棟以廉價褐色磚頭搭建的現代建築，全部一層樓，入口上方伸出設有遮簷的山形屋頂。玻璃上貼著告示，要求勿在用餐時間打擾當中的居民、進出要簽名，而且雙手記得要消毒。我透過玻璃往裡望，一座法定要求的魚缸、可刷洗的地毯、可擦拭的安樂椅，以及貼有工作人員相片、連同不在院內的居民照片集錦的告示板。在我等待期間，一位瘦骨嶙峋的老太太穿著晨袍出現在玻璃另一邊。她果決地倚著助步器，停下片刻朝著我看。她舉起左手，氣派十足地向我行禮致意，後然綻放無比燦爛的微笑。有一兩秒鐘，我們就站著對彼此微笑。她接著邁步向走廊，同時掃視左右，彷彿女王在巡視她輝煌的宮殿。

又過了幾分鐘，一名護士慌忙來到門邊，開門讓我進去。她的頭髮梳成高髻，上頭插著筆，深藍色制服透露她正在值夜班。她手裡拎著一串鑰匙，另一隻手拿著放在塑膠公事包裡的一疊文件。「我是瑪姬，抱歉讓你久等。」她隨即轉身往回走，招手要我跟上，「人力短缺啊。」她補上一句。

「不要緊。」我回答。

我在另一道雙扇門前跟上她。「喬治平時溫文儒雅，」她在牆上的鍵盤按下密碼，「是真正的紳士。」門打開時，我們被擋了下來，一位身體虛弱、弓著腰的男人在門口與我們相遇，他上身穿著綠色馬球衫，腰下什麼都沒穿。「我剛回家，再會」，他將我推開，走進主走廊。

「不是那個方向，吉米。」瑪姬撲過去捉住他。她用勸誘的方式挽住他的手臂，非強制地引導他走向另一條走廊。他顯然信任她。「去穿褲子，拜託。」她對他說，然後對我露齒而笑。「歡迎來到瘋人院。」她用故意讓人聽見的自言自語說道。

建築的這一半區域只有男性居民——其中幾個在走廊上到處走動，有些則坐在躺椅上。大家看起來全都整齊乾淨，受到妥善照顧。在無人觀看的電視畫面中，名流走在紅毯上，房間裡閃爍著此起彼落的狗仔隊閃光燈。

瑪姬領著我走向通往喬治房間的走廊。「卡蘿會招呼你。」她說完便大步踩著清脆的步伐離開。喬治的名字和照片釘在門板上，一個身材高大的禿頭男子，穿著敞開到腰部的夏季襯衫，露出古銅膚色，對著鏡頭微笑。一張度假時的快照。他的雙肩肌肉隆起，張開刺青的雙臂環抱妻子、女兒和孫子。

房裡任何會被當成武器的東西已悉數被移除，正中央是裸身躺在床上的喬治。他比照片中的模樣更顯蒼白、憔悴。牆上到處是舊照片翻拍，穿著制服的喬治，寬闊的胸膛上別著勳章；站在吉普車旁的喬治，還有向長官行禮的喬治。有一張幾十年後拍攝的相同勳章的特寫，我猜想勳章已經變得晦暗，沾滿灰塵。喬治張開眼躺著，指尖碰觸臉頰。他的前額冒出汗珠，嘴唇緩緩移動，彷彿在做無聲的祈禱。我看不見卡蘿的蹤影。

我將包包放在床邊。「哈囉，喬治。我是蓋文．法蘭西斯醫師。你好嗎？」我輕輕將他的右手從臉頰拉開，彷彿要和他握手，同時以左手觸摸他的脈搏。一位穿著護士助理黃色束腰外衣的中年婦女從毗鄰的浴室走出來。她蓄著白色短髮，眉毛是畫出來的。「他不會回答你，」她說，「他幾乎整天都不說話。」她走到床的另一邊，將手放在喬治肩上。「你覺得不舒服，對吧，喬治？可憐的寶貝。」她的聲音如誦經般單調，彷彿在跟小孩子說話，但當中蘊含真摯的感情。我們站了一會兒，望著他空有一身力氣的裸體，就這麼被他的心智拋棄。我別開目光，抬頭看牆上照片，卡蘿也隨著我的視線望去。「他曾經是陸軍上尉。他跟我說過，那張——」她往上指著喬治向長官行禮的照片，「是在柏林拍的，就在戰爭結束後。他還能告訴你關於他所有動章的事。」

我點點頭。「你沒替他鋪上床單嗎？」

「他剛剛才扯掉。」卡蘿指著角落的衣服，「他的睡衣褲需要洗一洗了。」

我傾身靠近喬治的耳邊：「我現在要幫你量體溫和做檢查。」他沒有表現出聽見的樣子，嘴唇低聲嘀咕著。我把溫度計嘴管伸進他的耳朵，讀數顯示輕微的發燒。我彎腰將聽診器貼在他的胸膛，空氣俐落地通過他的肺，但心臟發出雜音，彷彿當中有沒上油的齒輪在慢慢轉動。我移開聽診器，輕按他的腹部，他畏縮了一下。「你有取得尿液樣本嗎？」我問卡蘿。

「在那裡。」她用拇指往後指向浴室。我從包包取出驗尿棒，進到浴室——公共機構使用的耐磨損油氈、擺在無障礙淋浴器下方的硬塑膠椅、牆壁上的扶手，以及用聚乙烯包裹的失禁護墊。

要評估尿液是否感染需要整整兩分鐘，這一百二十秒是值班時唯一可鬆懈的時刻。驗尿棒的小方格裡含有化學試劑，這些化學物質浸泡尿液後會變色，類似ＤＩＹ商店裡的顏料樣本，或是老地圖邊角上代表海拔高度的色鍵。有時，我在等待之際會想到幾個世紀前那些詳細查驗尿液以找尋線索的醫師。通常我只觀察顏色的變化，有時也回想起許多年前的那場臨場考試，當時有位名教授要我浸蘸一根驗尿棒，捉住不放，「好讓我看看你的手是否會發抖。」

我將薄細的測試紙棒浸蘸卡蘿留在洗手盆上的尿液，看著手錶，數三十秒，這時可以估算尿糖值；一分鐘時讀取血液和蛋白質數值；兩分鐘時估算白血球。蛋白質方格轉變成療養院走廊的淺綠色，而白血球方格則變成像浴簾一樣的淡紫色。

淡紫色、綠色，還有一些午夜藍斑紋，證實了喬治還有尿液感染的問題。他的腦部運作維持著脆弱的平衡，只要膀胱中有一點細菌滋生，加上血液裡相關的毒素，就會讓這位平時也許健忘、但仍和藹的男士陷入驚恐和困惑。

失智症患者一旦發生感染，沒有人知道他們的記憶為何會這麼容易就惡化的確切機制。就醫學術語而言，喬治出現「譫妄」症狀，一種特定的精神混亂狀態，以和犁地有關的拉丁文「deliriare」命名，意指「越出犁溝」。喬治的腦和心智已習慣於舊有的慣例和習慣反應，但尿液感染使得他心智的犁頭晃出了慣常的路線之外。

•

一九四三年，理論物理學家薛丁格（Erwin Schrödinger）在都柏林的聖三一大學發表了一系列演說，題目是「何謂生命？」他將這些演說和以演說為基礎而寫成的書，用來紀念他的父母。對薛丁格來說，我們學習和保有記憶的能力，是讓我們之所以成為人最重要的東西。他解釋，大腦與中樞神經系統持續地在忙於學習的「系統變形」（phylogenetic transformation）。學習新事物即是以深刻且親密的方式在和自己的人性對話。

十三年後，薛丁格在劍橋大學三一學院又發表了另一系列的演說，題為「心智與物質」，詳加說明他當初在都柏林的主題：我們視之為「自我」的東西，有一大部分與我們創造新記憶的能力息息相關，我們藉之以建造現在和未來的意象。喪失記憶可能會導致喪失自我，因為記憶是我們編織世界、使其存在的方式。「對心智而言，沒有確然的過去和未來，」他寫道，「只有包含記憶與期望的現在。」

薛丁格接受過古典文學的教育，他在「心智與物質」的系列演說中，藉由將意識的神經科學與荷馬《奧德賽》中的場景做比較，展開了一段令人難忘的篇章。當盲詩人以無比優美的方式吟唱戰爭的恐怖，奧德賽潸然淚下。這個吟遊詩人名叫德謨多庫斯（Demodocus），意思是「贈予人類的禮物」，據信荷馬欲以他作為自畫像。正如荷馬的詩是織入自畫像裡的宏偉史詩織錦，薛丁格說，我們的心智編織著出自記憶紗線的經驗，然後織入作為參與者的有意識自我。

讀過薛丁格的《心智與物質》後，我接著挖出以下段落：「彷彿你是身處特洛伊當下的自己，或者從目擊者那裡聽到這個故事，」奧德賽對德謨多庫斯說，「你必定曾受教於繆思女神或阿波羅。」

「繆斯女神」是宙斯與記憶女神所生的女兒，最早的資料來源說她們是三姊妹——「冥想」、「記憶力」和「歌唱」。[1]「Museum—博物館」是她們的宮殿，而其職司是以創造生命的神聖火花注入記憶，藉此啟發靈感。

•

記憶讓我們得以歷遊時間與空間，停留於現在，從片刻中解放，並帶領我們進入過去及想像未來。相反的，記憶的喪失造成了社交孤立和嚴重失去方向感，等於經歷自我本質的改變。人類腦中有無數細胞，每個細胞平均約有五千個突觸，存在著五百兆個用以嵌入記憶的可能連結。神經網絡的規模與壯觀需要大筆時間闡述——神經元分枝（「樹突」）因為過於密集，早期的顯微鏡學家無法追蹤單一細胞的連結。這就好比在夜晚的雨林裡，想看見團團包圍在灌叢裡的一棵樹。十九世紀後期，義大利人卡米洛・高基（Camillo Golgi）發展出了一種技術，後來經過西班牙人聖迪亞哥・拉蒙・

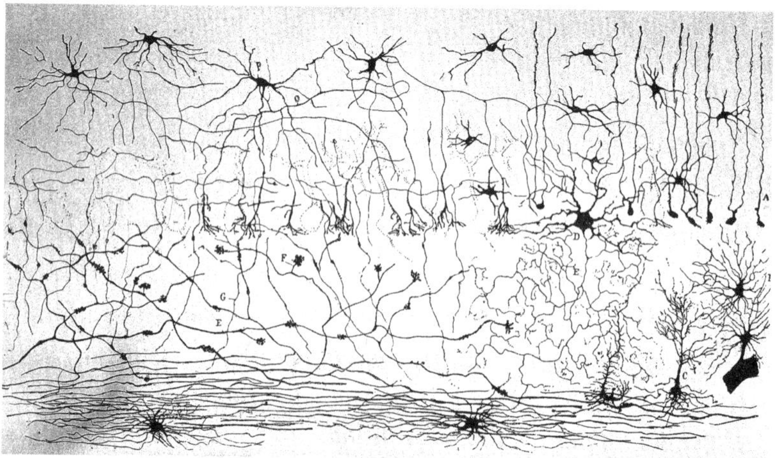

卡哈（Santiago Ramón y Cajal）的改良，可將腦組織薄片的少量神經元染色。當時發現的方法就像是從黑暗的雨林中挑選幾棵樹，施以魔法，使之發出冷光。卡哈在極其優美的素描中，揭露了腦部記憶網絡驚人的複雜程度。

神經科學家談到我們學習新記憶的幾種方式。印象在毫秒間從感官傳至腦部，然後通過使之「有意義」的語義記憶格柵的過濾——憑藉多年經驗習得的語義記憶有組織地篩選，讓聲音變成可理解的文字，而光的形態則變成可辨識的影像。我們的腦並非被動地感知世界，它們時時刻刻都在編織以往記得的遭遇，藉此編織世界。其網絡會隨某些連結或突觸的強化，以及同時間其他突觸的弱化，持續被修改，這個過程稱作「突觸可塑性」。可塑性要成立，必須配合突觸周遭構造的有形改變。記憶的維持，有部分是透過各個腦細胞的細胞膜鈣離子與鈉離子通道的長期修改。

記憶可分幾種不同形式。其中似乎有一種只供「工作記憶」的專用網絡，在大腦皮質的神經活動迴圈，只能維持住資訊幾分鐘。無人瞭解這種脆弱的機制，或者它為何這麼容

1 後來的資料提到九位繆斯女神，包括「悅耳的聲音」、「揚名者」、「天空的」、「給予喜悅的」、「心愛的」、「歌曲慶祝」、「許多頌詩」、「愛舞蹈的」和「繁榮的」。

易轉變。如果你看見一輛汽車肇事逃逸，你可能會為了記住車子的顏色和車牌而分心，但你不為因為記得自己車子的顏色和車牌而分心。

在重大事件當下，例如九一一恐攻或甘迺迪遭暗殺事件，你對自己當時所做所為的記憶稱作「閃光燈記憶」。你記得的過去特定事件，神經心理學家稱之為「情節記憶」——我們生活記述中生動逼真的決定性時刻。儘管我們對於這些所知同樣有限，但已知海馬迴——每片顳葉基部的巴洛克式捲曲狀皮質——與建立這些記憶至關重要，而睡眠對鞏固記憶不可或缺。海馬迴需要大量的氧氣，這意味著它異常活躍；孩童若是曾遭遇缺氧問題，海馬迴神經元就會比較少，記憶力因此較差。神經心理學上最知名的病患之一亨利·莫萊森（Henry Molaison）在一九五三年曾進行成雙的海馬迴手術，以緩解癲癇症狀。手術之後，他的癲癇發作次數固然減少了，卻再也無法記住新的經驗。

位置較高的皮質與海馬迴之外的腦部位則與其他類型的記憶有關。位在腦半球底下的基底核負責學習如何將刻意為之的新動作和行為，變成無縫接合的無意識動作。做動作的時機「被記憶」在別處，亦即負責協調複雜的動作（例如說話，或是網球發球）的小腦網絡。小腦受損者的工作記憶會變弱，這意味小腦對於協調文字和圖像也是不可或缺的，不光是對肌肉而已。達成這項任務的細胞，是腦細胞中分枝狀況最複雜的神經元之一。

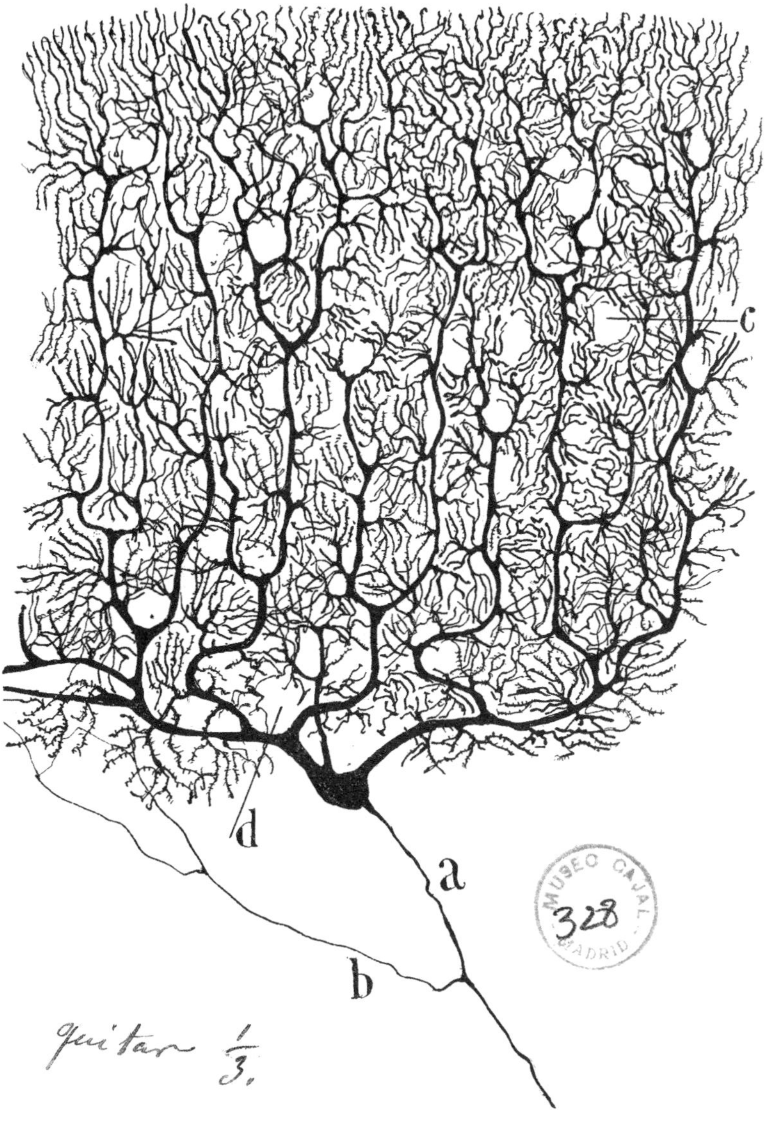
c
d
a
b
MUSEO CAJAL
328
MADRID
quitar 1/3.

莫萊森的遺忘是來得突然，而且悲慘的那種——從接受手術當天起，他便記不住任何新事物。一般臨床工作中唯一能與之相提並論的病症，是高沙可夫精神病（Korsakoff's psychosis），我行醫二十年只見過一次，起因於具有破壞性的酒精中毒，再加上缺乏某些維生素，因此造成不可逆的腦損傷。這種記憶喪失就折磨著奧利佛・薩克斯（Oliver Sacks）筆下〈迷途水手〉（The Lost Mariner）一文當中的「吉米・G」。這名罹患高沙可夫精神病的男子被放逐在時間中，但他周遭的生活仍持續流動著。吉米來到薩克斯的醫院時，紀錄上只寫著「無助、痴呆、困惑與迷惘」，但薩克斯發現他的人格完整，而且對一切都表現出健全的心智，唯獨無法創造新記憶。

你若想一探各式各樣的遺忘方式，不妨看看精神病學教科書的目錄。在失智的條目下，你會發現「酒精中毒」、「阿茲海默症」、「腦血管」疾病、「庫賈氏」（Creuzfeldt-Jakob）、「抑鬱」、「路易氏體」（Lewy Body）失智症、「帕金森氏症」和「精神病」。我見過的失智有高達半數屬於「腦血管性」——當身體老化，血管淤塞，結果便是腦部反應變得更慢、更健忘。有些是帕金森氏症患者——帕金森氏症的進程可能從難以展開動作，到開始難以思考，最終難以記憶。不過許多來就診的人都主訴記憶喪失，原因無法確認——精神病學家將之歸類於「阿茲海默症型」。對這類型的失智病患進行死後驗屍時，會發現記憶迴路遭到了兩種常見的蛋白質阻塞。第一種，亦即「β澱粉樣蛋白」，是見於腦細胞之間的斑塊；第二種稱作τ蛋白，在細胞本身裡糾結成團。

這些物質何以聚積，原因依然成謎。對於該如何預防，我們目前幾乎一無所知。阿茲海默症患者的開始遺忘是隱伏的，對許多人來說，那進展緩慢到不會造成困擾，然而有些人的τ蛋白和β澱粉樣蛋白卻會加速增生，箇中原因依舊不明。如果提早開始服用某些藥物，可延緩衰退至多約六個月，但這些藥物也有副作用，而且往往會讓最需要這些藥物的年老體衰者耐受不良。

當薩克斯向傑出的俄國神經心理學家魯利亞（A. R. Luria）請益，尋求治療吉米・G的方法建議，他得到了具有說服力和同情心的回應。

> 這類病例並無處方可遵循，一切請依你的巧智和內心的建議行事。他的記憶回復希望甚微，也許是毫無希望。但構成人的不單是記憶，他有感覺、意志、識別力、道德感等，種種神經心理學無法談論的事物。正是在這裡，在無人情味的心理學領域之外，你可能會找到辦法，而且改變他。再者，你的工作環境尤其適合這麼做，因為你在療養院工作，那像是一個小型世界，與我工作的診所和機構截然不同。就神經心理學層

面來說，你能做的極為有限，或者根本無能為力，然而在個人領域，你有許多可做的事。

魯利亞的建言讀起來像是在懇求。為失智者提供資源充裕的專門看護照顧，這在我去診視喬治的那所療養院裡是有可能的。在缺乏能有效治療記憶喪失之方法的情況下，對於像瑪姬和卡蘿這樣具備低調人道精神與熱忱的看護者，我們必須支持。

•

我們如今比歷史上任何時期的人類都來得長壽，失智似乎就像是現代的流行病。然而它並非新鮮事。「人身上最脆弱的東西，莫過於記憶的本質，」普林尼的《博物誌》（*Natural History*，約西元七〇年）這麼說道，「因為它受到疾病、傷害，甚至驚嚇的影響……記憶似乎常逃離我們，即便我們的身體處於安適、靜止，以及絕佳的健康狀態。」然而普林尼更感興趣的並非失智，而是相反的事物，也就是他曾聽聞、驚人記憶力的故事。普林尼講到波斯王居魯士的傳聞。相傳居魯士記得住麾下數千名士兵每個人的名字。另外，有一位大使在抵達羅馬的一天內，就熟記了每個元老院議員的名字。還有一個名叫卡米迪茲的男子，只要對他說出圖書館裡任何一本書的書名，他便能背出這本書，就像在大聲朗讀。

作家波赫士（Jorge Luis Borges）從普林尼那裡借用靈感，寫下《博聞強記的弗內斯》（*Funes the Memorious*），故事說到烏拉圭有個高楚人名為伊雷尼歐・弗內斯（Ireneo Funes），他在墜馬後甦醒，身體雖然殘廢，卻獲得絕對可靠的記憶力。藉由完美記憶的力量，弗內斯的世界變得近乎難以忍受地豐富和光明，就連記憶深處最模糊的事物，也因為他的才智和清晰頭腦而被照亮。他記得住每朵見過的雲的形狀，能在心眼中比較曾在書封上匆匆一瞥的摩天樓和所有不同的大理石花紋。在母親家的後臥室，弗內斯在夜裡就著燭光，單憑翻翻字典便學會了英語、法語、葡萄牙語和拉丁文。波赫士讓弗內斯以幾個小時前剛學的拉丁語，流利地朗讀出普林尼的文章。[2]

弗內斯的生活已經不可能正常了，周遭世界的多樣性和不間斷的變化一直讓他分心。擁有生動清晰的視覺記憶，意味著老化、熵、腐爛的微妙影響和所有生物隨時在衰老的可怕感覺在在折磨著他。記憶與我們的人性結合密切，但記憶必須有選擇性。過度活躍而鮮

2 波赫士自己即可能擁有驚人的鮮明記憶力。在他眼盲多年之後，他還記得最初看過、而且引用的書、頁面和頁面的某一段落。

明的記憶可能是種詛咒，不僅是對像弗內斯這樣的學者而已。我知道無數病患因為喪失記憶而心智解纜漂泊，但我也知道，有些人寧願遺忘痛苦的記憶。忘記該忘的事情可能就像記住事情一樣重要。「真相是，」波赫士的敘述者總結，「我們全都藉由遺忘而存活下來。」

•

在能眺望瑪姬和卡蘿任職的療養院的山丘上，有一所宏偉的大學商學院，與馬路相隔著一片槌球場草坪，裡面有間小博物館。從馬路那頭望去，這間博物館並不會立即映入眼簾，它隱身在成熟的栗樹、懸鈴木和歐洲赤松林後面。上回我去參觀正值春季，櫻花沿著主要道路綻放，槌球場草坪邊緣長著風鈴草。你不會認為自己置身在市中心，而且最初竣工那時，這棟建築所在之處也確實不是市中心。這幢建築設計是義大利宮殿風格，維多利亞時代後期的數十年間是作為水療醫院之用，以寧靜而祥和的地點和以療效著稱的泉水吸引付費的顧客。中央的塔樓有五層，側廳只有三層，可上下拉動的高窗望向西北方向的伐夫郡。一九一六年，這醫院被徵用為戰事效力，並改名克雷格洛克哈戰爭醫院（Craiglockhart War Hospital）。在經歷殘暴的索姆戰爭後，罹患砲彈休克症的軍官會被送到那裡修養復原。

這間小博物館保存了一九一六至一九一九年間，該醫院收容的將近兩千名軍官的記憶，當中包括詩人歐文（Wilfred Owen）和薩松（Siegfried Sassoon）。當時，一位駐院精神病學家威廉．里弗茲（William H. R. Rivers）首創了一種新方法，用以治療被記憶折磨的人。里弗茲沒有指控這些軍官膽小懦弱或詐病，而是設法理解這些人的記憶何以變成一種痛苦的來源，以及如何誘導他們免於痛苦地進行回想。

一九一七年十二月，里弗茲在倫敦向皇家醫學會發表演說，談到他在克雷格洛克哈的工作。壓抑記憶並非病態，而是「教育和社會一切進步不可或缺的要素」。里弗茲說，士兵通常靠長期的訓練來壓抑作戰的痛苦，以及將戰鬥中產生的強烈情緒轉移到其他管道。但戰爭突如其來，而且人員的訓練又不充分，「在正常情況下分散幾年間的壓抑訓練，不得不在短時間內實施。」里弗茲寫道，「而那些因此訓練不足的人，卻必須面對人類歷史上未曾有人知曉的緊張狀態。」砲彈休克的問題，就其本身而言並非壓抑，而是適應不良和無效的壓抑。創傷記憶復發的唯一解藥是帶它們回到記憶之光，與精神病醫師一同重新檢視，希望其情感重要性會逐漸消退。

里弗茲的其中一位病人是軍官，他走入無人之地，結果被朋友遭砲彈炸得四分五裂的頭部、軀幹和四肢絆倒。這名軍官試著忘掉這起駭人事件，但每晚總會做惡夢，看見那殘缺不全的友人在戰場上被炸碎。他驚醒過來，汗水濕透枕頭。里弗茲明白，讓這段恐怖的記憶有了威力的是這名軍官對朋友的愛，並找尋「讓病患得以如此的方式去思考此事，以緩和其駭人的恐怖性質」的經驗要素。他要這位軍官專注去想「一個決定性的證據，證明那位友人是當場死亡，因而免受延長的苦痛，那是遭受重傷者太常面臨的命運」。

根據里弗茲的說法，那名軍官立刻臉色一亮，「他看出這是讓他的想法得以依附的一個經驗面向。」從那天起，每當痛苦的回憶浮上心頭，軍官便用令自己安慰的想法加以滲透：他的朋友已不再有苦痛。幾夜之後，惡夢消失。後來夢境再現，但這回沒有害怕或恐怖。在第二個版本的夢中，他能夠指揮自己的動作——他蹲伏在死去的朋友身旁，觸摸、拾起朋友的隨身物品，甚至可以溫柔地和他交談，訴說對於他的死去和兩人共同承受的悲傷。

一九一七年，薩松從克雷格洛克哈出院後那年，為某部戰爭詩選集寫了兩首詩，而詩集的標題令人想起記憶女神——《武裝的繆思》（*The Muse in Arms*）。戰爭作為一種譫妄或瘋狂的意象，遍布在整部詩集當中。薩松的其中一首〈後衛部隊〉（*The Rear-Guard*），暗示一種透過擺脫痛苦記憶而獲得的適度解脫，然而這種解脫可能是在開闊的戰場上赴死：

最後，他髮中滿是汗水和恐懼，
他爬過黑暗，迎向黎明的空氣，
一步步卸下身後的地獄。

•

在浴室裡檢驗過喬治的尿液後，我回到他的床邊。卡蘿就坐在他身旁，摸著他的手臂，用令人安心的低沉嗓音說話。「他有尿液感染，我到車上拿些抗生素給他。」我離開之前，看著喬治好一會兒。他依舊沒有顯現出注意到我的跡象，雙唇繼續咕噥著，汗水聚積在眼角。我不知道他在β澱粉樣蛋白和τ蛋白的糾纏當中喪失了多少記憶，但卡蘿告訴我，他狀況好的時候，還能記得七十年前的戰爭，以及他每一枚動章背後的故事。要是運氣好，抗生素可以讓他擺脫譫妄，回到他的思想和記憶慣常運行的犁溝。在記憶喪失的譫妄中，我們可能會失去許多我們視為「身分」的東西。治療了喬治的感染問題，再加上卡蘿等工作人員的妥善照顧，我希望他能再度找回自我。

瑪姬帶我回頭穿過三道門，每次按下的密碼都不相同。我們步入夜色裡，一同站了片刻，享受任務之間的空檔，呼吸著戶外的空氣。我走到車子旁，看見緊急醫療服務筆電上又出現兩個出診任務，於是拿起一盒抗生素。走回雙扇門的途中，我看見瑪姬與我先前見到的女士在交談，就是像女王般向我致意的那位女士。她正在說明某件急迫的事，兩眼發亮，雙手動個不停。瑪姬耐心地傾聽，一手搭在她肩上，彷彿整晚都是如此。

第二十三章　死亡——生命的禮讚

你可以用死亡或凡人必死的概念來嚇人，否則死亡的確可以賦予活力。

達米恩·赫斯特（Damien Hirst）

某個刑案督察曾告訴我，在犯罪現場需謹記的第一點，就是把雙手插進口袋，因為想伸手觸碰謀殺受害者或可能的凶器的誘惑十分難抗拒。他不太相信法醫病理學家。「我去過某個現場，死者就倒在書桌上，」他告訴我，「受害者後腦勺有個窄窄的傷口入處，而前額出現一個洞。桌上酚醛樹脂材質的電話成了碎片——他顯然是遭到槍殺。可是病理學家到場時卻說：『嗯，看來我們要找的是一把短劍，也可能是把刀。』」

某回他被召往一座高聳的公寓大樓，現場有一具嚴重腐爛的遺體。「這是我見過最奇怪的事。」他告訴我，「有證人說她前一天還活著，但這個證人絕對搞錯了。女屍就在那裡，正在流湯。」

這名督察退休得早，我問他，處理過這麼多謀殺案，會不會讓他對生命感到悲觀。他答道，「不會，反而會比較達觀。想趁還活著時好好享受生命。」

•

病患和我在診所短暫交會之後會回到茫茫人海，等到下回再見，可能已是幾個月或幾年後。偶爾，事後我會從醫院或警方那裡得知他們死亡的消息。某種程度上，那種死亡通常是可預期的，或至少在意料之中。當死亡突如其來，或是以某種可疑的方式發生，遺體便會接受驗屍。

最近我曾和某位病理學家通電話，討論她為我的一位病患所做的驗屍報告。我知道我沒什麼理由和她或她的同事說上話。「我的工作絕大部分是在猜測，」我對她說，「試圖釐清病患身體裡出了什麼問題。我羨慕你可以瞧瞧裡面，一次就弄明白究竟出了什麼事。」「那是一種誤解。」病理學家夏洛特．克萊頓（Charlotte Crichton）這麼回答，「我們也不知道所有的答案。」她邀請我親自去看看。

早上八點三十分整，我在夏洛特的辦公室和她碰面，她正忙著處理警方為早上的案件所做的摘要。有具男屍從河裡打撈上來，附近發現了釣魚用具。「有可能是失足溺斃，」夏洛特說。一名五旬婦人被人發現死在自家沙發上，夏洛特想知道她是否死於心臟病發，似乎有可能，或是遭瓦斯或藥物毒害。「替女屍進行屍檢，對我們而言相當不尋常，」她說，「死於非命或死因可疑的往往是男性。」最後是一名病態肥胖的男子被人發現面部朝下倒在廚房，能想像他可能是被食物噎死。所有事項全都詳列在警方的報告中，包括目擊者的陳述、家庭醫師提供的病史，以及死者家屬提供的所有相關資訊。夏洛特對死者的描述透露出簡潔幹練的行家風範，以及明顯的好奇心。她負責找尋答案，並希望早上的工作有所斬獲。

我換上藍色的醫院刷手服。更衣室與驗屍間之間設有鋪上瓷磚的淺池，就像游泳池的那種，用來消毒雙腳；橡膠靴倚著牆壁排列。驗屍間位在建築物中心某處，幾乎不見自然光。三座人體尺寸的鋼盤高度及腰，病理學家的人數若是足夠，可同時進行三件驗屍工作。天花板的通風機設計成能將空氣下壓，遠離病理學家的鼻子。「至少概念上是這樣，」夏洛特說，「不過效果好像不太好。」房間一邊是玻璃牆，後面設有座位，是供學生觀摩研習的觀景廊。發出紫色螢光的捕蟲燈高掛在一面牆上閃爍著，旁邊寫有標語：「禁止飲食、喝水和抽菸。」我們繫上拋棄式圍裙，將塑膠長手套捲穿至袖子處，再戴上手術手套，準備開始動手。

我在就讀醫學院的第一週首度在解剖室裡看見屍體。那是一具男性遺體，已經剝去部分皮膚。軀體大部分被亞麻布蓋住，但死後僵硬的右臂指向天花板。防腐劑已經使得肌肉變成棕色，像樹根一樣從手部纏繞到肘部。

這個停屍間的第一具屍體——姑且稱他為菲利普吧，放在輪床上被拉進來。他的身上沒有覆蓋亞麻布，也未注射防腐劑，皮膚呈現灰色而且斑駁，除了被魚啃咬掉的部位，遺體大致完整。他的雙眼半睜，頭往後仰。驗屍工作的第一步是尋找體表的擦傷、傷痕和損傷。夏洛特仔細檢查他的雙手、指甲和雙腳，找尋掙扎的證據，並指出他的右眼充血。「可是你看，他的右手臂也發紅。所以這只是因為重力而充血，因為他死後以右邊側躺。」

夏洛特手持解剖刀，從菲利普的咽喉凹口一路切到恥骨處，打開他的腹腔。無論是在手術室或解剖學教室，這種揭露的片刻總令我震驚。就在皮膚底下幾毫米處，存有那些閃閃發亮、錯綜複雜的發條裝置，那些讓我們活著的機制。菲利普已經死了幾天，內臟正開始變質，我得掩住口鼻。但夏洛特動作熟練俐落，效率奇高（「我只在出現蛆時才戴口罩。」）[1]，她切斷他的直腸和食道，接著一整個捧出腹中所有主要器官——肝、脾、胃、腸，放在塑膠托盤上，留下取出內含物之後的中空空間。托盤置於檢診臺上以待稍後檢視，我們回來處理屍體。

腿部主動脈進入骨盆，來到膀胱的一邊。夏洛特從中擠出一點血，送去做藥物和毒物分析。「我經常從診所送尿液去做毒物檢驗。」我說。「我們也是。」她回答。只不過我是叫病患拿著小小的樣本瓶去廁所，她卻是直接拿刀在膀胱頂端戳出小洞，再以注射器抽取尿液。

繼大開大闔的開膛剖肚之後，下一步是細膩的頸部解剖。她的動作異常溫和輕柔。頸部肌肉分為好幾層，全都涉及說話或吞嚥。夏洛特剝除一層層的肌肉，找尋挫傷或出血跡象，任何可能暗示呼吸窒塞的線索。（在解剖課裡，我被教導要以相同的詳查細究，要像考古學家那樣輕輕刷去塵土，導師會抬起每條肌肉，最終到達位於底下的神經。）沒有發現挫傷或掙扎跡象，而且舌骨──供舌頭附著的C形構造──也沒有斷裂。「沒有絞殺或吊死的跡象。」夏洛特說，「如果你在移除過程中不小心弄斷舌骨或喉頭，記錄下來總是沒錯，以免事後得掘出遺體重新檢驗。」

---

1 法醫病理學家也得是昆蟲學家，因為在屍體中出現的昆蟲種類能相當準確地預估死亡時間。愛丁堡大學的病理學系正在發展納入蘇格蘭氣候因素，和考量不同昆蟲型態的新模型。

在正面切割時，夏洛特沒有去動肋骨。現在她用修枝剪剪開前端，一路往上剪到鎖骨。她也將鎖骨剪開，提起胸骨，露出胸腔裡閃閃發亮的心臟和肺臟。心臟包裹在稱作心包的堅韌膜狀物內，夏洛特小心翼翼，以免刺破心包。她接著敏捷地在嘴底切出U形切口，由於頸部肌肉已經切開，她可以拉出完整一串的舌頭、咽喉、氣管、肺臟和心臟。

菲利普的舌頭就擺在解剖盤上，滑溜溜，呈現紫色，仍附著在咽喉和食道上。夏洛特開始進行精準俐落的縱向切割，找尋舌頭被咬或咀嚼的證據，這類損傷可能暗示死者死前曾經歷癲癇發作，或是咬牙的掙扎。舌頭正常，因此她回到檢診臺前處理頭部。

正當我們忙著處理解剖盤上的事情，屍檢技師已經切開菲利普兩耳之間的頂上頭皮，露出頭骨，接著往前剝開前額皮膚，蓋到臉上。頭皮也被往後拉，移除顱頂後露出腦部。夏洛特仔細查看腦膜，確認沒有出血或腦膜炎的證據，接著取出腦做檢查。

人腦在離開頭顱後無法承受自身的重量，因此得漂浮在含鹽類的腦脊液中，就像胎兒無重漂浮在子宮裡。夏洛特將灰色乳脂般的腦放到一旁，它便下陷成托盤的形狀。她接著剝除乳白色的腦膜，我們凝視著碗狀的光滑顱底，那裡是通往臉部、耳朵、眼睛和舌頭的神經進出之處。「你看過聽覺神經瘤嗎？」我問她，那是一種相對罕見的腫瘤，長在通往耳部的神經。「當然，那比你以為的更常見。」她說。

夏洛特指出覆蓋在內耳構造上、珍珠般的半透明骨頭。「你看得出來這個泛著紫色嗎？那是骨頭後方的血，在內耳裡。你可能會以為那是頭部創傷的跡象，但我們常在溺水事件中看到。」

「為什麼？」我問。

「重力。當屍體被水流搬運時，通常會頭朝下漂浮，此時靜脈和動脈中的血液便會開始滲出血管，進入內耳。」[2]

我們摸不出頭骨有裂痕。屍檢技師接著用棉花塞滿顱內空間，放回顱頂骨，縫合皮膚，彷彿腦部未曾受過打擾。

菲利普的剩餘部分躺在不鏽鋼桌上。他所有的主要器官都已取出，腹部除去內臟、胸膛經過掏挖，胸腔敞開。夏洛特將他的頭部放在此刻細如紡錘的頸子上，輕輕左右搖動，感覺是否有任何碎骨。由於咽喉和氣管已經移除，現在可以用一根手指沿著頸部脊椎骨撫摸，查看是否全數成一直線。她極為細心地用刀子分開一根根肋骨，前後搖動，查看是否

2 普林尼堅信溺水的女性俯臥漂浮，而男性腹部朝上——「大自然審慎地規定這種姿勢，藉以替死者藏羞。」但蒲林尼錯了。

有骨折。四肢和骨盆原封不動。「四肢部位能讓人致命的東西不多。」她說，「接下來要切開了。」

所有主要器官全放在幾個托盤上（我還是醫科生那時，這是我唯一獲允看見的驗屍部分）。夏洛特有條不紊地繼續工作，偶爾運用巧妙非凡的手法。她有時會慢下來細看放在手上的組織，彷彿努力想解讀神祕的文字。舉例來說，她檢查心臟時會在每條冠狀動脈上切開許多小切口，找尋可能導致心臟病發作的血栓。有時她也會快速處置，例如將各顆腎臟一分為二，或是將肝臟切成大片，以便尋找癌細胞和囊腫。令人非常驚訝的是，她大部分的工作是靠觸摸來進行。「有些肝臟因為脂肪而油膩。」她告訴我。「摸摸這裡，」她取出一片肺葉，「這種橡膠般的觸感表示這已受感染，比較健康的肺組織摸起來有空氣感，而且輕盈。肺氣腫的觸感又不同，太輕、空氣太多，像泡泡袋。」菲利普其中一片肺的表面上有乳黃色斑塊（「他的工作可能接觸到了石綿」），夏洛特取下一塊楔形組織，準備進一步在顯微鏡底下檢視。

每個器官都被秤重，並在房間一端的白板上仔細編寫目錄。「我們很習慣看到過胖男子的大顆心臟，發現正常的心臟反而還比較驚訝。這時，我們會開始懷疑其中有什麼問題。」夏洛特切開菲利普的心臟，檢查心房心室，然後查看肺動脈，找尋肺栓塞果凍狀血塊的證據。她引導我的指尖去觸摸菲利普的主動脈內層：那是粥樣硬化，意味他有高膽固醇，「蘇格蘭人的另一個大問題。」她說。

舌頭、咽喉和喉頭已經檢查過，夏洛特現在沿著氣管查看腫瘤，接著從後面打開，找尋任何可能造成窒息的阻塞物，但沒有發現。「腹部裡面通常不太需要關注，」她說，「不過我們有時會看到腸子長出腫瘤幼苗，而且通常會有大量膽石。看到了嗎？她將菲利普的膽囊遞給我，那摸起來像一袋骰子。

「你在胰腺內發現過任何東西嗎？」我問。「有時是腫瘤，有時是堵住出口的大塊膽石，但通常不多見。」胰腺主責製造消化食物不可或缺的酵素，人死後這些酵素會被釋出。因此，胰腺會自動消化分解，在融化成它的組成成分時，清晰的器官輪廓會化為液體。[3]

解剖屍體使用的光滑長刀稱作「腦刀」，因為其主要用途是將腦切塊。夏洛特有條不紊地橫切腦部，從前面下刀，再慢慢往後移，每片大約厚一公分。她對小腦進行相同的處置，切開維持他的思想與身分的連結，希望揭露可能的死因。全部的切塊都放在一面平板

3 湯瑪斯．布朗，《甕葬》（*Urne Buriall*）第一章。「有人抱持泰利斯（Thales）的看法，認為水是萬物的起源，因此屍體腐敗，最後化為膿水十分合理。」

上，好讓夏洛特能一眼看盡菲利普的整個腦構造。他的腦雖已部分分解，但灰質與白質仍顯得截然分明。沒有腫瘤、囊腫或出血的證據。夏洛特從海馬迴和小腦（齒狀核）取出樣本。「這些是對缺氧最敏感的腦部位，因此，他死前如果掙扎著要呼吸，便會顯現出來。」

病理學家在帕金森氏症患者腦中注意到腦幹部位的黑色組織、所謂的「黑質」的缺乏。「在血管性失智症上，」夏洛特說，「你會看見遍布腦部的小斑點，慢性一氧化碳中毒也會這樣。多發性硬化則有凝膠狀的粉紅色區域，那裡脂肪過多的神經鞘已經受到破壞。」

菲利普的所有器官現在放回了胸腔和腹腔，縫合傷口，直到他看起來就像最初被推進驗屍室時那樣。夏洛特將採集的樣本貼上標籤，送出去做進一步的檢驗。「毒物也會跟著送去實驗室，」她說，「我們要看看他是否可能中毒。不過驗屍往往不具決定性。他看起來好像有胸腔感染，但似乎沒有遭受攻擊，沒有明顯的理由突然虛脫。」

「那麼現在情況如何？」

「地方檢察官會將我的報告納入考慮，但這只是部分證據。[4] 得由她、而不是我，來決定這起死亡案例是否可疑。」

現在我知道例行程序了。夏洛特對另外兩具屍體進行同樣的檢查順序，每具花不到一小時。我們打開那位五旬婦人的頭顱時，發現當中有血——她死於大量腦出血，而非心臟病發作。「實際的死亡方式會是怎麼樣？」我問夏洛特。

「她的死亡可能來得非常快，」夏洛特抬起婦人的腦，「如果不是出血後造成顱內壓力升高，使得血液無法送達，並在裡面循環，就會是腦幹癲癇發作，終止她的呼吸，甚至停止心跳。」她用手比劃著腦的格狀組織底下像葡萄粒的小顆動脈瘤。看起來像是洩了氣的小小葡萄酒皮袋。

那名肥胖男子的確是死於窒息，在打開他的氣管後部時，我們發現了馬鈴薯塊。「那麼窒息死亡呢？」我問，「會花多少時間？」

「他也不會受太多苦。」她猜想著我真正想問的事。「關於窒息的法醫研究發現，大約十秒便會失去意識。到了第十二或十五秒，開始癲癇發作。」她繼續說明情況。起初，血液會繼續在衰竭的心臟和無意識的腦之間抽送，直到臨界點——缺氧會開始對這兩個器官造成不可逆的傷害。我回想起生物化學課，以及血紅素分子如何被微妙地校準到能維持生命。等到失去意識時，男子的血紅素將從鮮紅的熔岩色變成黯澹的紫水晶色。「隨著血

4　在蘇格蘭大致上等同於驗屍官的角色。

液中的氧減少，到達某個程度時，心肌便無法繼續支撐而進入心室顫動的狀態，以致脈搏終止。」夏洛特說。

遍及全身的種種程序維持著我們的生命，在數十年間時時刻刻使之聚合不散——腎臟過濾血液、肝臟篩除毒素、腦幹維持呼吸——但幾分鐘內便會變慢直到停止。「窒息三、四分鐘後，」夏洛特說，「便不再有任何生命跡象。」

•

在我們完成最後一件驗屍工作後，我脫掉圍裙和手套，用水管沖洗橡膠靴。我花了許久時間淋浴，試圖洗掉人體分解的氣味。我下午還得看診，所以換回長褲、打上領帶，回頭經過夏洛特的辦公室。她正在撰寫報告。當我走進房間時，她抬起頭微笑。

「你剛才有什麼想法？」她問。

「你對死亡司空見慣，」我拉直領帶，「有受到什麼影響嗎？」

她停頓了一下，回頭看她的報告。「我沒有想太多。」她終於答道，「不過，」——她深吸一口氣，接著再度露出微笑——「驗屍的早晨總會讓我想慶祝自己還活著。」

外面的大馬路上，一隻老鼠的死屍被往來的車輛壓扁，有隻烏鴉正在啄食那殘骸。我跨上腳踏車，騎半哩路到自己的診所。

那天整個下午以及往後幾個月，驗屍間裡的殘留影像不時在我記憶中閃現。「驗屍—autopsy」意指「自我審視」，感覺就像拉開面紗，露出可怕的脆弱。在和病患談話時，我會突然想像他們躺在停屍臺上，目光呆滯、血液冷黑。這些片刻固然嚇人，但不知何故卻也激勵人心。就某個觀點而言，醫學是延緩死亡的藝術，而我帶著新能量回歸我的工作。

第二十四章　變形

這能持續多久？且讓我們盡一切辦法拓展我們的航海圖範圍。

安妮．迪拉德，《神聖的堅實》（Annie Dillard, *Holy the Firm*）

在我的行醫生涯中，掛過號的病患將近四千人，有時，他們遭遇的困難宛如洪流般沖刷過診所，但我明白我的同事和我只能匆匆一瞥他們的人生，我們所做的診察頂多是在人類生命巨大潮流中轉瞬即逝的旋渦。在上午門診時段，我可能安排住院事宜、緩解焦慮的發作、探究令人擔憂的不適、治療某個發燒的嬰兒、調整某些抗精神疾病用藥，或是評估癒合中的骨折。我可能慶幸某人倖免於癌症或同情其確診，恭賀某個小嬰兒安全誕生，以及弔唁某人配偶的死亡。工作有部分是一般例行公事，有部分則急迫且戲劇化，但大多同樣有益，而且值得投入。在最佳情況下，醫學會引發和影響人的改變，而改變的可能就意味著希望。

從我工作的診所很快便能走到可以俯瞰愛丁堡市中心的峭壁露頭。這座峭壁名為「索爾茲伯里峭壁」，周圍的土地長久以來都屬於受到保護的皇家獵場。從峭壁眺望，總有風景可看，那岩石是冷卻的岩漿，三億多年前因為地殼隆起皺褶和扭轉而向外噴發。蘇格蘭當時位在赤道附近，當地的底岩——抬升的海床——相當古老。至今你仍可看見峭壁較軟的砂岩基底與硬質侵入岩漿之間形成的臺階。過去許多世紀，城市街道鋪設用的都是耐用的索爾茲伯里峭壁岩塊。

一七八〇年代，當地醫師、化學家暨農夫詹姆士·赫頓（James Hutton）檢視這些峭壁，明白這證實了什麼——地表並非靜止，而是緩緩在攪動中。他遞送一份報告給愛丁堡皇家學會，表明峭壁底下的砂岩是在「深不可測的海底創造出來的」，而後上升成為陸地。他重提一個古老的

概念——在《變形記》中，奧維德描述陸地與海洋處於變形的循環，彼此互換：「我見過一度堅實的陸地，如今變成海洋，」奧維德這麼寫道，「而陸地從曾經的海洋中創造出來。」赫頓喚起了人對萬物萬事永恆變遷的想像：「我們找不到起源的遺跡，也不可能看見其終止。」

從我習慣駐足的崖頂能望見我執業的區域就在腳底下展開，如同一張活生生的地圖。斑駁的雲影與光影在城市上方飄動，合併後又分開。街道上移動的汽車反映出我的病人流動的生活。從所在的高處，我可以看見古老的醫學院建築和附近長著榆樹和櫻樹的公園，在那裡，我首次領略到生物化學的力量與優美。當中有蓋瑞·霍布斯相信自己變成貓，而從上面跌落的那棵樹，還有漢娜·莫利爾三度懷孕的住處，以及哈利·艾克曼為自己注射健身藥物的所在。那裡有我的病人時常光顧的酒吧和紋身店、他們的公寓、辦公室和學院大廳。以北有停屍間，以南有火葬場，兩者之間是幾座綠草如茵的墓園。還有我提到為人安裝義肢的復健醫院，以及開設更年期和性別門診的性別健康中心。以西是威廉·里弗茲尋求戰爭記憶救贖的克雷格洛克哈丘，緊鄰著其子嗣所經營的失智中心。此外還能看見一所研究機構，那裡幾分鐘之內便可複製耗費數千年時間演化的基因突變。人類這個物種掌握著改變自身DNA的力量，而這項能力將來可證明是種詛咒，或是慰藉。

奧維德的《變形記》結束在樂觀的氣氛中。文中召喚羅馬市民走出家門，到街道上迎接剛從希臘返回的醫藥之神，以拯救羅馬免受瘟疫侵害。醫神以蛇的形態現身，蛇是變形和復原的象徵，牠蜿蜒行經街道，最後棲身在一座分隔了台伯河水流的島嶼。一來到島上，醫神便「恢復他神聖的外表，終止了市民的疫疾，藉由祂的降臨，為城市帶來健康。」最後幾句詩行描寫凱撒被奉為神明，飛舉升天，化為星辰。奧維德宣告他輝煌的詩作已使自己永垂不朽。然而無人得以長生不死，沒有事物永恆不變，一切都在流轉當中，即便星辰也不例外。

這世界從過去、現在到未來，向來是一把生生不息的火，
透過點燃與熄滅……憑藉改變而留存。

赫拉克利特，《片段》（*Fragments* 30, 84）

誌謝

二十年的臨床遭遇提供了我寫作本書的靈感，我最感激我的雙親。為了尊重他們的保密要求，我只得不具名地感謝他們。我也要感謝 Profile 圖書的 Andrew Franklin、Cecily Gayford 和 Penny Daniel，以及 Wellcome Collection 出版社的 Kirty Topiwala，感謝他們的信任、支持和編輯才能。Susanne Hillen 完美地編輯了原稿。還要大大感謝 Jenny Brown，她是我認識唯一提供保母服務的作家經紀人。

我要感謝 Lee Illis 對於卟啉症和變狼妄想的灼見，以及 Genevieve Lively 允許我引用她書中關於奧維德的內容。「受孕」章中某些概念的靈感得自 Thomas Laqueur 一九八六年的文章〈性高潮、世代與生殖生物學〉（Orgasm, generation, and the politics of reproductive biology）。劍橋大學的 Carrie Vout 幫我正確理解奧維德和赫丘利，而 Douglas Cairns 幫我正確理解赫拉克利特和尼坎德。如果沒有 Sven Lindqvist 的《舉重練習凳》（*Bench Press*），我無法寫成「健身」章。Claire Preston 關於湯瑪斯・布朗的作品促成「頭皮」章的寫作。愛丁堡大學的 Malcolm MacCallum 慷慨付出大量時間和精力支持我為本書進行研究。Thomas Morris 的《心臟的故事》（*The Matter of the Heart*）協助我寫就「出生」章，而 Marina Warner 指引我遍歷歐洲和中東的回春神話。關於「厭食」章，我要感謝 Katy Waldman 發表於網路雜誌 *Slate* 上出色的文章〈曾經有位女孩〉（There once was a girl）。關於「幻覺」章，我要感謝 Paul 和 John Lysaker 的二〇一〇年〈精神分裂症與自我經驗的改變〉（Schizophrenia and alterations in self-experience）的影響。愛丁堡大學的 Thomas Williams 和愛丁堡皇家病童醫院的 Louise Bath 大方提供他們的時間和想法，連同 James Hall 一起協助我完成「青春期」和「巨人症」章。我得感謝 Chitra Ramaswamy 允許我在「懷孕」章引用她《懷孕》一書中的內容。Maggie Nelson 好心允許我引用《亞哥號船員》，還有 Elan Anthony 讓我引用他對於去性別轉換的觀點。我要感謝 Dick Swaab 教授，他替我確認在「性別」章中引用的驗屍研究細節。Diane Mickley 允許我引用她對於厭食的看法。感謝 Jo Arendt 教授指導我的南極洲生理時鐘碩士論文，多虧她提供「時差」章中的部分材料。James Kern 慨然允許我引用關於去除討人厭的刺青，他所說的話。我要感謝 Stephen Owens、Kalilu Sanneh 和 Conor Doherty 歡迎我到甘比亞的凱涅巴（Keneba）。感謝 Ailsa Gebbie 邀請我到她位於愛丁堡的更年期診所，還有 Ursula Le Guin、Louise

Foxcroft、Germaine Greer 和 Iona Heath，允許我轉載她們對於更年期已發表和未發表的看法。Sergio Bestente 介紹給我 Martha Feldman 的《閹人歌手》，他是一位優秀的編輯和好朋友。感謝 Anatole Broyard 的遺產管理者允許我引用他的散文集。Andrew Gannon、Olivia Giles 和 Jamie Andrew 不吝花費時間，幫助我深入瞭解他們如何運用義肢。愛丁堡大學的 Richard Morris 教授分享了他對於記憶和腦損傷的看法。感謝紐約的 Karen Edgar，以及莫斯科的 Alexander Luria 遺產管理者，允許我引用 Luria 寫給 Oliver Sacks 的書信，先前發表於《錯把太太當帽子的人》（*The Man Who Mistook His Wife For A Hat*）。Damien Hirst 大方允許引用他在《電訊報》（*The Telegraph*）上關於死亡與活力的評論。David Farrier 讀過打字初稿，並給予見解深刻的意見。

早期版本的「性別」章首度於二〇一五年十一月刊登在《新共和國》（*The New Republic*）雜誌，其寫作開啟我的人類變形旅程。我要感謝編輯群允許我在此轉載其內容，還要感謝 Laura Marsh 和 Emma Foehringer Merchant 的編輯才能。較早版本的「狼人」和「死亡」章首度刊登於《倫敦書評》（*London Review of Books*），我要感謝 Mary-Kay Wilmers 允許它們在此轉載，也要感謝 Paul Myerscough 如此周到地進行編輯。「睡眠」章的部分內容發掘自我在撰寫隨筆「大腦保健」（Cerebral Hygiene）時所做的研究，刊登於《倫敦書評》，而轉載於「記憶」章關於突觸網絡可塑性的內容，出自我對於卡哈的研究「在大腦花園裡」（In The Flower Garden of the Brain），登刊於《倫敦書評》。

我在德爾基斯路醫務所的同事個個無與倫比：感謝 Teresa Quinn、Fiona Wright、Ishbel White、Janis Blair、Geraldine Fraser、Pearl Ferguson、Jenna Pemberton、Lynsay McDonald、Sharon Lawson 和 Nicola Gray。

最後我要感謝 Esa，與我共度生活中至今所有的四季變化。

頁 179 胎兒在子宮中的自然胎位，Jan van Rymsdyk 繪，出自 W. Hunter, *Anatomia uteri gravidi* (1774)，（Wellcome Collection）。

頁 180 懷孕五個月的子宮解剖圖兩式，G. Powle 依 Jan van Rymsdyk 一七七四年繪圖所做的銅版蝕刻，一八五一年重製（Wellcome Collection）。

頁 180 懷孕初期的絨毛膜解剖圖，P.C.Canot 依 Jan van Rymsdyk 一七七四年繪圖所做的銅版蝕刻，一八五一年重製（Wellcome Collection）。

頁 194 巨人與侏儒，倫敦，攝於一九二七年（Wellcome Collection）。

頁 218 在仲冬滿月下的南極研究站，二〇〇三年作者攝。

頁 224 湯瑪斯夾板，一九三九年 Philip H. Mitchiner 及 E.M. Crowell 繪（Wellcome Collection）。

頁 226 前往甘比亞的村落，Annie Spratt 提供。

頁 245 閹割工具組細部圖（Wellcome Collection）。

頁 269 自臀部截肢的美國內戰退役士兵，George A. Otis 繪於一八六七年（Wellcome Collection）。

頁 270 鼻義肢圖，取自 *Works of Ambroise Paré*，一五六一年（Wellcome Collection）。

頁 273 iLimb 義肢拿住一顆蛋，二〇一七年作者攝。

頁 278 腿部義肢，二〇一七年攝，Jamie Andrew 提供。

頁 286 腦中的神經元，Santiago Ramón y Cajal（Wellcome Collection）。

頁 289 蒲金埃式細胞（Purkinje cell），Santiago Ramón y Cajal（Wellcome Collection）。

頁 314 愛丁堡的索爾茲柏里峭壁與亞瑟王座，二〇一七年作者攝。

圖片來源

頁 14　草地上的秋葉，作者二〇一七年攝於愛丁堡。
頁 35　《聖母、聖子與聖安妮》，達文西繪於約西元一五〇三年。
頁 37　《性交圖》，達文西繪於約西元一四九二年。
頁 41　試管授精的人類胚胎，K. Hardy 攝（Wellcome Trust）。
頁 61　武仙座，出自 *Uranographia*，Johannes Hevelius 繪於一六九〇年。
頁 64　壯漢尤金·桑多，彩印，一九〇〇年（Wellcome Trust）
頁 81　人角 ©University of Edinburgh Anatomical Collections
頁 83　米開朗基羅《摩西》雕塑細部。感謝 Jörg Bittner 授權翻攝。
頁 87　胚胎心臟的發展，取自 T.C. Kramer（1942），*American Journal of Anatomy*, 71:343-70.
頁 95　病例三，Robert Gross 拍攝的照片顯示患者術後的傷口位置及狀態，*Annals of Surgery* 110(3): 321-56
頁 102　一九二九年的 Hazeline Snow 廣告圖（Wellcome Collection）。
頁 115　展示背部疤紋刺青的非洲男子（Wellcome Collection）。
頁 134　厭食症治療前後（Wellcome Collection）。
頁 143　吃下有毒植物後受瘋狂所苦的男子，H.Z. Raidel 繪（Wellcome Collection）。
頁 153　《青春期》，孟克一八九五年繪。
頁 158　十一歲半至十五歲的青少年男性典型發展，J.M.Tanner（1962），青春期的成長（2nd edition, Blackwell, Oxford）
頁 158　青春期的臉部面容變化。Ibid.
頁 173　分娩用椅與胎兒圖，E. Roesslin 繪於約一五二六年（Wellcome Collection）。
頁 174　《子宮中胎兒的素描》細部，達文西繪於一五一三年前後。

頁 288 Janine M. Cooper et al., 'Neonatal hypoxia, hippocampal atrophy, and memory impairment: Evidence of a causal sequence', *Cerebral Cortex* vol. 25, no. 6, 1 June 2015, pp. 469–476.

頁 288 Susan M. Ravizza, et al.,'Cerebellar damage produces selective deficits in verbal working memory', *Brain* vol. 129, no. 2, February 2006, pp. 06–20.

頁 292 *The History of the World, Commonly called the Natural History of C. Plinius Secundus, or Pliny* (New York: McGraw-Hill, 1964), Book VII, chapter 24.

頁 295 W. H. R. Rivers, 'An address on the repression of war experience', *The Lancet* vol. 191, no. 4927, 2 February 1918, p. 173.

頁 297 *The Muse in Arms*, E. B. Osborn, ed. (London: John Murray, 1917).

第二十三章　死亡——生命的禮讚

頁 299 'Damien Hirst: "We're here for a good time, not a long time"'，訪談 Alastair Sooke, *The Daily Telegraph*, 8 January 2011.

頁 309 參閱 Anny Sauvageaup et al., 'Agonal sequences in 14 filmed hangings with comments on the role of the type of suspension, ischemic habituation, and ethanol intoxication on the timing of agonal responses', *The American Journal of Forensic Medicine and Pathology* vol. 32, no. 2, June 2011, pp. 104–107.

第二十四章　變形

頁 315 Ovid, *Metamorphoses*, Book XV, line 260.

頁 315 James Hutton, 'Theory of the Earth', *Transactions of the Royal Society of Edinburgh* vol. I, part II, pp. 209–304, plates I and II, published 1788 (paper given 7 March and 4 April 1785).

頁 316 Ovid, *Metamorphoses*, Mary Innes, trans. Book XV, line 831.

頁 263 Charles Darwin, *On the Expression of Emotion in Man and Animals*, p. 342.

頁 263 P. C. Jacob, R. P. Chand, 'Pathological laughter following intravenous sodium valproate', *Canadian Journal of Neurological Sciences* vol. 25, 1998, pp. 252–53.

頁 263 J. Parvizi et al., 'Pathological laughter and crying: A link to the cerebellum', *Brain* vol. 124, no. 9, 2001, pp 1708–719.

頁 263 F. A. Gondim, B. J. Parks, S. Cruz-Flores, '"Fou rire prodromique" as the presentation of pontine ischaemia secondary to vertebrobasilar stenosis', *Journal of Neurology, Neurosurgery, and Psychiatry* vol. 71, 2001, pp. 802–804.

頁 264 Basil Bunting, *Briggflatts* (Hexham: Bloodaxe Books, 2009).

第二十一章　義肢——人類 2.0

頁 267 The sixth book of Ovid's *Metamorphoses*, verse 401.

頁 275 某些研究發現災難性事件，例如造成失能的意外，或者盼望已久的事件，例如贏得樂透彩，對於個人的快樂程度，幾乎沒有長期影響。參閱 P. Brickman, D. Coates, R. Janoff-Bulman, 'Lottery winners and accident victims: Is happiness relative?', *The Journal of Personality and Social Psychology* vol. 36, 1978, pp. 917–27.

第二十二章　記憶——遺忘的宮殿

頁 279 William James, *The Principles of Psychology*, authorised ed., vol. 1 (New York: Henry Holt, 1890; repr., New York: Dover, 1950), pp. 680–81.

頁 285 參閱 Schrödinger's *Nature and the Greeks*，首度發表於一九五四年，試圖為宗教與現代科學之間的鴻溝架起理解的橋梁。

頁 285 Edwin Schrödinger, *What is Life? & Mind and Matter* (Cambridge: Cambridge University Press, 1967), Epilogue, p. 96.

頁 285 Schrödinger, 'Oneness of Mind' in *What is Life? & Mind and Matter* (Cambridge: Cambridge University Press, 1967), p. 145.

頁 285 Schrödinger, *What is Life? & Mind and Matter*, p. 147.

頁 285 Homer's *The Odyssey*, D. C. H. Rieu, ed. (London: Penguin Classics, 2003), Book VIII, line 487.

第十九章　閹割——希望、愛與犧牲

頁 243　引述於 Anatole Broyard, 'Reading and writing; Life before death', *The New York Times*, 6 June 1982.

頁 246　Martha Feldman, *The Castrato* (Oakland, California: University of California Press, 2015), p. 14.

頁 249　Anatole Broyard, *Intoxicated by my Illness* (New York: Fawcett Columbine, 1992), p. 22.

頁 250　Ibid, p. 7.

頁 250　Ibid, p. 36.

頁 250　Ibid, p. 40.

頁 250　Ibid, p. 26.

頁 251　Ibid, p. 27.

頁 254　Brian Steidle and Gretchen Wallace, *The Devil Came on Horseback: Bearing Witness to the Genocide in Darfur* (New York: Perseus Books, 2007), p. 88.

頁 254　Sir Thomas Browne, *Selected Writings*, Claire Preston, ed., *Pseudodoxia Epidemica*.

頁 255　Lucretius, *The Nature of Things* (London: Penguin Classics, 2007), Book VI, line 1207.

頁 255　Matthew 19:12

第二十章　笑——對自我的肯定

頁 259　M. Demir, 'Effects of laughter therapy on anxiety, stress, depression and quality of life in cancer patients' *The Journal of Cancer Science & Therapy* vol. 7, 2015, pp. 272–73.

頁 259　參閱 R. Provine, *Laughter: A Scientific Investigation* (London: Penguin, 2000).

頁 261　Charles Darwin, *On the Expression of Emotion in Man and Animals* (London: John Murray, 1872), p. 343.

頁 262　*Hippocratic Writings*, G. Lloyd, ed. (London: Penguin Classics, 1983), 'Epidemics, Book III'.

observations on changing the spectral composition of artificial light', *Journal of Sleep Research* vol. 17, 2008, pp. 54–60.

第十七章　接骨術——治療的代數學

頁 229 參閱 Michael Marmot, *Status Syndrome* (London: Bloomsbury, 2015).

第十八章　更年期——女神的第三張臉

頁 233 'The 30 or 35 years of menstrual life, i.e. from puberty to menopause', 'Ovarian Tumours', 1872，引述於 *Shorter Oxford English Dictionary.*

頁 234 分別是'Georgius Castriotus … died upon this day in his climactericall year 63' in Lloyd's *Dial Daies*； 以 及'the climacteric effacement of the breast' in Bryant's *Practical Surgery*，如《牛津英語辭典》所引述。

頁 235 Louise Foxcroft, *Hot Flushes, Cold Science: A History of the Menopause* (London: Granta, 2009)，出自引言。

頁 235 Roy Porter, *The Greatest Benefit to Mankind: A Medical History of Humanity* (London: HarperCollins, 1999), pp. 706–7.

頁 236 Nancy Datan,'Aging into transitions: Cross-cultural perspectives on women at midlife', in *The Meanings of Menopause*, Ruth Formanek, ed. (Hillsdale, New Jersey: The Analytic Press, 1990), pp. 117–31.

頁 239 Eleanor Mann et al., 'Cognitive behavioural treatment for women who have menopausal symptoms after breast cancer treatment (MENOS 1): a randomised controlled trial', *The Lancet Oncology* vol. 13, no. 3, March 2012, pp. 09–18.

頁 241 Germaine Greer, *The Change: Women, Aging and the Menopause* (London: Hamish Hamilton, 1991), p. 124.

頁 241 Carol Gilligan, *In A Different Voice: Psychological Theory and Women's Development* (Cambridge, Massachusetts: Harvard University Press, 1982), p. 171.

頁 241 Ursula K. Le Guin,'The Space Crone' in *Dancing at the Edge of the World* (New York: Grove Press, 1989).

(London: Faber and Faber, 1990), p. 39.

頁 189 參閱 J. T. Lie and S. J. Grossman, 'Pathology of the heart in acromegaly: anatomic findings in 27 autopsied patients', *American Heart Journal* vol. 100, no. 1, 1980, pp. 1–52.

頁 190 引述於 Walter Kaufmann, *Nietzsche: Philosopher, Psychologist, Antichrist* (Princeton: Princeton University Press, 1974), p. 46.

頁 191 Stephen Hall, *Size Matters* (Boston: Houghton Mifflin Harcourt, 2006), p. 177.

頁 193 'That to philosophize is to learn to die', in *The Complete Essays of Montaigne*, Donald Frame, trans. (Palo Alto, California: Stanford University Press, 1965), p. 67.

頁 193 *The Complete Works of Montaigne*, Donald Frame, trans. (Palo Alta, California: Stanford University Press, 1957), pp. 69–70.

第十五章　性別——提瑞西阿斯的兩段人生

頁 206 F. Abraham, 'Genitalumwandlungen an zwei männlichen Transvestiten', *Zeitschrift für Sexualwissenschaft und Sexualpolitik* vol. 18, 1931, pp. 23–26, translated and republished as 'Genital reassignment on two male transvestites', *International Journal of Transgenderism* vol. 2, no. 1, January–March 1998.

頁 207 引述 Burou 於 Trans Media Watch 網站。

頁 208 在一九九五年某篇論文中被提出，見於 *Nature*: J.-N. Zhou, D. F. Swaab, L. J. Gooren, M. A. Hofman, 'A sex difference in the human brain and its relation to transsexuality', *Nature* vol. 378, pp. 8–70。後來出自加州的某項研究質疑其因果關係，認為大腦構造是因行為的改變而隨著時間慢慢改變。

頁 209 Maggie Nelson, *The Argonauts* (London: Melville Press, 2016), p. 65, p. 103. *The Guardian*, 'Family' section, 16 September 2017, p. 5.

第十六章　時差——包含天空的腦

頁 216 Aarti Jagannath et al., 'The CRTC1-SIK1 pathway regulates entrainment of the circadian clock', *Cell* vol. 154, no. 5, 29 August 2013, pp. 100–111.

頁 217 Gavin Francis, et al., 'Sleep during the Antarctic winter: Preliminary

p. 136.

頁 175 Margaret Atwood, *The Handmaid's Tale* (London: Vintage, 2016), p. 42 and p. 43.

頁 175 Chitra Ramaswamy, *Expecting*, p. 70.

頁 176 J. van Rymsdyk and A. van Rymsdyk, *Museum Britannicum* (London: Moore, 1778), p. 83.

頁 177 出自展覽會的說明：'Contributions of the Hunter Brothers to our understanding of reproduction: an exhibition from the University Library's collections', Special Collections department, Glasgow University Library 16 July–30 September 1992.

頁 177 參閱 Margaret Hunt, *Women in Eighteenth-Century Europe* (London: Routledge, 2009), p. 100.

頁 177 'An anatomical description of the human gravid uterus and its contents', by the late William Hunter, MD (London: printed for J. Johnson, and G. Nicol, 1794).

第十四章　巨人症——杜林兩巨人

頁 183 *Selected Letters of Friedrich Nietzsche*, Christopher Middleton, trans. (Indianapolis: Hackette, 1996), p. 296.

頁 183 *Selected Letters of Friedrich Nietzsche*, Christopher Middleton, trans., letter to Peter Gast, 30 October 1888, p. 318.

頁 186 Friedrich Nietzsche, *Ecce Homo* (London: Macmillan, 1911), p. 120.

頁 186 Friedrich Nietzsche, *Philosophy in the Tragic Age of the Greeks*, Marianne Cowan, trans. (Washington, DC: Regnery Publishing, 1996), p. 3.

頁 186 John of Salisbury: 'Bernard of Chartres used to compare us to [puny] dwarfs perched on the shoulders of giants', *Metalogicon* (1159), quoted in *The metalogicon of John of Salisbury: A twelfth-century defense of the verbal and logical arts of the trivium*, Daniel D. McGarry, trans. (Westport, Connecticut: Greenwood Press, 1982).

頁 188 至少根據捷克詩人暨免疫學者 Miroslav Holub 的說法。參閱'The intimate life of nude mice', in *The Dimension of the Present Moment and Other Essays*

Marshall and J. M. Tanner, 'Variation in the pattern of pubertal changes in boys', *Archives of Disease in Childhood* vol. 45, 1970, p. 13.

頁 159 參閱 James S. Chisholm, et al., 'Early stress predicts age at menarche and first birth, adult attachment, and expected lifespan', *Human Nature* vol. 16, no. 3, 2005, pp. 233–65.

頁 161 Tanner, *Growth at Adolescence* (1962), p. 220, referencing L. K. Frank, R. Harrison, E. Hellersberg, K. Machover and M. Steiner, 'Personality development in adolescent girls', *Monographs of the Society for Research in Child Development* vol. 16, 1951, p. 316.

頁 163 J. M. Siegel et al., 'Body image, perceived pubertal timing, and adolescent mental health', *Journal of Adolescent Health* vol. 25, no. 2, August 1999, pp. 55–65.

頁 163 C. Berge, 'Heterochronic processes in human evolution: An ontogenetic analysis of the hominid pelvis', *American Journal of Physical Anthropology* vol. 105, no. 4, pp. 41–59.

第十三章　懷孕——最精細的作品

頁 165 Hogarth的個人信件，引述於John L. Thornton and Patricia C. Want,'William Hunter (1718–1783) and his contributions to obstetrics', *British Journal of Obstetrics and Gynaecology* vol. 90, September 1983, pp. 787–94.

頁 165 I. Donald, J. Macvicar, T. G. Brown, 'The investigation of abdominal masses by pulsed ultrasound', *Lancet* vol. 271, no. 7032, 7 June 1958, pp. 188–195.

頁 168 Chitra Ramaswamy, *Expecting: The Inner Life of Pregnancy* (Salford: Saraband, 2006), p. 101. p. 122. Ibid., p. 67.

頁 173 Peter M. Dunn, 'Leonardo da Vinci (1452–1519) and reproductive anatomy', *BMJ* vol. 77, no. 3, November 1997.

頁 173 出自達文西的筆記本，引述於 Antonio J. Ferreira, 'Emotional factors in prenatal environment: A review', *Journal of Nervous and Mental Disease* vol. 141, no. 1, July 1965, pp 108–18.

頁 175 Virgina Woolf, *Orlando: A Biography* (Oxford: Oxford University Press, 2014),

頁 129 D. Wassenaar, D. le Grange, J. Winship et al. 'The prevalence of eating disorder pathology in a cross-ethnic population of female students in South Africa', *European Eating Disorders Review* vol. 8, 2000, pp. 25–36.

頁 129 M. Husni, N. Koye and J. Haggarty, 'Severe anorexia in an Amish Mennonite teenager', *The Canadian Journal of Psychiatry* vol. 46, no. 2, 2001, p. 183.

頁 129 這類作品數量充沛，但就小品的篇幅而言，我會推薦 Carrie Arnold's 'A grown-up approach to treating anorexia', published online by Mosaic Science on 29 March 2016 (mosaicscience.com).

頁 134 Charles Lasegue, 'On Hysterical Anorexia', 1873.

頁 134 'There Once Was a Girl – Against the False Narratives of Anorexia', *Slate*, December 2015 cover story.

第十一章　幻覺——魔境

頁 140 Eugen Bleuer, *Dementia Praecox, or the Group of Schizophrenias*, Joseph Zinkin, trans. (New York: International Universities Press, 1950) p. 143.

頁 141 D. T. Suzuki, in the preface to R. H. Blyth, *Zen and Zen Classics Volume Four 'Mumonkan'* (Tokyo: Hokusaido Press, 1966).

頁 141 參閱 Koji Sato 具有啟發性的論文，'D.T. Suzuki, Zen and LSD 25', *Psychologia* vol. 10, 1967, pp. 129–32.

頁 142 Johann M. Faber, *Strychnomania explicans strychni manici antiquorum, vel solani furiosi recentiorum, historiae monumentum, indolis nocumentum, antidoti documentum*, 1677.

頁 147 R. D. Laing, *The Divided Self* (New York: Penguin Books, 1978), p. 151.

頁 148 Giovanni Stanghellini, *Disembodied Spirits and Deanimated Bodies* (Oxford: Oxford University Press, 2004), p. 126.

第十二章　青春期——突然加速的青春

頁 157 J. M. Tanner, *Growth at Adolescence 2nd Ed.* (Oxford: Blackwell, 1962), p. 240.

頁 157 W. A. Marshall and J. M. Tanner, 'Variation in the pattern of pubertal changes in girls', *Archives of Disease in Childhood* vol. 44, 1969, p. 291; and W. A.

頁 94 Robert E. Gross, MD, 'Surgical management of the patent ductus arteriosus with summary of four surgically treated cases,' *Annals of Surgery* vol. 110, no. 3, 1939, pp. 321–56.

第八章　回春——青春與美麗的煉金術

頁 98 A. S. F. Gow and A. F. Scholfield, *Nicander: The poems and poetical fragments* (Cambridge: Cambridge University Press, 1953), pp. 42–45。這是第 62 段。

頁 100 Mikhail Bulgakov, *The Master and Margarita*, Michael Glenny, trans. (London: Vintage Classics, 2010).

頁 107 *Chou-i ts'an t'ung ch'i.*

第九章　紋身——變形的藝術

頁 118 Arthur Conan Doyle, *The Red-Headed League*, p. 3.

頁 120 參閱 Donaghy 的詩作'Liverpool'，出自 *Errata* (Oxford: Oxford University Press, 1993).

頁 120 參閱 Chee-Leok Goh and Stephanie G. Ho,'Lasers for tattoo removal,' in K. Lahiri, A. De and A. Sarda, *Textbook of Lasers in Dermatology* (London: Jaypee, 2016).

頁 124 參閱 Ronald Scutt and Christopher Gotch, *Skin Deep* (London: Peter Davies Ltd, 1974).

第十章　厭食——著魔的控制

頁 127 Diane Mickley, MD, Wilkins Center for Eating Disorders, Greenwich, Connecticut; personal communication.

頁 129 Rudolph Bell, *Holy Anorexia* (Chicago: University of Chicago Press, 1985).

L. K. Oyewumi and S. S. Kazarian, 'Abnormal eating attitudes among a group of Nigerian youths: II. Anorexic behaviour', *East African Medical Journal* vol. 69, 1992, pp. 67–69.

頁 129 S. Lee, T. Ho and L. Hsu, 'Fat phobic and non-fat phobic anorexia nervosa: a comparative study of 70 Chinese patients in Hong Kong', *Psychological Medicine* vol. 23, 1993, pp. 99–1017.

頁 78 Leon J. Saul, MD, Clarence Bernstein Jr., MD, 'Emotional settings of some attacks of Urticaria, *Psychosomatic Medicine* vol. 3, no. 3, October 1941, pp. 49–69.

頁 78 L. Landois, 'Das plotzliche Ergrauen der Haupthaare', *Archiv für pathologische Anatomie und Physiologie* vol. 35, 1866, p. 575.

頁 79 欲深入瞭解該現象，參閱 J. E. Jelinek 出席以下會議的評論，Section on Historical Medicine of the New York Academy of Medicine, 22 March 1972.

頁 79 拜倫認為這種現象並非一夜之間發生，當他在〈西墉的囚徒〉寫到斯福爾扎（Sforza）時，如同本章開頭所引述的詩句：「我的頭髮已然灰白，但並非因為年邁，也不像有些人因為突感憂懼，而在一夜之間變得白髮斑斑。」

頁 80 Stefan Zweig, *Mary Stuart* (London: Puskin Press, 2010)；華滋華斯（Wordsworth）的〈哀蘇格蘭瑪麗皇后〉（'Lament for Mary Queen of Scots'）：「這般的情緒衝擊／能提早殺死花朵，／並且不需主人動手，／便使最亮麗的頭髮變灰白。」

第七章　出生——重塑心臟

頁 87 M. S. Sutton , A. Groves, A. MacNeill , et al., 'Assessment of changes in blood flow through the lungs and foramen ovale in the normal human fetus with gestational age: a prospective Doppler echocardiographic study', *Heart* vol. 71, 1994, pp.232–37.

頁 88 D. C. Little, et al., 'Patent ductus arteriosus in micropreemies and full-term infants: The relative merits of surgical ligation versus indomethacin treatment', *Journal of Paediatric Surgery* vol. 38, no. 3, 2003, pp. 492–96.

頁 89 引述於 Charles Harris, *The Heart and the Vascular System in Ancient Greek Medicine: From Alcmaeon to Galen* (Oxford: Clarendon Press, 1973), pp.294–95.

頁 89 J. E. Dice and J. Bhatia, 'Patent ductus arteriosus: An overview', *The Journal of Pediatric Pharmacology and Therapeutics* vol. 12, no. 3, July–September 2007, pp.138–46.

Xenophon 4 (Cambridge, Massachusetts: Harvard University Press; London: William Heinemann, Ltd, 1923).

頁 63　證明是鍍上薄薄黃金的黃銅。參閱 Andrew Lycett, *Conan Doyle: The Man Who Created Sherlock Holmes* (London: Phoenix Books, 2008), p. 284.

頁 63　欲更深探索這些主題，參閱 Maria Wyke, 'Herculean muscle!: The classicizing rhetoric of bodybuilding', *Journal of Humanities and the Classics*, Third Series, vol. 4, no. 3 (Winter, 1997), pp.51–79.

頁 65　*Arnold: The Education of a Bodybuilder* (London: Sphere Books, 1979), pp.14–15.

頁 65　精神病學家在舉重者之中發現一種「病態自戀」的優越感，尤其是使用類固醇的人。參閱 J. H. Porcerelli and B. A. Sandler, 'Narcissism and empathy in steroid users', *The American Journal of Psychiatry* vol. 152, pp.1672–74.

頁 65　Arnold Schwarzenegger, *Encyclopedia of Modern Bodybuilding* (London: Michael Joseph, 1987), p. 725.

頁 68　*The Complete Greek Drama Volume One*, Whitney J. Oates and Eugene O'Neill Jr, eds, with plays by Euripides translated by E. P. Coleridge (New York: Random House, 1938).

頁 69　例如參閱 Brian Corrigan, 'Anabolic steroids and the mind', *Medical Journal of Australia* vol. 165, 1996, pp. 222–26.

頁 69　Helen Keane, 'Diagnosing the male steroid user: drug use, body image and disordered masculinity', *Health* vol. 9, no. 2, 2005, pp. 89–208.

第六章　頭皮——關於角、恐怖與榮耀

頁 76　*Totem and Taboo*, in *The Standard Edition of the Complete Psychological Works of Sigmund Freud*, volume XIII (London: Hogarth Press, 1955), p. 213.

頁 76　「共和國將軍奇普斯（Cipus）同樣感到驚異，當他注視河水中的自己：因為他看見他的額頭冒出雙角。」Ovid, *Metamorphoses*, Mary Innes, trans. (London: Penguin Classics, 1955), Book XV, line 560.

頁 77　Sir Thomas Browne, *Selected Writings*, Claire Preston, ed. (Manchester: Carcanet Press, 1995), *Pseudodoxia Epidemica*, p. 69.

paragraphs 823–26, pp. 01–303.

頁 38　Q. U. Newell et al., 'The time of ovulation in the menstrual cycle as checked by recovery of the ova from the Fallopian tubes', *American Journal of Obstetric and Gynaecology* 19, February 1930, pp.180–85; George W. Corner, 'Our knowledge of the menstrual cycle, 1910–1950', *The Lancet* vol. 240, no. 6661, 28 April 1951, pp. 919–23.

頁 44　Robert Latou Dickinson, *Human Sex Anatomy* (Baltimore: The Wilton and Williams Company, 1933). Dickinson lists dozens of German sources, including Litzmann (1846), Wernich (1872), Kristeller (1871) and Kisch (1895).

頁 45　Dickinson, *Human Sex Anatomy*, p. vii.

頁 45　Ibid., p. 84.

頁 45　Ibid., p. 109.

頁 45　'Magnetic resonance imaging of male and female genitals during coitus and female sexual arousal', in *BMJ* vol. 319, 1999, pp. 596–600.

第四章　睡眠——夢的房間

頁 51　Fabian Guenole, Geoffrey Marcaggi and Jean-Marc Baleyte, 'Do dreams really guard sleep? Evidence for and against Freud's theory of the basic function of dreaming', *Frontiers in Psychology* vol. 4, no. 17, 2013.

頁 53　一如 Henry Riley 的翻譯，London 1893。

頁 54　*The Epic of Gilgamesh*, Book III: 'then he transformed me so that my arms became wings covered with feathers.'

頁 57　Richard Stephenson, Vern Lewis, 'Behavioural evidence for a sleep-like quiescent state in a pulmonate mollusc, *Lymnaea stagnalis* (Linnaeus)', *Journal of Experimental Biology* vol. 214, 2011 pp.747–56.

頁 57　*The Interpretation of Dreams, digested into five books by that ancient and excellent philosopher, Artemidorus*, Robert Wood, trans. (London, 1644).

第五章　健身——因憤怒而卸甲

頁 60　由 Xenophon 引述於 *Memorabilia*, Book II, chapter 1, in E. C. Marchant, ed.,

頁 26 *The History of the World, Commonly called the Natural History of C. Plinius Secundus, or Pliny* (New York: McGraw-Hill, 1964), Book VIII, chapter 22, p. 65.

頁 26 Virgil, *Eclogues* VI, 'The Song of Silenus'.

頁 26 Daniel 4:33.

頁 27 C. G. Jung, *Collected Works*, vol. 17 (London: Routledge and Kegan Paul, 1954)。榮格的故事是但丁母親的傳說的有趣反轉，她在懷孕期間做了一個著名的夢，夢見她未出世的兒子將變成孔雀。

頁 29 參閱 Forbes Irving, *Metamorphosis in Greek Myths.*

頁 30 Paul E. Keck, Harrison G. Pope, James I. Hudson, Susan L. McElroy and Aaron R. Kulick, 'Lycanthropy: alive and well in the twentieth century', *Psychological Medicine* vol. 18, no. 1, 1988, pp.113–20.

第三章　受孕——存在的第一或第二原因

頁 34 引述於 Sarah Bakewell, *How to Live: A Life of Montaigne in One Question and Twenty Attempts at an Answer* (London: Random House, 2011), p. 20.

頁 34 出自一五〇四年的筆記本：'Questo scriver si distintamente del nibbio par che sia mio destino, perche nella prima ricordatione della mia infantia e' mi parea che, essendo io in culla, un nibbio venisse a me e mi aprissi la bocca colla sua coda e molte volte mi percuotesse colla sua coda dentro alle labbra.' 翻譯於 Meyer Shapiro 的論文'Leonardo and Freud – An art historical study', *Journal of the History of Ideas* vol. 17, no. 2, April 1956, pp. 47–78：「這段無疑與禿鷹有關的記述，似乎便是我的命運，因為在我嬰兒期最早的記憶中，我記得當我躺在搖籃裡，有一隻禿鷹來到我身邊，用牠的尾羽打開我的嘴，並多次在我的嘴唇內搧動。」

頁 34 Pliny 的 *Natural History*：「這種鳥似乎用牠尾部的動作在教導操舵的技術，大自然在空中示範深水裡所需的技巧。」

頁 38 二十年後，於一五四五年出版英語本，成為 *The Byrth of Mankynde*。

頁 38 引述於 V. C. Medvei, *A History of Endocrinology* (London and Boston: MTP Press, 1982), p. 357; Haller, *Physiology: Being a Course of Lectures*, vol. 2 (1754),

參考書目

第一章　變形

頁 16　Ovid, *Metamorphoses*, Book XV, lines 169–175.

第二章　狼人——滿月時的激動

頁 19　Genevieve Liveley, *Ovid's 'Metamorphoses'* (London: Continuum Books, 2011), p. 22.

頁 20　M. D. Angus, 'The rejection of two explanations of belief in a lunar influence on behavior', in D. E. Vance, ed., 'Belief in lunar effects on human behavior', *Psychological Reports*, 76 (1995), p. 32.

頁 20　Charles Raison, Haven Klein and Morgan Steckler. 'The moon and madness reconsidered', *The Journal of Affective Disorders* vol. 53, no. 1, April 1999, pp. 99–106.

頁 20　Jean-Etienne Esquirol, *Mental Maladies, A Treatise On Insanity*, (Philadelphia: Lea and Blanchard, 1845, translated from the French), pp. 32–33.

頁 24　一九六九年，有人提出想法認為喬治三世國王（統治期間一七六〇至一八二〇年）患有某種卟啉症，但此後被駁斥為不可能。參閱 I. Macalpine, R. Hunter, *George III and the Mad Business* (London: Penguin Press, 1969).

頁 24　L. Illis, 'On porphyria and the aetiology of werwolves', *Proceedings of the Royal Society of Medicine* vol. 57, 1964, pp.23–26.

頁 25　*Encyclopaedia Metropolitana*, Edward Smedley, Hugh James Rose, Henry John Rose, eds (London: B. Fellowes et al., 1845), p. 618.

頁 26　Paul M. C. Forbes Irving, *Metamorphosis in Greek Myths* (Oxford: Clarendon Press, 1990).

變形記
一部醫學與人體變化的文化史
Shapeshifters : On Medicine & Human Change

作者	蓋文・法蘭西斯 Gavin Francis
譯者	林金源
社長	陳蕙慧
副總編	林家任
行銷	陳雅雯、尹子麟、洪啟軒、余一霞
封面設計	井十二設計研究室
圖像文字繪寫	Emily Chan
排版	宸遠彩藝
印刷	通南彩色印刷股份有限公司

讀書共和國 出版集團社長	郭重興
發行人兼出版總監	曾大福
出版	木馬文化事業股份有限公司
發行	遠足文化事業股份有限公司
地址	231 新北市新店區民權路 108-2 號 9 樓
電話	(02)2218-1417
傳真	(02)2218-0727
客服專線	0800-221-029
信箱	service@bookrep.com.tw
法律顧問	華洋國際專利商標事務所　蘇文生律師

出版日期	2020 年 10 月　初版一刷
定價	380 元

國家圖書館出版品預行編目

變形記 / 蓋文 . 法蘭西斯 (Gavin Francis) 著 ; 林金源譯 . -- 初版 .
-- 新北市 : 木馬文化出版 : 遠足文化發行 , 2020.10
344 面 ; 14.8 X 21 公分
譯自 : Shapeshifters : on medicine & human change
ISBN 978-986-359-790-2(平裝)

1. 文化人類學 2. 人體學

541.3　　109004327